Wolf Lotter

Verschwendung –
Wirtschaft braucht Überfluss

Wolf Lotter

Verschwendung –
Wirtschaft braucht Überfluss

Die guten Seiten des Verschwendens

HANSER

Bibliografische Information Der Deutschen Bibliothek
Die Deutsche Bibliothek verzeichnet diese Publikation in der Deutschen Nationalbibliografie;
detaillierte bibliografische Daten sind im Internet über http://dnb.ddb.de abrufbar.

© 2006 Carl Hanser Verlag München Wien
Internet: http://www.hanser.de
Lektorat: Martin Janik
Textredaktion: Rea Triyandafilidis
Herstellung: Ursula Barche
Umschlaggestaltung: Michael Knoch, büro plan.it
Satz: Gabriele Julia Hofstetter, büro plan.it
Druck und Bindung: Druckhaus Thomas Müntzer, Bad Langensalza
Printed in Germany

ISBN-10: 3-446-40035-4
ISBN-13: 978-3-446-40035-1

Edition Initiative und Diskurs
Herausgegeben von Beate Hentschel

Eine Schriftenreihe des Siemens Arts Program
Leitung: Michael Roßnagl

Band 3

www.siemensartsprogram.de

Inhalt

Zur Edition Initiative und Diskurs   XIV

Vorwort: Genug ist nicht genug   XV

I Das Wesen der Verschwendung   1

Was ist Verschwendung?   3

Worin der Unterschied zwischen Verschwendung und Vergeudung liegt. Warum Vielfalt verunsichert und wir es so gerne einfach haben. Und warum Verschwendung dennoch nicht zu Notstand führt.

Gold: Das alte Gedächtnis der Welt   3

Das Medium der Verschwendung   5

Verschwendung ist kein Notstand   9

Verschwendung ist die Grundlage jeder Erneuerung   12

Verschwendung ist nützlich? Aber wo bleibt denn da die Moral?   14

Ist Demokratie Verschwendung?   15

Der Spiegel der Wahrheit   17

Der Staat und die Vielfalt: Ein Widerspruch in sich   18

Zweifel – die Grundlage der Vernunft und der Feind des Sparens   21

Der Ärger mit dem Neuen   22

Wider die geistige Mangelkrankheit   22

Was passiert, wenn wir die Vielfalt vor der Tür lassen?   25

Die Einweggesellschaft   26

Die Rotröcke: Die Sicherheit der Uniform   26

Aus Sicht der Wagenburgen   29

Der Fluch des Einfachen   31

Das Glück der Einfältigen: Kartell, Monopol und Zentralisierung   34

Die Norm oder: Wie das Mittel zum Zweck wird   35

Das Watt-Prinzip   36

Die genormte Nation   38

Die Normung der Norm   41

Standards, offen für die Vielfalt   42

Ist der Industrialismus ein Naturgesetz?   43

Es gibt kein Entrinnen   45

Die Feinde der Vielfalt   46
**Diverse Reichtümer und warum wir uns ihrer bewusst werden müssen.
Und wer und was seit jeher gegen die Vielfalt ins Feld zieht.**

Das Wesen des Geizes: Balzac und Homer   46

Bewusster und unbewusster Reichtum   48

Der Komplexitäts-Komplex   49

Wag the dog   50

Flüchtige Vielfalt   52

Wahnsinn der Seele   53

Der Neid   54

Die Besitzstandswahrung   55

Unmündigkeit und Selbstgerechtigkeit   56

Der Geiz   59

Die Sparsamkeit   60

Der Krieg gegen die Vielfalt 62

Die tragische Geschichte davon, wie unsere Abwehrmechanismen gegenüber Vielfalt und Verschwendung bis heute zu Notstand geführt haben.

Der Mensch als Maschine: Frederick Winslow Taylor 62

Der mörderische Trieb: Kontrolle und Plan 67

Der Ingenieur: Vom kreativen Kopf zum Knecht 68

Der Buchhalter: Herr über Zahl und Zeit 69

Fordismus und die Folgen 70

Faschismus: Einheit für alle 71

Was sind ökonomische Kriterien? 72

Die Dynamik des Erfolgs: Der Preis 73

Die Ohnmacht der Fakten: Die Zahl 74

Mäßigung oder Anpassung? 76

Die biologische Konstanz der Vielfalt 81

Über die Natur der Vielfalt und die biologische Konstanz der Verschwendung. Und welcher Öko-Richtung wir uns anschließen sollten.

Der Dombaumeister der Vielfalt: Richard Buckminster Fuller 81

Effizienz ist unnatürlich 83

Der rote Faden der Vielfalt 85

Gegen die Natur 86

Der Quoten-Irrtum 88

Die Schul-Fabrik 91

Vom Kirschbaum lernen heißt verschwenden lernen 94

Die Natur der Verschwendung 98

Halbe Sachen 100

Gute Natur, böse Natur? 102

Die Natur-Lehre Nummer eins: Nicht verhindern, sondern verschwenden 103

Der geronnene Geist

Warum so viele blinde Pflichterfüllung für gut halten. Wie die protestantische Ethik auch dort wirkt, wo niemand das Kreuz schlägt, und wohin das System der strikten Einfalt führt.

Der geronnene Geist	105
Bloß rumsitzen?	105
Der „Geist" des Kapitalismus	106
Der Mord am Fünfschillingstück	109
Was ist „tüchtig"?	110
Das Geld anderer Leute	111

Der ganz normale Verschwender

Warum sich das menschliche Bedürfnis nach Unterscheidbarkeit nicht aus der Welt schaffen lässt. Und warum wir alle gerne feine Leute wären.

Der ganz normale Verschwender	114
Materialismus ist nicht schlecht	114
Ein bisschen Gleichheit	114
Die Theorie der feinen Leute	116
Nur Verschwendung bringt Prestige	118
Sind Nichtstuer Nichtsnutze?	118
Der demonstrative Müßiggang	119
Was ist „unnütz"? oder: Warum Frauen Röcke tragen	120
Die Automation – Verschwendung für alle!	123
Das neue Proletariat oder: Videospielen ist gut für die Gemeinschaft	125

Lob des Müßiggangs   127

Wie man durch Verschwendung ganz gut leben kann. Warum wir alles dafür tun, nichts zu tun. Und ein paar Ideen, wie wir das noch besser machen könnten.

Die Freuden des Ausgebens: Ashwini Gaur   127

Konsumismus statt Kommunismus   129

Konsum, Verschwendung und Müßiggang   130

Das Recht auf Faulheit   132

Die Verräter   136

Verschwendung macht sich bezahlt   138

Leben, ohne zu arbeiten: Das Grundeinkommen   139

Schenk mir 80.000 Dollar   142

Kein Wachstum ohne Zwang?   144

II Die Geschichte der Verschwendung   147

Der ewige Widersacher der Gleichheit   149

**Versuch einer kleinen Geschichte der Verschwendung
(und was wir aus ihr lernen können).**

Die Blume des Bösen   149

Luxus und Verschwendung   153

Konsum, Konsum, Konsum   156

Luxus *oder* Verschwendung   158

Holzfällen in der Kompaktklasse   160

Lada oder BMW   162

Luxus und Religion   163

Chefideologen der Christenheit   165

Die große Schlacht gegen die Vielfalt oder: Nieder mit der Lust!   167

Der Fall Epikur   167

Quadratisch, praktisch, gut 169

Kathedralen: Die Türme der Verschwendung 170

Verschwendung statt Weltuntergang 172

Der große Sprung 174

Der Hof 175

Die Große Verbündete der Verschwendung 178

Die Pest 178

Die Wiedergeburt der Verschwendung 180

Die ordnende Kraft der Verschwendung 181

Neues Geld 182

Die Herren des Karl Marx 184

Wirtschaftsvisionen 186

Der erste Kapitalist: Aldus Pius Manutius 186

Die Verschwendung wird auf Kurs gebracht 188

Was ist Fortschritt? 192

Der große Sprung zurück 195

Der Bruch mit der Vielfalt 197

Die Herrschaft der Indolenten und Faulen 198

III Die Zukunft der Verschwendung

III Die Zukunft der Verschwendung 199

Das Ende des Dauerhaften 201

Das Ende des Dauerhaften

Was uns in die neue Zeit verabschiedet und von was wir uns verabschieden müssen. Und wie wir es anstellen, auch in unsicheren Gewässern nicht zu kentern.

Nichts ist unsinkbar 201

Das Ende der Sicherheit 202

Das Ende der Einfachheit 204

Das Ende der Technokratie 205

Der Weltbürgerkrieg: Einfalt gegen die Vielfalt 207

Economy of Speed   210

Das Ende des Globalismus   214

Das Ende der Vergeudung   216

Das Ende der Pläne   217

Das Ende der Zentralisierung   221

Spontane Ordnung   222

Statik und Dynamik   223

Aufwandsteilung, nicht Arbeitsteiligkeit   224

Entscheidungen   228

Welche Optionschancen die Welt der Vielfalt für uns bereithält. Und warum wir nicht darum herumkommen, zu begreifen, dass eine Entscheidung immer aus zweien besteht.

Apollo   228

Führungskrisen   230

Die Krise der Superbeamten   234

Nicht-Wissen macht schlau   239

Die Avantgarde der Vielfaltsgesellschaft   241

Persönliche Ökonomie   243

Ein Patchwork der Kulturen   244

Am Ende: Alles ganz einfach   247

Literatur   251

Zur Edition Initiative und Diskurs

Welche wirtschaftlichen, politischen oder gesellschaftlichen Herausforderungen, welche technologischen oder wissenschaftlichen Innovationen beeinflussen unser Leben? Welche Rolle kann oder wird die Kultur dabei spielen?

Indem ein kultureller Bogen über Themen geschlagen wird, die angeblich jedes für sich in den Zuständigkeitsbereich ganz bestimmter, isolierter Gebiete der Wissenschaft oder Gesellschaft fallen, möchte die Reihe dazu anregen, vorgezeichnete Wege des Denkens zu verlassen. Sie möchte zum Meinungsaustausch zusammenführen sowie Anregungen und Lösungen jenseits, aber nicht abseits von BWL und VWL bieten. Die Reihe verfolgt das Ziel, den Blick für Synergien, die zwischen Kultur und Wirtschaft bestehen, zu schärfen. Das meint zum Beispiel Leistungen, die die Kultur für die Wirtschaft erbringen kann; das meint aber auch ganz grundsätzlich, den Wirkungsbeziehungen nachzuspüren, die für den konstruktiven Austausch fruchtbar gemacht werden können.

Die Förderung des Dialogs zwischen den Kulturen und den verschiedenen Kräften der Gesellschaft ist elementarer Bestandteil eines zeitgenössischen Konzepts von Toleranz und Demokratie. Die Reflexion gesellschaftlich wie wirtschaftlich relevanter Themen ist Teil der Arbeit des Siemens Arts Program, das sich der Förderung zeitgenössischer Kunst sowie der innerbetrieblichen Kulturarbeit verschrieben hat. Aus dem Blickwinkel der Kultur werden Phänomene der Gesellschaft untersucht, die der öffentlichen Diskussion zwischen Kultur, Wirtschaft und Wissenschaft bedürfen.

Die Reihe versteht sich als innovativer Weg für den transdisziplinären Gedankenaustausch. Meinungen stehen nicht länger unvermittelt und unverbunden nebeneinander. Es werden Ideen unterschiedlichster Art in Bezug gebracht und finden in der Auseinandersetzung zu einem gemeinsamen Thema zusammen.

Dr. Beate Hentschel
Herausgeberin, Siemens Arts Program

Vorwort: Genug ist nicht genug

Uns geht das Geld aus, uns geht die Arbeit aus, uns geht die Zukunft verloren: Unüberhörbar ist diese Hintergrundmusik in einem Land, das seit vielen Jahren sein altes Betriebssystem unter Schmerzen verliert und noch nicht versteht, mit einer neuen, besseren Welt umzugehen. Seit vier Jahrzehnten ist offensichtlich, dass die alte Welt der Industrie und ihre Denkungsart von gestern sind. Aber nach wie vor halten Staat und Institutionen, Parteien und Bürger daran fest, dass einheitliche Systeme der Welt der Vielfalt weit überlegen seien. Die einen, weil sie ihre alte Macht behalten wollen, die anderen, um den Überblick nicht zu verlieren. Mit Spar- und Reformprogrammen wurden Milliarden vergeudet, Energie und Kraft damit vertan, alles so zu erhalten, wie es ist. Besser, man hätte sie verschwendet, denn die Verschwendung ist die Kraft hinter dem Kapitalismus, dem Wirtschaftssystem, das als Einziges in der Lage ist, sich immer wieder neu zu erfinden, Neues zu schaffen und das Alte hinter sich zu lassen.

Der Kraft der Verschwendung ist dieses Buch gewidmet, das sich gleichsam auch als eine Art Schwarzbuch gegen staatliche Borniertheit, Geiz und Sparwut versteht. Es ist ein Buch für eine Welt, in der es mehr Chancen als Ängste gibt, und es ist ein Buch gegen ideologische Verweigerungshaltungen, die Deutschland in eine der tiefsten Krisen seiner Geschichte geführt haben.

Verschwendung ist nichts Böses, sie ist eine biologische Konstante, eine natürliche Kraft. Man kann nicht nicht verschwenden. Ohne Verschwendung, ohne wenigstens die Aussicht darauf, im Überfluss zu leben, gibt es keine Zukunft. Es gibt keine entwicklungsfähige Gesellschaft, die nicht auf den Überfluss zielt. Wer mit dem zufrieden ist, was er hat, hat seine letzte Entscheidung bereits getroffen.

Ganz ehrlich: Wen interessiert etwa die Beschwörungsformel der Nachhaltigkeit wirklich? Einige verzopfte Politiker vielleicht, einige Angehörige eines Staates, der ihnen noch Besitzstandswahrung verspricht. Wir haben verlernt, uns auf die Zukunft zu freuen. Der Weg in diese Depression führt über das Verkennen der grundlegendsten Kräfte von Gesellschaft und Entwicklung. Märkte sind die Treffpunkte der Vielfalt, des Überflusses und naturgemäß auch der Verschwendung. Verschwendung ist nichts anderes als ein Angebot, aus dem wir wählen müssen.

Das aber haben viele gründlich verlernt. In der langen Geschichte des Industrialismus, die zugleich die Geschichte der Gleichmacherei ist, sind die Fähigkeiten zur Umsetzung der wichtigsten Tugend, die handelnde Wesen ausmacht, verloren gegangen.

Vielfalt und Verschiedenartigkeit sind Naturkräfte, und zwar gänzlich unideologische. Auch sie sind biologische Konstanten, denen wir nicht entrinnen können. Und so auch nicht der Macht der Verschwendung, die eben nicht Vergeudung ist, die nicht Erhalt, sondern Entwicklung will.

Verschwendung ist es, Neues zu schaffen, über das hinaus, was wir dringend brauchen. Das Problem dabei ist so einfach wie alltäglich: Die meisten Menschen wollen keine Veränderung, nichts Neues. Denn das Neue macht Arbeit, zwingt uns dazu, uns laufend anzupassen. Das aber ist gänzlich aus der Mode gekommen. Menschen, die freiwillig morgens um halb acht eine Runde um den Block laufen, um sich körperlich fit zu halten, verachten jede Art von geistiger Bewegung. In den halbwegs gesunden Körpern wohnt vielfach ein kranker Geist, der die alten Dogmen von Einheitlichkeit und Übersichtlichkeit liebt, während er sich dem Neuen, dem Vielfältigen hartnäckig verweigert.

Vor mehr als fünfunddreißig Jahren erschien ein Buch, das in den USA wie eine Bombe einschlug: *Der Zukunftsschock* des amerikanischen Zukunftsforschers Alvin Toffler. Darin beschreibt der Autor eine Welt, in der Komplexität und Vielfalt bereits regieren. Es ist eine Welt, in der vielfache Anpassung und Geschwindigkeit mehr als ein neues Lebensgefühl vermitteln: Sie fordert den entscheidendsten Bruch mit der Vergangenheit, den Menschen jemals erlebt haben, den mit der Vorstellung, sie würden etwas Dauerhaftes schaffen. Die Welt der Gegenwart und der Zukunft aber gehört so eindeutig dem Vergänglichen, dem permanenten Wandel, dass viele dabei nur mehr nackte Angst ergreift. Das ist die Krankheit des Zukunftsschocks.

Dieses Buch war eine sehr wichtige Denkhilfe bei der Aufgabe, der Nation, die heute noch am tiefsten in der Welt der industriellen Einheit und des Beharrens gefangen ist, die Welt der Vielfalt und ihrer unabdingbaren Voraussetzung, der Verschwendung, näher zu bringen.

Rezepte und Lösungen sind in dieser Welt Angelegenheit der handelnden Personen, all jener also, die sich in dieser Welt befinden. Verschwendung und Vielfalt als Kräfte der Veränderung erschließen sich von selbst.

Das Zeitalter der Entmündigung geht zu Ende, das Zeitalter der Verantwortung bricht an. In dieser neuen Welt ist es von großer Bedeutung, Verschwendung als das zu begreifen, was sie immer war: der menschlichen Natur entsprechend, in jeder Hinsicht eine zutiefst menschliche Sache. Wir sind schon lange nicht mehr nur auf der Welt, um uns über das Nötigste den Kopf zu zerbrechen. Aus dem Vollen schöpfen will jeder, keine Kultur ist letztlich auf Knappheit und Verzicht ausgerichtet. Nur gründeten sonderbarerweise nahezu alle ökonomischen und politischen Doktrinen der vergangenen Jahrzehnte auf Sparsamkeit, Knappheit und dem, was man leichtfertig „Rationalität" nennt.

Deshalb widmet sich ein großer Teil dieses Buches der Entwicklung dieser merkwürdigen Knappheitsethik: Es analysiert den Zustand, in dem wir uns befinden, untersucht, wie er sich historisch entwickelte und wie er schließlich als neue Religion der Einheit von den meisten Menschen geistig Besitz ergriff.

Verschwendung ist die Grundlage des Konsumismus, der wichtigsten wirtschaftlichen Kraft unserer Zeit. Sie ist bereits gegenwärtig, während die Gralshüter des alten Regimes immer noch behaupten, im Konsum, in der Verschwendung stecke Unerhörtes. Sie sei unsozial, wird gesagt, so unsozial wie eine globale Gemeinschaft, in der viele Kulturen ihre Angebote austauschen könnten. Linke wie rechte Nationalisten beanspruchen viel Platz im geistigen Establishment Europas, und ganz besonders in Deutschland. Schon deshalb empfiehlt es sich, grundsätzlich darüber nachzudenken, was das Wesen der Welt ausmacht: Vielfalt, Verschiedenartigkeit und Verschwendung. Dem ist dieses Buch verpflichtet. Es gibt keinen Masterplan mehr, keine großen Lösungen. Mit dem

Angebot wird jeder selbst fertig werden müssen. Den Rezepten all jener, die Vereinfachung als Maßgabe ihrer politischen und gesellschaftlichen Stellungnahmen wählen, ist zu misstrauen: Ihre Geschichte ist die der Diktaturen, des Totalitarismus und des Zwangs – und des all diesen Katastrophen zugrunde liegenden Denkens: des Denkens der Einheit.

Die Welt ist keine Einheit, und das ist gut so. Wir sind verschieden, und genau dem verdanken wir unsere Existenz. Einheit ist unnatürlich, eine Perversion eines Zeitalters, das uns mehr als jede andere Epoche in Geiselhaft genommen hat: des Industrialismus. Natürlich ist allein der Wandel, und die Fähigkeit, sich in diesem Wandel zurechtzufinden, sich anzupassen, Neues zu schaffen. Kurz: zu verschwenden und nicht darauf zu bauen, dass eine Lösung ewig währt.

Verschwendung ist das unausbleibliche Resultat von Komplexität. Vielen passt das nicht. Sie haben es lieber einfach. Wer sein Leben nur vereinfachen will, „Simplify" auf allen Ebenen predigt, der ist ein Simpel, ein einfältiger Mensch. Doch die Einfalt bringt nichts zustande – die Verschwendung, die Kraft der Vielfalt ist unser Wesen, und unser Glück. Hoffnung heißt also: Genug ist nicht genug.

TEIL **1**

DAS WESEN DER VERSCHWENDUNG

Was ist Verschwendung?

Worin der Unterschied zwischen Verschwendung und Vergeudung liegt. Warum Vielfalt verunsichert und wir es so gerne einfach haben. Und warum Verschwendung dennoch nicht zu Notstand führt.

Die Wurzel allen Übels, Habgier,
Dieses verdammt bösartige, unselige Laster,
war Sklavin der Verschwendungssucht,
Dieser noblen Sünde
Während der Luxus
Einer Million von Armen Arbeit gab
Und der widerwärtige Stolz noch einmal einer Million.
Bernard de Mandeville

Gold: Das alte Gedächtnis der Welt

Die wahren Herren der Geschichte sitzen an einem einfachen Schreibtisch, einem billigen Modell, das Buchhaltern der amerikanischen Finanzbehörde zusteht. Ihr Thron ist ein Staples-Drehstuhl, ihr Zepter ein Kugelschreiber. Um diese wahren Sieger der Geschichte herum liegt die von Hügeln durchzogene Landschaft des nördlichen Kentucky, weitab von schillernden, lärmenden, pulsierenden Städten. Dennoch hat sich dieser Ort ins Gedächtnis der Mnschheit eingeprägt, ist sprichwörtlich geworden: Fort Knox. Nach wie vor gilt die im amerikanischen Bürgerkrieg errichtete, vielfach aus- und umgebaute Festung als sicherstes Depot der Welt. Es hütet, wie wir wissen, ein schweres Edelmetall, das so begehrt ist, dass wir ihm diese größtmögliche Sicherheit angedeihen lassen.
Jeder mag schon daran gedacht haben, was ihm die Schätze von Fort Knox an Möglichkeiten bieten würden. Aber nicht nur die Gier nach Gold allein ist es,

Wer Gold machen kann, kann auch die Welt schaffen. Das ist keine Poesie, sondern Physik.

3

was Fort Knox in unseren Zeiten noch magisch erscheinen lässt. Die Farbe des Goldes hat alle Kulturen stets an die Sonne erinnert, den Ursprung unseres Lebens, das Zentrum unserer Welt. Dieser Mythos des Goldes stimmt verblüffend mit den Erkenntnissen der Astrophysiker überein. Gold entsteht, das haben sie herausgefunden, nur unter einer einzigen Bedingung: im Zentrum einer Supernova, jener gigantischen kosmischen Kernschmelze, die ganze Welten zerreißt und neue schafft. Mitten im Puls dieses Vergehens und Entstehens bildet sich das Gold, das beständigste Metall auf Erden. Es verändert, sofern es rein ist, sein Aussehen und seine Form nicht. Gold ist eine Konstante, und damit das Unerreichbare, das, was Menschen stets erstreben, nie erreichen: Beständigkeit, Ordnung, Ewigkeit. Tausende Alchemisten, und nach ihnen Chemiker und Physiker, versuchten, eine Alternative zu diesem für die Menschheit unerreichbaren Prozess zu erdenken, keinem gelang es. Wie kaum etwas anderes entzieht sich Gold der schöpferischen Kraft der Kultur. Es ist, wie es ist, und es wird, wie es wird.

Mehr als viertausendfünfhundert Tonnen Gold liegen im Fort Knox Bullion Depository, mehr als die Hälfte der gesamten Goldvorräte der größten und mächtigsten Nation der Erde, der USA.

Die Buchhalter, die wahren Herren der Welt, verfügen über das Gold des Midas ebenso wie über die erst vor kurzem gehobenen Schätze aus den tiefsten Regenwäldern Brasiliens. In den Lagerhallen von Fort Knox, umringt von einhundertzweiundsechzig Quadratkilometern streng überwachten militärischen Geländes, einem Stützpunkt der US-Armee, liegt das Gold der Neuzeit, das die spanischen Konquistadoren den Azteken und Inkas aus dem Leib geprügelt haben, deretwegen sie ganze Armeen der mächtigsten Herrscher Südamerikas niedermetzelten.

Das Gold von Fort Knox hat vieles erlebt, etwa den 16. November 1532.

An diesem Tag stellt sich der spanische Konquistador Francisco Pizarro in der Stadt Cajamarca den Truppen des Inka-Herrschers Atahualpa. Pizarros Truppe umfasst einhundertachtundsechzig Soldaten, davon zweiundsechzig Reiter, der Rest Fußsoldaten, einige Priester, einige Diener. Atahualpa ist der mit absoluter Macht ausgestattete Herrscher über das größte Staatswesen Amerikas. Seine

Was Buchhalter sorgsam registrieren, ist der Stoff, mit dem Kriege und Kulturen gebaut wurden.

Armee, die ihn an diesem Tag in der Nähe der Stadt Cajamarca begleitet, zählt achtzigtausend Mann, eine erfolgreiche Truppe, die stärkste Streitmacht des Kontinents, ungeschlagen in zahllosen Kriegen. Auf einer Länge von zwanzig Meilen, so werden die Konquistadoren später ihrem Auftraggeber in Madrid, dem römisch-deutschen Kaiser Karl V. und zugleich als Karl I. König von Spanien, berichten, war das Tal von Cajamarca erfüllt von der Streitmacht des Atahualpa. Und dennoch gelingt es Pizarro, den Herrscher gefangen zu nehmen. Acht Monate hält Pizarro Atahualpa in Haft, um ein Lösegeld zu erpressen: Gold, das einen Raum – sechseinhalb Meter lang, fünf Meter breit, zweieinhalb Meter hoch – vollständig füllt, den größten Schatz der Geschichte. Als sich kein Stück Gold mehr in den Raum pressen lässt, tötet Pizarro den Herrscher der Inkas.

Das Medium der Verschwendung

Welche Spuren hat dieses Gold hinterlassen? Es hat Kriege auf der ganzen Welt finanziert, aber auch Forschung und Entwicklung. Es baute Paläste und erweiterte Staaten. Es sicherte Macht und half die Macht anderer vernichten. Das ist die bekannte Seite der Geschichte.

Die andere Seite ist die: Mit an Sicherheit grenzender Wahrscheinlichkeit liegt das gesamte Gold, das die Untertanen Atahualpas dem Konquistadoren Pizarro brachten, heute in den Goldlagern von Fort Knox oder fünfundzwanzig Meter unter dem Granitstock Manhattans, wo sich ein weiteres gewaltiges Goldlager der Federal Reserve befindet. Der Schatz der Inkas ist eingeschmolzen in Barren, ein jeder 31,1 Kilogramm oder eintausend Troy-Unzen schwer.

In diesen Goldbarren stecken die frühesten antiken Goldstücke. Die Schätze der römischen Caesaren. Die Kassen Konstantinopels. Das Gold, das die Geschäfte der Seidenstraße ermöglichte, und das Gold, das das Fundament der modernen Geldwirtschaft bis weit ins 20. Jahrhundert sicherte. Das Gold in Fort Knox ist das Konzentrat der Geschichte.

Die Gier ist immer so: Wenn es kein Gold mehr gibt, tötet man. Als ginge es ums Leben.

In den Golddepots liegt immer
noch alles Gold der Welt.
Gold verbraucht sich nicht.

Die moralische Bewertung dieser Geschichte ist einhellig: Am Gold klebt Blut. Und doch: Ohne Aussicht auf dieses Gold, auf einen kleinen Teil wenigstens, wäre kaum ein Mensch auf die Idee gekommen, Wagnisse und Risiken einzugehen, zu entdecken und zu erfinden, die aus unserer Sicht wahnwitzigsten Abenteuer der letzten Jahrhunderte zu bestehen, die, das lässt sich nicht leugnen, der Menschheit letztlich zu nie gekanntem Wohlstand verholfen haben. Alles, worüber wir heute verfügen, ist in erster Linie der Existenz dieses Goldes geschuldet, das seit Jahrzehnten gut bewacht in schweren Regalen lagert.

Es ist unvorstellbar viel Neues geschaffen worden mit diesem Gold. Und doch ist es bis heute nicht weniger geworden. Was in den Lagern von Fort Knox und anderswo gehütet wird, ist die Summe allen Goldes, das Menschen jemals gefördert haben. Warum wurde dieses Gold im Laufe seiner Geschichte nicht verbraucht?

Die landläufige Meinung hierzu ist: weil Gold kostbar ist und stets nur in die Hände neuer Besitzer wechselt, die ebenso sorgsam darauf achten wie jene, von denen sie es erhalten haben. Man hütet es, weil es ein Schatz ist. Das wahre Geheimnis des ewigen Goldes aber ist dieses: Es ist nicht nötig, dass wir es verbrauchen, selbst wenn damit die größten und wichtigsten Projekte der Menschheitsgeschichte geschaffen wurden.

Geld ist die Tochter des Goldes.
Es ist ein Treibstoff, der nie
versiegt. Er treibt uns nur an.

Milliarden und Abermilliarden von Menschen profitierten von der bloßen Existenz des Goldes. Sie verschwendeten und schufen so neue Möglichkeiten über den Tag hinaus, allein weil die Aussicht bestand, mit dem Gold, wenn man es nur erhielte, sich alle Wünsche zu erfüllen. Geld, die Tochter des Goldes, hat als universelles Tauschmittel keine andere Funktion. Es werden nicht einfach nur Waren oder Dienstleistungen gegen ein paar Münzen oder Scheine getauscht. So wie das Gold von Fort Knox die Geschichte in Barren zu eintausend Troy-Unzen festhält, so repräsentiert das Geld die Möglichkeiten und Chancen der Menschen, die es erhalten und weitergeben. Es sind, wie der britische Autor James Buchan schrieb, „gefrorene Begierden", die sich im Geld ausdrücken, so wie im Gold.

Vielfach wird heute dem Geld die Fähigkeit abgesprochen, die Funktion des Goldes, potenziell alles dem Menschen Machbare schaffen zu können, ihn zum Äußersten zu motivieren, auf Dauer einnehmen zu können. Allerdings würde das auch bedeuten, dass Menschen aufhörten, über das Nötigste hinaus etwas zu wollen. Die Begierden müssten sich auf profane Dinge beschränken: auf das Stillen von Hunger und Durst, etwas Wärme, Sicherheit vor den größten Risiken der Natur. Moderne Menschen, gestresst und abgearbeitet, mögen sich nach einer solchen Welt sehnen. Doch der Ausstieg aus einer Geldgesellschaft, die verschwendet, um Neues zu schaffen, würde letztlich die Entscheidung für ein trostloses Dahinvegetieren bedeuten. Es bliebe nichts zu wünschen, nichts zu hoffen.

Gold verbraucht sich nicht, Geld hat Bestand, weil damit Wünsche und Hoffnungen erst möglich werden. Wir erahnen das wahre Perpetuum mobile, eine Maschine, die sich durch eigene Kraft auf ewig bewegt. Es bedarf nur des Glaubens, dass sich durch das Entdecken neuer Möglichkeiten, durch die Annahme der Vielfalt, eine Lage verbessern lässt. Und schon läuft es.

Dabei spielt es keine Rolle, ob Gold heute noch die Währungen der Welt sichert. Seit den siebziger Jahren des 20. Jahrhunderts ist das in den meisten Ländern nicht mehr der Fall. Und davor war es im Grunde auch nicht erforderlich. Was wir an Werten schaffen, existiert unabhängig von Gold und Geld. Der einzige, wenngleich unverzichtbare Zweck dieser Stoffe besteht darin, uns eine Grundlage für die Sehnsucht nach mehr an die Hand zu geben. Das Ganze funktioniert kraft einer impliziten kulturellen Übereinkunft. Das Einzige, was hinter diesen Werten steckt, die wir in Form von Euros und Dollars jede Stunde auf der ganzen Welt tauschen, ist, wie der amerikanische Wirtschafts-Anthropologe Jack Weatherford schreibt, der Glaube, dass alle auch weiterhin dem Wert des Geldes vertrauen: „Abgesehen von diesem Glauben wird der Dollar durch nichts gestürzt."

Das Fundament des modernen Kapitalismus sind also nicht die tragischen, sagenumwobenen, kalt-mythischen Goldwände in Fort Knox oder Manhattan, nicht die südafrikanischen Goldminen. Es ist die vage Zuversicht, dass sich unsere Wünsche erfüllen mögen. So lächerlich ist das, so unpathetisch, so unsicher.

Alles Gold der Welt bringt am Markt 100 Milliarden Dollar. Damit könnte man gerade mal einmal zum Mond fliegen.

Gold
D. 1/10 Sozialausgab

Was man mit dem Gold in Fort Knox anstellen kann.

Würden die ansehnlichen deutschen Goldreserven, die in den Tiefen Manhattans gelagert werden, verkauft, würde der Erlös nicht einmal reichen, um die Kosten der Arbeitslosigkeit für ein Jahr zu decken. Er betrüge nicht einmal achtzig Milliarden Dollar, ein Zehntel der gesamten Sozialausgaben der Bundesrepublik in einem Jahr.

Die achttausend Tonnen reinen Goldes, die die amerikanische Regierung in Fort Knox und Manhattan und anderen Bunkern der Geschichte lagert, würden am Markt vielleicht einhundert Milliarden Dollar erzielen. Damit könnten die Amerikaner beispielsweise, so hat der US-Kongress ausgerechnet, eine neue Mondlandung unternehmen – für mehr würde das Geld nicht reichen. Das wird Menschen aber nicht daran hindern, auf den Mars und weiter hinaus zu wollen oder auf der Erde mit aller Energie Armut, Hunger, Krankheit und Ungerechtigkeit zu bekämpfen. Niemand wird sich davon abbringen lassen, neue Autos und Motoren, Energiequellen und Computer zu bauen, Medikamente zu entwickeln und die Welt im Ganzen zu einem besseren Ort zu machen.

Um diese Aufgabe zu erfüllen, werden Menschen weiterhin nachdenken, leisten, Neues schaffen. Kurz, sie werden verschwenden – was vom Standpunkt derer aus betrachtet, denen die Welt, wie sie ist, genügt, vergeuden bedeutet. Die bestehende Ordnung scheint stets bedroht von neuen Hoffnungen und Ideen. Der tätige, technische Mensch, der Homo faber, hofft vor allem, seine Lage zu verbessern.

Verschwendung ist die Grundlage des Neuen, kein Kreislauf, der nicht wächst, sondern ein Mechanismus, der Mehrwert schafft. Das Gold von Fort Knox ist ein Beispiel dafür, wie man richtig verschwendet.

Verschwendung ist kein Notstand

Human diversity is a resource, not a handicap
Margaret Mead

Wie kommt man auf das Neue?

Ganz einfach: Indem man zunächst das Alte ausführlich begutachtet und es auf seine Richtigkeit prüft. Ist es nützlich? Noch gültig? Noch wahr? Oder hat es seine Bedeutung, also seinen praktischen Nutzen für unsere Orientierung in der Welt bereits verloren? Jede Geschichte über das Neue fängt mit einem Blick auf das Alte an.

Die Dinge sind nicht, wie sie scheinen. Der erste Blick trügt. Was ist es, das Gold, Geld und Reichtum so faszinierend macht?

In unserem Fall ist es zunächst ganz einfach, sich dem Bestehenden zu nähern. Wir suchen in einem der wichtigsten deutschen Konversationslexika nach den Begriffen „Verschwendung" und „Vielfalt". Beide Wörter beginnen mit V, einem Buchstaben, der in der deutschen Sprache eine überschaubare Auswahl bietet. Es gibt nicht viele V-Wörter, und so stehen sie im Lexikon, und manchmal auch in der Realität, ganz nahe beieinander.

Wir lesen Folgendes:

> *„Verschwendung, der Hang zu übermäßigen, sinn- und zwecklosen Ausgaben. Die V. kann rechtlich zur Entmündigung führen, wenn der Verschwender sich oder seine Familie dadurch der Gefahr des Notstands aussetzt."*

Wir halten also fest: Verschwendung kann zu Notstand führen.

Weiter zur Vielfalt. Dieser Eintrag müsste im Grunde auf einer der nächsten Seiten des Lexikons zu finden sein. Doch dort ist nichts. Das Lexikon schweigt.

Wer weiß schon, was Verschwendung ist? Nicht Vergeudung, so viel steht fest.

Vor allem aber ist Verschwendung ein Begriff, der fest mit der Art von Ökonomie verbunden ist, die wir heute noch überwiegend produzieren: dem Industrialismus. Nichts ist der Zeitalter der Industrie und der von ihr gestalteten

9

Gesellschaft so zuwider wie der Gedanke, dass begrenzte Ressourcen nicht nutzbringend verbraucht werden könnten. Die freie Enzyklopädie Wikipedia schreibt: „Der Begriff steht im Zusammenhang mit einer Idee von Nutzen." Das ist sehr präzise. Einer Idee von Nutzen, nämlich der industrialistischen. Und die lautet: Alle Produkte, Ideen und Verfahren müssen unmittelbare Wirkung haben.

Das Ende der platten Welt der Industrie. In einer Linie gedacht, muss vom Ausgangsstoff zum finalen Gut oder einer verkäuflichen Idee so wenig wie möglich Hand und Kopf angelegt werden. Es ist eine Welt, die von A nach B geht und sonst nichts kennt. Doch die meisten Ideen und Produkte werden heute so nicht mehr gedacht. Von einfachen Kompaktautos wie dem Volkswagen Golf gibt es Millionen unterschiedlicher Varianten. Immer mehr Güter und Ideen sind, wenn sie am Laufband oder Schreibtisch entstehen, nur ein Ausgangsprodukt, das vom Kunden erst durch seine Nutzung zu einem finalen Produkt wird. Niemand würde auf die Idee kommen, dass es Verschwendung ist, wenn er sein Auto mit roten Sitzbezügen ausstattet oder seine Software so konfiguiert, dass sie den täglichen Ansprüchen genügt. Die Definition von Verschwendung, wie wir sie kennen, ignoriert, dass diese Welt und selbst die Gesellschaften und kleinsten Gemeinschaften in ihr aus Systemen bestehen, die sich ständig verändern und sich und andere Systeme und ihre Teile beeinflussen. Sie ignoriert im Grunde die Art und Weise, wie die Welt beschaffen ist. Es ist eben eine Idee von Nutzen, die hier zutage tritt. Die platte, horizontale, in einer Linie verlaufende Welt der Industrie, deren Tage, das muss man allerdings wissen, gezählt sind. Um die großen Unterschiede zwischen neuem und alten Nutzen dreht sich dieses Buch.

Der Versuch, das Neue vom Alten zu unterscheiden, beginnt immer mit solch banalen Tests, Reality Checks. Wir müssen den Finger in den Wind halten, um festzustellen, woher er weht. Doch als vernunftbegabte Menschen werden wir uns nicht mit dem Vorgefundenen zufrieden geben. Wenn wir frieren, werden wir uns dadurch, dass das Thermometer an der Wand Zimmertemperatur anzeigt, nicht wirklich besser fühlen. Wir werden uns möglicherweise fragen, ob nicht eine Erkältung im Anzug ist. Und wie wir diese behandeln können.

Der rapide Wandel der Gesellschaften, die wir Industrienationen nennen, hat uns eine Vielzahl von Wortbedeutungen hinterlassen, die für ein angemessenes Verständnis der Welt nicht mehr taugen. Die neuen Zeiten brauchen neue Bedeutungen, die Entdeckung des eigentlichen Sinns von Wörtern, mit denen wir heute noch unsere Zeit vergeuden, weil wir sie falsch verstehen oder verwenden. Das ist die Kraft, die Irrtümer überwindet und den Blick freigibt auf eine Welt der unbegrenzten Möglichkeiten.

Verschwendung und Vielfalt sind zu wichtige Begriffe, als dass man ihre Definition den alten Köpfen und ihren Büchern überlassen dürfte. Die Entwicklung eines angemessenen Verständnisses dieser beiden Begriffe ist die Voraussetzung dafür, dass wir begreifen, was unseren Wohlstand ausmacht: nicht schwerfällige Selbstgefälligkeit, sondern der Mut zu Neuem, zum Fortschritt.

Verschwendung ist nicht Vergeudung. Vergeudung verweist auf das Statische, das Festhalten, das Besitzstandswahren, das Rückwärtsgewandte, das nur verbraucht, ohne Neues zu schaffen. Verschwendung aber heißt freies Spiel der Ideen, Mut zum Risiko und zum Neuen. Sie ist eine Tugend.

Vor allem ist sie eine elementare ökonomische Triebkraft. Verschwendung ist der Ausdruck des Überflusses, und ohne Überfluss kann kein Markt existieren.

Überfluss wiederum bedeutet die ständige Entwicklung und Produktion von Neuem. Alles, was wir an Erneuerung und Innovation kennen, ist Ausfluss von Verschwendung. Das Medium der Verschwendung ist das Geld, das mit dieser eine ganz bedeutende Eigenschaft teilt. Es ist nur in der Lage, nützlich zu sein, indem es sich bewegt. Geld ist eine universelle Sprache, eine Glanzleistung der menschlichen Kultur. Es wurde erschaffen, um den Zugang zu einer Vielzahl noch gar nicht existierender Produkte und Dienstleistungen, Wünsche und Möglichkeiten zu eröffnen. Geldhandel ist nicht, wie der Tauschhandel, beschränkt an Zeit und Raum und Angebot, sondern ein Medium für schlicht alles, was Menschen wollen können.

Vergeudung ist rückwärtsgewandt, beharrend, nicht dynamisch. Verschwendung aber heißt: Mut zum Neuen, auch zum Risiko, zu haben.

Der große Räsonneur über das Geld, der deutsche Soziologe Georg Simmel, hat auf den Punkt gebracht, was für dieses Medium wie für die Verschwendung gilt:

„Wenn Geld stillsteht, ist es kein Geld mehr."

Ohne Verschwendung wären wir nicht hier.

Verschwendung ist die Grundlage jeder Erneuerung

Die Verschwendung ist also eine der zentralen menschlichen Kulturleistungen, eine, in der sich gesellschaftliche, kulturelle und wirtschaftliche Innovation widerspiegeln. Entwickelte Gemeinwesen, Wohlstand, Fortschritt, nie gedachte Möglichkeiten, nichts von alledem wäre ohne sie vorstellbar – ja, nicht einmal die Kräfte und Gesellschaften, die als entschiedene Feinde der Verschwendung und ihres Reservoirs, der Vielfalt, auszumachen sind.

Was von dem, was wir haben, ist nötig? Essen, Trinken, Schlafen, Wärme. Alles andere ist: Verschwendung.

Im Grunde müssten wir an der Entstehung von Neuem, ganz egal, ob es sich dabei um die Verbesserung einer bestehenden Sache oder eine Idee handelt, gar nicht arbeiten. Denn die Grundbedürfnisse der Menschheit sind schnell gedeckt. Genug zu essen haben, sicher schlafen, sich gegen Kälte und Hitze und eine Hand voll Naturgewalten schützen, das sind die elementaren Leistungen, denen nicht zwingend weitere folgen müssten. Jede Innovation ist so im Grunde Verschwendung. Ihre Grundlage ist die Fähigkeit des Menschen, aus einer Vielzahl an möglichen Varianten, der Vielfalt, die passenden Optionen zu wählen. In der gesamten Menschheitsgeschichte gab es niemals einen Masterplan, der zwingend zu der einen oder anderen Entwicklung geführt hätte.

Denken in der Sackgasse: Alle sollen sparen. Wie soll sich dann was ändern?

Verschwendung führt uns auch heute nicht in eine Notlage, sondern befreit uns vielmehr aus der Sackgasse, in die das Einheitsregime des Industrialismus geraten ist: zum einen, indem Innovation, eine ihrer unausbleiblichen Effekte, für eine bessere Welt sorgt. Zum anderen, indem sie uns erkennen lässt, dass für nahezu jedes Problem mehr als eine Lösung bereitsteht. In Zeiten, in denen das nach einheitlichem Denken gestaltete industrielle System an sein Ende gekommen ist, wachsen aus dieser Erkenntnis auch neue Hoffnung und Perspektiven für die Zukunft.

Die Hoffnungslosigkeit, die heute mit Erscheinungen wie Massenarbeitslosigkeit und Perspektivmangel einhergeht und in den alten europäischen Nationalstaaten besonders verbreitet ist, wird damit besiegt.

Verschwendung ist auch die Konstante einer Erscheinung, die mehr ist als bloß eine Wirtschaftsform: des Kapitalismus. Es ist – zumal im deutschsprachigen Raum – kaum möglich, das Wort ideologiefrei zu verwenden. In den Augen der meisten Menschen ist der Kapitalismus ein brutaler, auf Vereinheitlichung und Machtmonopole zielender Mechanismus des Industriezeitalters. Damit verwechseln sie aber das Problem mit der Lösung. Auf der Suche nach den Grundlagen von Ökonomie liegt die hundertfünfzigjährige Epoche des Industriekapitalismus – die bis heute Politik und Gesellschaft prägt – wie ein Sperrriegel vor den eigentlichen Möglichkeiten, die sich durch Kapitalismus und die ihm innewohnenden Prinzipien Verschwendung und Vielfalt ergeben. Theorie und Praxis einer neuen Ökonomie, wie sie sich in den vergangenen Jahrzehnten langsam zu entwickeln begann, sind sich dieser Altlast sehr wohl bewusst.

Kapitalismus ohne Verschwendung gibt es nicht. Die Verschwendung ist der eigentliche Zweck des Kapitalismus.

Der deutsche Wirtschaftshistoriker Werner Sombart, der 1902 den Begriff Kapitalismus in die wissenschaftliche Debatte einbrachte, ist der herausragendste Vertreter eines positiven Verschwendungsbegriffs. Er erkannte – ebenso wie andere Größen seiner Zeit, etwa der österreichische Ökonom Joseph Schumpeter – die Kraft, die der ständigen Erneuerung durch Verschwendung innewohnt. Ihr Einfluss auf neue ökonomische Konzepte ist hoch – wenn er auch in Europa, der letzten Festung industrialistischen Denkens, von Politik und Industrieverbänden bis heute klein gehalten wird.

Die falsche Logik des Industriezeitalters: So tun, als ob durch ständiges Controlling ein Nutzen entstehen würde. Es ist die Grundlage des ökonomischen Untergangs.

Verschwendung ist nützlich?
Aber wo bleibt denn da die Moral?

Wo bleiben, so hören wir fragen, denn da der Anstand und die Moral? Immer geht es auch darum, wenn von Verschwendung die Rede ist.

Indianer sind Kapitalisten.
Sie verschwenden,
dass sich die Balken biegen.
Weil das Nutzen stiftet.

Einem Menschen, der vor Beginn des industriellen Zeitalters lebte, hätte man hier nichts erklären müssen. Geizige galten als Außenseiter, zuweilen sogar, wie wir sehen werden, ausdrücklich als Sünder. Die Menschen feierten Feste, auf die sich häufig der ganze Wirtschaftskreislauf ausrichtete: Das Jahr war, nicht nur in Europa, durch Feste strukturiert. Nordamerikanische Indianerstämme feierten das Geschenkfest, das Potlach, bei dem demonstrativ, mitunter beinahe aggressiv Reichtum verschenkt oder zerstört wurde, um soziale Beziehungen zu definieren und Machtverhältnisse zu festigen. „Potlach" bedeutet in der Sprache der nordwestamerikanischen Stämme „geben"; dieses Geben als Grundlage von Beziehungen, selbst von politischen und ökonomischen Verträgen existierte in allen Kulturen, wenngleich in unterschiedlicher Ausprägung. „Gelage" ist ein weiteres Wort, das Maßlosigkeit und Verschwendung andeutet, eine vergangene soziale Praxis, bei der Gästen üppige Verschwendung geboten wurde.

Heute hingegen begegnen wir überall der industriellen Einheitsidee, die sich gegen diese Art sozialer und ökonomischer Tradition wendet. Glatte Fassaden und puritanischer Geiz haben sich über vieles gelegt. Was Menschen treibt, zeichnet sich nur mehr schemenhaft ab. Damit werden Möglichkeiten für Veränderungen konsequent abgeschafft. Und vor allem: Die Abwendung von der Verschwendung bedroht Grundwerte des Sozialen, etwa der Solidarität, die längst zu einer Phrase geworden ist. Warum? Nun, ganz einfach: Verschwendung schafft nicht nur neue Möglichkeiten für den Verschwender, es fällt auch immer reichlich für andere ab. Betrachten wir den praktischen ökonomischen Prozess einmal aus dieser Perspektive, dann sehen wir, wie viele Menschen von unternehmerischer Tätigkeit, die nach wie vor als besonders rationales Moment begriffen wird, leben.

Ist Demokratie Verschwendung?

Seit Jahrhunderten suchen Menschen nach einer Maschine, die nie zum Stillstand kommt, die sich durch sich selbst in Gang hält und zugleich Energie liefert: dem Perpetuum mobile. Diese Idee gilt unter Physikern als absurd, und vielleicht hat das, wie vieles, damit zu tun, dass Spezialisten so selten über ihren Tellerrand schauen. Denn diese Idee entspricht ziemlich genau dem Wirkprinzip der Trias Kapitalismus – Vielfalt – Verschwendung. Es sind die drei Hauptbestandteile eines Systems, das in der Lage ist, ohne zeitliche Begrenzung Energien – also Nutzen – freizusetzen.

Von der Antike bis weit in die Neuzeit war Verschwendung, als Gegenteil von Geiz, sogar ein positiv konnotiertes Prinzip. Wer ausgab, ohne lange zu zögern, tat Gutes, schuf Möglichkeiten und Chancen, die für andere wenigstens so nützlich waren wie für ihn selbst. Wer hatte, sollte mit vollen Händen daraus schöpfen, während der Geiz, der heute so geil scheint, schlicht eine Todsünde war (und ist).

Verschwendung war und ist aber kein moralischer Begriff – er lässt sich besser verstehen als ein Terminus technicus, ein Ausdruck also, der eine Funktion beschreibt. Verschwendung ist eine Bedingung von Vielfalt, beide gehören untrennbar zusammen. Vielfalt beschreibt die Existenz von Chancen und Möglichkeiten, Verschwendung die konkrete, materielle Größe dazu, ein Angebot über das Notwendige, Einfache hinaus, aus dem per Entscheidung gewählt wird.

Selbstredend kann ein Individuum kaum alle potenziellen Möglichkeiten wählen. Das bedeutet, dass immer etwas in den Hintergrund tritt, das für den Wählenden nicht in Frage kommt. Dieses Etwas ist aber für andere eine reelle Chance oder sogar die einzig richtige Option, nicht etwa ein schaler Rest. Ein einfaches Beispiel soll das verdeutlichen: Wenn mehrere Parteien zur Bundestagswahl antreten, Sie jedoch treuer Stammwähler einer Partei sind, ist es im Grunde in Bezug auf Ihr Votum Verschwendung, dass Ihnen in der Wahlkabine noch andere Möglichkeiten angeboten werden. Aus Ihrer Sicht ist es

Kapitalismus ist die Vielfalt der Verschwendung. Es geht um Varianten. Je mehr Auswahl, desto besser für das System.

sogar Verschwendung, dass überhaupt andere Parteien kandidieren (wir sprechen jetzt wohlgemerkt nicht von Ihrer moralischen Grundhaltung als guter Demokrat, der das grundsätzlich natürlich begrüßt). Klar, dass andere Menschen anders denken und ihrerseits die Kandidatur der Partei, die Sie bevorzugen, für Verschwendung halten. Dasselbe gilt für fast alles, was uns umgibt und woraus wir wählen können. Jeder Zug, den Sie nicht benutzen, zu dessen Unterhalt Sie aber mit ihren Steuern beitragen, ist in Bezug auf Sie Verschwendung – und für einen anderen die einzige Chance, von A nach B zu kommen.

Verschwendung ist eine Frage der Intelligenz: Nur wer unterscheiden kann und will, profitiert von ihr.

Vielfalt und Verschwendung sind keine Kategorien des Kollektivismus. Sie sind Insignien des Individuums, Bedingungen seiner Entfaltung.

Mit dieser Vielfalt und Verschwendung leben wir heute schon. Die Demokratie ist im Grunde vielfältig und eröffnet verschwenderisch Möglichkeiten zur Lösung gesellschaftlicher Probleme. Der Lösungschancen sind so viele, dass die Demokratie letztlich sogar den Missbrauch der Vielfalt durch starke Gruppen, die sich dem Dogma und dem Prinzip der Einheit verpflichtet haben, übersteht.

Der Kollektivismus hasst die Vielfalt, die Unordnung, alle Varianten. Er liebt die Bestimmbarkeit. Deshalb scheitert er.

Doch so sicher die Existenz von Verschwendung und Vielfalt auch ist, so unmöglich ist es, aus ihnen eine allgemein verbindliche, „sichere" Formel zu beziehen.

Genau darin liegt auch ein bewährtes Totschlagargument von Menschen, die lieber in Einfalt und Einheit leben: Das System der Vielfalt ist per se nicht im Voraus bestimmbar. Deshalb bleibt man lieber bei dem, was man hat. Nur liegt schon in diesem Schluss ein Fehler, wie ein allen bekanntes Beispiel zeigt: denn das, was man hat, etwa den im Nachkriegsdeutschland im Zuge einer Sonderkonjunktur erworbenen Wohlstand, wird man nicht halten können, wenn man nicht bereit ist, neue Risiken einzugehen.

Der Spiegel der Wahrheit

Man kann behaupten, dass Einträge in einem Lexikon nichts weiter seien als Orientierungshilfen, aber keine Beschreibung der Realität. Doch so einfach ist es nicht. Alles, was wir hier und heute kommunizieren, hat auch Bedeutung im Hier und Jetzt, ist ein Produkt unserer Zeit. Was wir in Wörterbüchern, Lexika, in den Medien präsentiert bekommen, spiegelt Bedeutungen, die die Welt, in der wir leben, ausmachen. Die Welt wird verbalisiert, beschrieben, damit immer auch interpretiert. Und Interpretation ist kein zufälliger Prozess. Insofern verkündet das Lexikon die Wahrheit. Wir müssen uns allerdings fragen, welche.

Eine Wahrheit, der wir nicht folgen mögen, sollte uns zu denken geben. So auch in unserem Fall: Vielfalt gibt es erst gar nicht in diesem Spiegel der wichtigen Wörter unserer Kultur und ihrer Bedeutungen, und Verschwendung bedeutet dem Lexikon zufolge nichts weiter als die Vorstufe zur Entmündigung, also zur Aufhebung der bürgerlichen Rechte. Ein Verschwender ist tendenziell unzurechnungsfähig, also jemand, dessen Entscheidungen und Handlungen nicht im Voraus berechenbar sind. Verschwender sind verrückt? Vielfalt vernachlässigbar? Dann ist die Erde auch eine Scheibe.

Aber betrachten wir erst einmal die landläufige Definition von Verschwendung, weniger negativ als die des Lexikons, aber immer noch recht eindeutig: Verschwendung bedeutet, etwas zu verbrauchen, ohne dass es einen merklichen Nutzen stiftet. Auf diese Art und Weise lässt sich vieles verschwenden: Ideen, Rohstoffe, Zeit und Energie, Millionen Dinge, die in unsere Welt gehören und die an anderer Stelle dringend gebraucht würden, um Sinnvolles damit anzufangen.

Wie lesen wir vor diesem Hintergrund den Lexikonartikel? Der Verschwender ist von Entmündigung bedroht, weil er seine Familie gefährdet, sein Umfeld, seine Gesellschaft, genauer gesagt: die gesellschaftlichen Leitbilder, die es zu erhalten gilt. Wer sein Vermögen in den Augen anderer einfach verprasst, dem droht der Ausschluss aus der Gemeinschaft. Hier hören wir gleich einem Echo die Klagechöre der Erben und des Staates, die in dieser Frage dieselben

Wer behauptet, diese Welt käme ohne Verschwendung aus, kann auch sagen: Die Welt ist eine Scheibe.

Verschwender, heißt es, bedrohen sich und andere. Sie sind unzurechnungsfähig. Damit lassen sich falsche Ordnungen aufrechterhalten.

Interessen verfolgen. Der Staat erhält nie genug Steuern und die Erben nie genug an Erbmasse. Die Grenzen, die den gerechten Ausgleich regeln zwischen den Ausgaben des Eigentümers und den aggressiven Ansprüchen derer, die meinen, ein Recht auf den Besitz ihrer Vorfahren (oder Staatsbürger) zu haben, sind dabei fließend.

Hinter dem Verschwendungsbegriff, wie wir ihn landläufig benutzen, stecken also wenig edle Motive: Der Egoismus derer, die nicht zusehen wollen, wie ihr Erbteil geschmälert wird, wird kaum als Tugend betrachtet. Und wie steht es um den steuerhungrigen Staat, der sich durch die Ausgaben des Verschwenders um sein Teil gebracht fühlt, selbst dann, wenn der ordentlich und brav seine Steuerpflichten erfüllt? Spätestens hier müssen sich die berühmt-berüchtigten „Besserverdienenden" wiedererkennen. Als Kampfbegriff sind sie in der Sprache der politisch Herrschenden längst eingeführt. Jede Debatte um Steuer- und Abgabenerhöhungen dreht sich darum, diesen Besserverdienenden, hinter denen sich immer „Verschwender" im Sinn der Lexikon-Definition verbergen, einen weiteren Teil der Verfügungsgewalt über ihr Eigentum zu entziehen.

> Erben und Staatsmacht haben eines gemeinsam: Sie tun nichts für das, was sie fordern. Sie sind keine Verschwender.

Der Staat und die Vielfalt: Ein Widerspruch in sich

Dahinter verbirgt sich der Anspruch eines Staates, die totale Verfügungsgewalt über alles Eigentum seiner Bürger zu besitzen – zumindest potenziell und also nach Bedarf. Niemand besitzt in einem solchen Staat etwas mit vollständigem Verfügungsrecht. Wer ein Verschwender ist und demnach potenziell unsozial, entscheiden die Machthaber nach ihren Bedürfnissen. Ganz so verfahren auch Erben, die nach Gutdünken festsetzen, ob der Erblasser bereits als Verschwender zu gelten hat, weil er Teile des Erbvermögens für sich beansprucht. Der Unterschied besteht darin, dass die Chancen gieriger Erben, einen Eigentümer per Gerichtsbeschluss als unzurechnungsfähigen Verschwender abzustempeln, geringer stehen als die des Staates, einen beliebigen Bürger via Gesetz als unsozial zu definieren.

Damit die Moral stimmt, müssen Verschwender Schmarotzer sein. Ein Verschwender verfügt über Mittel, die er sinnlos vergeudet. Er folgt dabei nicht dem Diktat der Bedürftigkeit. Verschwendung hat demnach keinen Sinn.

Ersetzen wir hier „Sinn" durch „Interesse", dann wissen wir, für wen diese Definition von Verschwendung Sinn macht: für die Mächtigen, die Hüter der bestehenden Ordnung, die umfassende Ansprüche erheben. Wer Verschwender ist oder nicht, bestimmen sie.

Jeder von uns verfährt im Grunde nicht anders. Die Ausgaben anderer, von denen wir unmittelbar nichts haben, sind uns ein Dorn im Auge. Das gilt nicht nur mit Blick auf die wenigen Villen und Paläste, die gebaut werden, auf luxuriöse Yachten oder mit Brillanten bestückten Schmuck.

Verschwendung ist immer die Verschwendung des anderen.

Der Bund der Steuerzahler ist mit mehr als vierhunderttausend Mitgliedern eine der mächtigsten außerparlamentarischen Organisationen Deutschlands. Der Verein besteht seit 1949, also so lange wie die Bundesrepublik selbst. Jahr für Jahr prangert der Verein in einem Schwarzbuch der öffentlichen Verschwendung spektakuläre Fälle der Vergeudung von Steuermitteln an. Das ist ein durchaus ehrenwertes Unterfangen, und viele Beispiele zeigen auch, wie salopp Staat, Länder und Kommunen mit dem Geld anderer Leute umgehen. Ein skurriles Beispiel sind etwa die 144.000 Euro, die im wahrsten Sinne des Wortes versenkt wurden, weil eine Galionsfigur am Schulsegelschiff Gorch Fock unsachgemäß montiert wurde: Bei erstbester Gelegenheit fällt das handgearbeitete Kunstwerk regelmäßig den Wellen zum Opfer.

Derartige Ereignisse läppern sich. Jeweils um die dreißig Milliarden Euro an öffentlicher Verschwendung hat der Bund der Steuerzahler für die letzten Jahre als Schadenssumme errechnet. Jahr für Jahr bietet das Schwarzbuch eine lesenswerte Aufstellung behördlicher Schwächen – die gleichsam als solider Beweis dafür gelten dürfen, dass gutes Geld in falschen Händen schwindet wie Eiswürfel in einer Tasse heißer Ostfriesenmischung.

Was ist eine sinnvolle Ausgabe? Das regelt im Normalfall der Neid.

Und dennoch sind Zweifel an der Wirkung der Arbeit des Bundes der Steuerzahler angebracht. Eine Vielzahl der dokumentierten Fälle wird nur zu solchen, weil die Perspektive derer, denen eine öffentliche Investition unmittelbar vor Ort Nutzen stiftet, fehlt. Für einen Steuerzahler in München ist beispielsweise die Errichtung eines Buswartehäuschens in Mecklenburg-Vorpommern, das pro Woche von nur zwanzig zahlenden Fahrgästen genutzt wird, schiere Verschwendung. Aber die wäre sie wohl auch, wenn dort zweihundert Fahrgäste nach schützendem Unterstand suchten. Die eigentliche Kraft beziehen diese Verschwendungsreporte aus einer menschlichen Eigenschaft, die man landläufig Neid nennt.

Geiz, Neid und Sparsamkeit sind die Feinde der Menschheit.

Neid entsteht dort, wo Menschen der unmittelbare Nutzen einer Ausgabe, die sie (zu Recht oder zu Unrecht) meinen tragen zu müssen, nicht erkennbar ist. Dabei spielt es kaum eine Rolle, ob eine Ausgabe für die Empfänger Sinn macht oder nicht, ob es sich also um eine wirtschaftlich vernünftige Investition handelt oder um Pfusch.

Es geht um den Sinn der Sache – und Sinn ist eine Frage des persönlichen Standorts. Es gibt aber noch eine andere Definition von Sinn, nämlich die Sinnstiftung, die ein bestimmtes politisches und gesellschaftliches Konzept vermittelt.

Was, so müssen wir nun fragen, ist das Ziel dieser Gesellschaft, die Vielfalt nicht kennt und Verschwendung als potenziell pathologische Erscheinung abtut? Ist es Wohlstand? Nun, es lassen sich, wie im Verlauf dieses Buches noch zu zeigen sein wird, sehr viele Beispiele dafür anführen, dass Verschwendung zu Wohlstand und bürgerlichem Glück geführt hat, aber es findet sich selbst bei penibler Suche kein Beispiel dafür, dass etwa Geiz und Sparsamkeit jemals von Nutzen für die Menschheit gewesen wären.

Zweifel – die Grundlage der Vernunft und der Feind des Sparens

Der große französische Denker René Descartes hat uns eine Menge hinterlassen, unter anderem zwei sehr bedeutende Sätze. Der eine, *cogito ergo sum* (Ich denke, also bin ich), ist als Manifest des selbstbewussten modernen Menschen berühmt geworden.

Wir bilden uns eine Menge darauf ein, als denkende Menschen durchs Leben zu laufen. Doch wie kommt man so weit, die Fähigkeit zur bewussten Entscheidung, zum Handeln, den unausweichlichen Folgen des Denkens also, als Beweis seiner Existenz anzuführen? Was trieb Descartes dazu – und was hilft uns bis heute, das Vorhandene nicht einfach als unabänderlich zu betrachten?

Die Antwort findet sich in René Descartes' Lebensmotto: Der Zweifel ist der Weisheit Anfang.

Wenn wir von unserem gegenwärtigem Standpunkt aus Begriffe wie Verschwendung und Vielfalt verstehen wollen, müssen wir zweifeln. Skepsis ist Vorwärtsbewegung.

Zweifeln ist ein schwieriges Handwerk, aber, wie Descartes richtig erkannte, unerlässlich auf dem Weg zur Weisheit. Weisheit wiederum ist nichts Endgültiges, sondern hilft bei einem wesentlichen Unterfangen: Entscheidungen und Handlungen auf der bestmöglichen Basis, dem aktuellsten Wissen, zu vollziehen. Zweifel ist permanente Revolution.

Und so bezweifeln wir die landläufige Definition von Verschwendung und versuchen zu erkennen, was diesen Begriff zu jenem Unwort macht, das er aus unserer Sicht nicht bleiben darf.

Zweifel ist der Weisheit Anfang. Was wir von René Descartes lernen können, wenn es um die Verschwendung geht.

21

Der Ärger mit dem Neuen

Alle Menschen lieben
die Vereinfachung. Wollen sie
auch einfach leben?

Hinter jedem Produkt und jeder Dienstleistung steckt eine enorme Anzahl an Menschen und Interessen, die dazu beitragen, dass wir zu einer bestimmten Zeit etwa Bestimmtes verbrauchen können. Das Wahrnehmungsproblem spielt in diesem Zusammenhang eine große Rolle: Wir lieben die Vereinfachung, alles, was diese Komplexität reduziert. Darin liegt aber zugleich die Gefahr, dass wir vergessen, welcher Nutzen und Sinn in all dem steckt, was wir in unserer jeweiligen Rolle – als Produzent oder Verbraucher – für andere leisten.

Wider die geistige Mangelkrankheit

Wir können nicht alles wissen, und wir können auch nicht alles zur Kenntnis nehmen. Unsere Wahrnehmung ist immer beschränkt. Ein merklicher Nutzen ist einer, der uns auffällt, weil wir ihn erwarten oder benötigen. Die anderen Nutzenmerkmale, die in einer Sache oder einer Idee stecken, erkennen wir erst gar nicht – und halten deshalb alles, was uns selbst nicht nutzt, für überflüssig, also für „Verschwendung" (so wie die Parteien auf dem Wahlzettel, die wir nicht wählen wollen, oder die Züge, die zu Zielen und Zeiten fahren, die uns nicht interessieren).

Vielfalt und Übersicht gehören zusammen. Nur werden sie selten in einem gedacht.

Komplexität und Vereinfachung sind die beiden Seiten ein und derselben Medaille. Auf der einen Seite steht – potenziell – alles, was man wissen könnte, auf der anderen alles, was man jetzt und hier wissen muss, um Entscheidungen zu treffen.

Man kann die Vereinfachung durchaus Konzentration auf das Wesentliche nennen. Das ist ein nützlicher, notwendiger Prozess. Bleibt es allerdings dabei, dass man die Medaille nie umdreht, sich niemals fragt, was auf der anderen Seite ist, dann resultiert aus der Simplifizierung schnell eine geistige Mangelerkrankung.

Und so gilt viel öfter, dass wir zwar den schnurgeraden und scheinbar einzig gangbaren Weg, abseits davon aber den Wald vor lauter Bäumen nicht mehr sehen. Wir erkennen Alternativen nicht, weil wir sie gar nicht sehen wollen. Der Zug, der eine halbe Stunde später als der von uns gewählte den Bahnhof verlässt, erreicht vielleicht trotz eines Umwegs viel schneller sein Ziel. Es wäre vielleicht auch nützlich, einen Zug zu nehmen, der statt einer Stunde anderthalb Stunden fährt, weil wir ziemlich genau in dieser Zeit ein spannendes Magazin vollständig lesen könnten.

Es fällt uns gar nicht auf, dass neben den immer schon oder seit langem genutzten Optionen noch eine Vielzahl anderer Möglichkeiten existiert. Wir erkennen nur sehr schemenhaft ihre Relevanz in unserer Welt. Weil sie – hier und jetzt – keinen Nutzen stiften oder wir diesen Nutzen nicht zu erkennen vermögen, reden wir im Zusammenhang mit diesen Möglichkeiten, mit dieser Vielfalt, von Verschwendung. Unsere eingeschränkte Wahrnehmung, die selektiert, sobald sie an ihre Grenzen gerät, gaukelt uns Nichtigkeit, Überflüssigkeit vor. Es wäre aber äußerst töricht, sich von sich selbst narren zu lassen. Denn so gesehen ist Verschwendung nichts weiter als noch nicht erkanntes Potenzial, über das wir dennoch verfügen können, falls wir es erkennen.

Diese Welt bietet eine so große Vielfalt und so verschwenderische Möglichkeiten, dass es schlicht verrückt wäre, sich auf das Altbewährte einzulassen und auf Neues zu verzichten. Und es herrscht auch ohne Zweifel ein gewisses Interesse daran, über den Tellerrand hinauszublicken. Mehr als neunzig Prozent der weltweit erschienenen Managementliteratur versuchen der Frage nachzugehen, wie man neue Möglichkeiten und Chancen erkennt und diese Erkenntnisse für sich optimal anwendet. Anders ausgedrückt: Es geht darum, mitten im Wald nach neuen Bäumen Ausschau zu halten, um eine neue Vorstellung vom gesamten Forst zu erhalten – und auf diesem Weg zu lernen, was sich darin und damit Neues anstellen lässt. Das Neue ist nicht Selbstzweck, es hat Sinn, es ist nützlich.

Würden 90 Prozent der Managementliteratur nun auch noch darauf verzichten,

Alle reden nur von Neuem.
Alle lieben die Innovation.
Vor lauter Bäumen
sehen sie aber den Wald
nicht mehr, von dem sie leben.

allgemeingültige Regeln vorzuschlagen, dann wären sie wirklich nützlich. So aber ist vieles sinnlos, denn jeder Fall liegt nun mal anders. Das Neue braucht immer neues Denken.

Joseph Schumpeter hat in den dreißiger Jahren des vergangenen Jahrhunderts eine praktische, allgemein verständliche Definition des Neuen geliefert. Er unterschied zwischen Invention, also einer neuen Erkenntnis oder Entdeckung, die an und für sich aber noch keine Bedeutung besitzt, weil wir ihren Nutzen noch nicht erkannt haben, und Innovation, einer praktisch einsetzbaren Neuerung, für die wir die Invention erst auf die Füße stellen, in der Realität verankern müssen. Nach Schumpeter ist das der Fall, wenn sich eine Invention wirtschaftlich nutzen lässt, also praktisch verfügbar wird. Wirtschaftlich nutzbar und damit zur Innovation wird das Neue, sobald es sich verbreiten lässt – also mehr (in der Praxis sehr viel mehr) als einer Person Nutzen spendet.

Vielfalt schafft Übersicht: Wie das Internet zuerst kompliziert, dann komplex und schließlich ganz nützlich wurde.

Ein klassisches Beispiel dafür ist das Internet. Es war sehr lange eine Invention (und zwar eine der brillantesten, die Menschen jemals erdacht haben), spendete aber kaum Nutzen, weil ihm die Verankerung in der Realität fehlte. So nutzten ein Jahrzehnt lang die amerikanischen Militärs eher lustlos die Technologie. Den Soldaten folgten Wissenschaftler, die das Internet weitere zwei Jahrzehnte auf dem Stand einer Invention hielten. Erst die Erschließung seiner Inhalte durch die allgemein verständliche, darstellbare und bedienbare Programmiersprache Hypertext Markup Language (HTML) des britischen Ingenieurs Timothy Berners-Lee im Jahr 1990 machte aus der Invention Internet eine Innovation.

Verbreiterung ist nicht Wachstum.

Von nun an vervielfachten sich die Inhalte Jahr für Jahr, und bis heute steigt das Volumen des World Wide Webs weiter. Man sollte vorsichtig sein, diesen Prozess Wachstum zu nennen – das Internet verbreitert sich vielmehr. Wachstum bedeutet, dass eine Sache, ein Prozess oder eine Idee immer größer wird. Es ist aber ein gehöriger Unterschied, ob Dinge nebeneinander, parallel, entstehen, für sich selbst stehen, oder ob eine Sache an sich wächst. Weshalb diese Unterscheidung wichtig ist, werden wir weiter unten sehen – wenn es um die fundamentalen Unterschiede zwischen Industriegesellschaft und der entstehenden Welt der Vielfalt geht.

Was passiert, wenn wir die Vielfalt vor der Tür lassen?

Auch die Vielfalt des Internets verstört bis heute viele. In den ersten Jahren seiner (wahrnehmbaren, merklichen) Existenz, in den frühen neunziger Jahren, war dies der Hauptkritikpunkt am weltweiten Netz. In ein öffentliches, weithin nicht-kommerzielles System Zeit und Energie zu investieren galt traditionellen Computerherstellern als ungeheure Verschwendung. Die bekanntesten und wichtigsten Manager der Informationstechnik-Branche zu Beginn der neunziger Jahre waren die CEOs der IBM Corporation, John Akers, und sein Kollege Ken Olsen, CEO der Digital Equipment Corporation DEC. Diese beiden hartgesottenen Topmanager gehörten zu den ersten, die der Internettechnologie eine Absage erteilten. Sie sei eine Mode, urteilten sie, niemand bräuchte ein solches System.

Akers und Olsen verloren schnell ihre Posten.

Vielfalt verstört – aber sie lässt sich auf Dauer nicht aufhalten. Und Verschwendung, als ihre materiell fassbare Dimension, ebenso wenig. Die Menge der real existierenden Möglichkeiten, Varianten, Spielarten wächst unaufhörlich. Das ist in der Tat irritierend. Denn wir brauchen eben jetzt, in der kurzen Zeitspanne, die wir Gegenwart nennen, nur eine Variante, eine Lösung, und nicht ein Dutzend oder eine Million. Allerdings bedeutet das nicht, und hier liegt das große Missverständnis um Vielfalt und Verschwendung, dass wir die Existenz der übrigen Varianten, wie dies in unserer alten industriekapitalistischen Gesellschaft üblich war und ist, einfach ignorieren dürfen.

Verschwendung bezeichnet die Gesamtheit des verfügbaren Angebots. Unsere Entscheidungen benötigen einen Teil daraus. Verschwendung ist das materielle Reservoir des Neuen, des Nützlichen, das es zu erkennen gilt. Niemals werden wir in der Lage sein, all seine Angebote vollständig zu erfassen. Aber es wäre ungeheuer töricht, grundsätzlich auf diese Offerte zu verzichten und die Augen vor all den Möglichkeiten zu verschließen.

Warum Computerindustrielle das Internet nicht verstehen konnten.

Industriekapitalisten haben keine Vorstellung davon, wie sich Systeme entwickeln. Deshalb schneiden sie gerne was weg. Mal Ideen, mal Mitarbeiter.

Die Einweggesellschaft

E Pluribus Unum
(Aus der Vielfalt zur Einheit)
Wahlspruch im Staatswappen der Vereinigten Staaten

Deutschland, einig Vaterland
Deutsche Nationalhymne

Die Rotröcke: Die Sicherheit der Uniform

Keine Armee der Welt konnte es im 18. und 19. Jahrhundert mit der britischen aufnehmen. Die Streitmacht des britischen Empire war ein einheitlicher, standardisierter, geordneter Tross; eine langsam voranrückende Kriegsmaschinerie, die bei aller sagenhaften Behäbigkeit die größten militärischen Triumphe feierte – Triumphe, auf die sich das britische Kolonialimperium gründete.

Das Bemerkenswerteste an dieser Armee war aber nicht ihre Mann- und Waffenstärke, die erst allmählich wuchs. Es war die Tatsache, dass diese Armee keinerlei Anstalten machte, sich zu tarnen oder dem Gegner ihren Standort zu verheimlichen. In langen Reihen marschierten die Soldaten in knalligem Rot – „Rotröcke" nannte man sie bald. Sie waren über größere Distanzen leicht auszumachen, bildeten für den Gegner ein leichtes Ziel.

Warum diese Einheit? Warum dieser hochriskante Standard, diese gefährliche Norm? Das knallige Rot der britischen Soldaten zeitigte zwei psychologische Effekte. Zum einen nahm das betont demonstrative Auftreten dem Gegner jede Hoffnung auf einen Sieg. Diese Kriegslist hatten zuvor schon die Legionen des Imperium Romanum angewandt. Noch viel wichtiger aber war für die Heeresführung die Tatsache, dass die Standardfarbe Rot die Zahl der Abweichler, der Deserteure in den eigenen Reihen so gering wie möglich hielt: Ein flüchtender Soldat aus der eigenen Truppe war leicht aufzuspüren.

Selbst als sich die britische Armee gegen die Revolution der Bürger der Neuen Welt

Der größte Feind einer ordentlichen Armee ist der unordentliche Soldat.

nicht durchzusetzen vermochte, behielt für den größten Teil des nordamerikanischen Territoriums die einigende Kraft der Rotröcke ihre Macht. Die kanadischen Mounties, eine Polizeitruppe, die bis heute als unübertroffen gilt, wenn es darum geht, die innere Sicherheit zu wahren, tragen das britische Armeerot. Die Tatsache, dass man einen kanadischen Mountie kaum übersehen kann, führte zu legendären Begebenheiten.

Im Jahr 1876 griff der amerikanische General Frederick Custer mit seinen Truppen den Sioux-Stamm unter der Führung des Häuptlings Sitting Bull an. Die Schlacht am Little Big Horn endete mit dem größten Sieg der Ureinwohner über die geordneten Aggressoren. Kaum einer aus der Truppe Custers überlebte. Sitting Bull war klug genug, zu wissen, dass sich dieser Sieg nicht wiederholen lassen würde. Er zog mit seinem Volk in die südlichen kanadischen Territorien weiter. Am Lagerplatz der Sioux, die nach Little Big Horn weltweite Prominenz genossen, an einem der zu jener Zeit gefürchtetsten Orte der Welt also, reiten eines Tages fünf kanadische Mounties in ihren knallroten Uniformröcken ein. Ihre Waffen entsichern sie nicht. Durch Legionen von Siouxkriegern reiten sie, gelangen völlig unbehelligt zum Tipi des Häuptlings. Sitting Bull, der ausgezeichnet Englisch spricht, wird respektvoll mit „Sir" angeredet. Die Mounties teilen ihm kurz und knapp mit, dass gegen seinen wie den Aufenthalt seines Volkes in diesem Territorium vonseiten der britischen Krone keine Bedenken bestünden. Allerdings müsse auch klar sein, dass Vorfälle wie jener in Little Big Horn hier nicht geduldet würden. Sitting Bull akzeptiert dies mit der Bemerkung, er habe keineswegs vor, die Ruhe der Provinz Kanadas zu stören, und dies gelte auch für alle seine Leute. Zum Abschied grüßen der Sioux-Häuptling und die Mounties einander militärisch.

Dann reiten die Rotröcke ab, noch weithin sichtbar.

Wenige Jahre später wird die bloße Präsenz dieser Uniform dafür sorgen, dass sich in Klondike, dem südlich von Alaska gelegenen neuen El Dorado der Goldsucher, kaum Gewaltverbrechen ereignen, während im südlichen Alaska selbst die reine Anarchie herrscht.

Eine geordnete Armee gegen improvisierende Feinde. Ein hoffnungsloser Fall.

Uniformierung dient also der Über-Sichtlichkeit, dem Schutz, der klaren Regel. Sie hat das Ziel, eine Einheit zu schaffen, und sie muss Sanktionen gegen Abweichler vorsehen. Es muss zwangsläufig zu Schwierigkeiten führen, sich der Norm nicht unterzuordnen. Die strikte Einheit führt hingegen oft dazu, dass sich aus der Vielfalt an Abweichlern, an Oppositionen, ein geschlossenes Gebilde formt. Das wiederum hat den entscheidenden Vorteil für die Übermacht, mit diesem nun geschlossenen, sich ebenfalls einheitlich verhaltenden Block einfacher kalkulieren zu können. So ist das überall: in der Industrie, in der Politik, selbst bei Kindern, die in ihren harmlos scheinenden Kämpfen sich schnell der einen oder anderen Partei anschließen.

Warum Drill gegen Terrorismus nichts ausrichtet. Das Ende der Armeen der Einheit.

In der Militärtechnik gilt dieses Prinzip inzwischen als überholt, besonders seit den Tagen des globalen Terrorismus und seiner nicht mehr überschaubaren Vielfalt an Zellen und Akteuren. Spätestens mit den Zellentaktiken der Al-Qaida haben die ursprünglich geschlossenen Armeen, denen Drill und Einheit als oberstes Gebot galt, ausgedient. Es ist schlicht unmöglich, den Gegner dazu zu zwingen, sich als große Einheit erkennbar zu machen.

Seither hat die Informationsverarbeitung, die nichts anderes ist als die Analyse vielfältiger Möglichkeiten, oberste Priorität. Schon im Zweiten Weltkrieg entschied nicht allein die schiere Mann- und Waffenstärke über Sieg und Niederlage, sondern die Fähigkeit zur Analyse und die Nutzung von Technologien, mit denen sich aus einer Vielzahl an Varianten einige brauchbare oder wahrscheinliche errechnen ließen. Die oberste Doktrin militärischer Technik heißt längst: maximale Tarnung, Ausnutzung von Komplexität. Ausgerechnet die alte Machtmaschine des Militärs hat damit den Wandel in einer Welt, in der es entscheidend ist, Vielfalt zu erkennen, bereits vollzogen. Hier weiß man: Der Teufel steckt im Detail.

Aus Sicht der Wagenburgen

In einer Welt, die auf Linearität, auf scheinbar logisch aneinander gereihte Schritte setzt, sind Vielfalt und Verschwendung Störfaktoren erster Ordnung. Ganz besonders dramatisch fällt das in Kulturen auf, die lange Zeit den linearen Ablauf der Dinge, in dem auf A stets B folgen muss, gelebt haben – und, mehr noch, auf diesem Weg lange Zeit äußerst erfolgreich waren.

Zu ihnen gehört Deutschland.

„In saturierten Gesellschaften werden Innovationen, so lange es geht, verschoben und verdrängt. Nichts macht so müde wie der Erfolg vergangener Tage", schrieb der 2002 verstorbene Bochumer Innovationsforscher Erich Staudt. Staudt war ein unermüdlicher Mahner für die Vielfalt und ein heftiger Kritiker der satten Einfalt, die sich seit langem über die Republik gelegt hat. Für ihn waren die, die keinerlei Bedürfnis nach Neuem haben, die nicht zweifeln und sich der Vielfalt verweigern, Insassen von „Wagenburgen". Aus guten Wildwestfilmen wissen wir, was wir uns darunter vorzustellen haben: ein paar sture Abkömmlinge der Alten Welt, die sich eine Übermacht von Unbekannten vom Leibe zu halten versuchen. Bis der letzte Wagen umfällt.

Der Wagen, hinter dem sich heute noch so viele verschanzen, wackelt bedenklich, und nicht erst seit kurzem.

Seit Mitte des 20. Jahrhunderts befindet sich die alte Welt des Kapitalismus, der die Kulturen und das Verhalten der Menschen stärker geprägt hat als jedes andere Betriebssystem der Menschheit zuvor, auf dem Rückzug. Unscharfe Beobachtung hat angesichts der Wende der Jahre 1989 bis 1991 viele dazu verleitet, den alten Kapitalismus zum Sieger im langen Kalten Krieg zu erklären. Doch darum ging es nie. Der westliche Industriekapitalismus und die scheinbar so gegensätzliche sowjetische Planwirtschaft hatten vieles gemeinsam. In erster Linie dies, dass es beiden Systemen nicht gelang, eine stabilisierende Vielfalt zu errichten. Die immanente Unfähigkeit, Neues zu erkennen und zu befördern, finden wir in beiden Systemen gleichermaßen.

Keine Reise führt von A nach B. Neue Wege in einer neuen Welt.

Warum der westliche Industriekapitalismus und die Planwirtschaft letztlich aufs Gleiche hinauslaufen.

Der Sieg der „westlichen Industrieländer" ist so gesehen ein Pyrrhussieg. Die meisten, die die Zeitenwende genauer verfolgten, glaubten ohnehin den leichtfertig vorgetragenen Siegessprüchen nicht. Hören wir einfach genauer hin. Noch vor einigen Jahren war es in den Nachrichten in Fernsehen und Tagespresse üblich, die wohlhabenden Staaten des Westens kurz als „Industrienationen" zu titulieren. Diese Bezeichnung hat mittlerweile Seltenheitswert erreicht. Etwas unverdächtiger, und verschämter, ist heute von den OECD-Staaten die Rede, also von den Mitgliedern des Clubs der reichen Nationen, die der Organisation für wirtschaftliche Entwicklung und Zusammenarbeit (Organization for Economic Co-operation and Development) angehören.

Seit den siebziger Jahren ist in den meisten Staaten dieser OECD die Industrie nicht mehr der bedeutendste volkswirtschaftliche Faktor. Dienstleistungen haben sie längst überrundet. Die Industrie verlor in den vergangenen Jahrzehnten Millionen Arbeitsplätze. Erstaunlicherweise ist ihre Macht, ihre Ideologie, bis heute weithin unangetastet geblieben. Doch selbst die berühmten dynamischen, lebendigen Märkte – die Emerging Markets der Schwellenländer Asiens und der aufstrebenden Großmacht China – begründen keine vollständige Renaissance der alten industriekapitalistischen Verhältnisse, nach denen sich die meisten Machthaber der Ersten Welt heute noch zurücksehnen. Es zeigt sich, dass die neuen kapitalistischen Großmächte nicht den Fehler der Monokultur begehen, der die europäische Wirtschaft so angreifbar gemacht hat.

Man darf den alten Männern der Industrie, die in Vorständen, Parteien und Organisationen bis heute das Sagen haben, ihre Nostalgie nicht allzu übel nehmen. Sie erlebten die Illusion einer wohlgeordneten Welt, in der alles nach Plan lief, ihre große Zeit. Sie haben ihre Illusionen verloren. In der linear organisierten, stets von A nach B führenden Welt musste nichts Essenzielles entschieden werden. Entscheidungen sind mühsam, sie kosten viel Arbeit und Zeit. Die Welt der Vielfalt macht es uns nicht leicht.

Das Ende der Industrienationen ist gekommen. Was nicht heißt, dass der Geist der Einfalt schon aus der Welt ist.

Der Fluch des Einfachen

Das liegt, wie gesagt, nicht nur an der sentimentalen Wehmut und ausgeprägten Sehschwäche des alten Führungspersonals, sondern auch daran, dass die Welt der Industriegesellschaft eine sehr übersichtliche Welt war. Man wird behaupten dürfen, dass sie den Idealtyp der einfachen Welt darstellte. Und das gilt auch für die Schlüsse, die in ihr gezogen wurden. Sie sind, wie der Raubbau an Ressourcen über Jahrzehnte hinweg, von ergreifender Einfalt. Die Welt der Industrie erzeugte eine kalkulierbare Gesellschaft, die nicht mehr nach Glück oder Selbsterfüllung strebte, sondern nach Sicherheit. Sicherheit ist ein Begriff, der Vielfalt ausschließt.

Ein Geheimnis des Erfolgs der Industriegesellschaft, die aus rückständigen Agrarstaaten mit feudalen Regime mehr oder weniger offene Demokratien machte, liegt darin, dass sie die tiefe menschliche Sehnsucht nach Berechenbarkeit, nach Kalkulierbarkeit und Sicherheit ganz hervorragend bedient.

Sehen wir näher hin: Ein industrieller Prozess besteht aus linearen, also hintereinander geordneten Abläufen – das ist unausweichlich. Aus Rohstoffen werden Produkte, und dies verändert den Wert eines Rohstoffs erheblich. Zugleich ist die industrielle Produktion dann sinnvoll, wenn immer mehr Produkte aus Rohstoffen erzeugt werden, denn die Veredelung dieser Produkte generiert Mehrwert, eben die Differenz zwischen dem Wert der verarbeiteten Rohstoffe und dem der Ware, die aus ihnen entsteht.

In regelmäßig aufeinander folgenden Zyklen wird dabei aus Rohstoffen immer mehr Ware produziert. Dieser Prozess ist steuer- und berechenbar, er muss es sogar sein, weil er sonst gar nicht stattfinden kann. Für lange Zeiträume müssen Rohstoffe, Maschinen, Arbeitskräfte, Personal, Märkte und Chancen fest definiert werden. Die maschinelle Produktion, die die so genannte industrielle Revolution im ersten Drittel des 19. Jahrhunderts auslöst, ist ein geschlossener Prozess des Berechnens und Sicherns. Die Welt des Plans entsteht. Etwas „plan" machen heißt, alle Unebenheiten zu begradigen – dieser Wortsinn hat sich in einigen deutschen Regionen bis heute erhalten.

Warum wir die Industriegesellschaft so lieben. Und warum wir tausend Scheinsicherheiten lieber haben als eine Entscheidung.

Was die Industriegesellschaft eigentlich tut.

!! Plan.

M. L. King ø I have a pla.

31

Das Einebnen hat einen Zweck: Klarheit und Übersicht zu schaffen. Bis weit in die Zukunft sollen alle Unwägbarkeiten ausgeschlossen werden. Es geht der industriekapitalistischen Planung vor allem darum, Unsicherheitsfaktoren, wie sie im wirklichen Leben ganz natürlich vorkommen, auszuschalten. Es gibt einen Weg, und der bildet eine Gerade – von A nach B. Diese Strecke lässt sich lange im Voraus berechnen.

Und zum Grundprinzip dieser Gesellschaft gehört natürlich auch ihre Einstellung zu allem, was dabei im Wege steht: Was nicht passt, wird passend gemacht.

Diese Ordnung beschwört die volle Konzentration auf eine Sache im Dienste der einer industriellen Gesellschaft einzig möglichen Entwicklung: größer, weiter, höher – auf direktem Weg.

Weiter, höher, schneller – und immer nur in eine Richtung: das Dilemma des industriellen Regimes.

Eine agrarische Gesellschaft konnte sich noch mit dem Hahnenkrähen und dem Glockenschlag der Kirche begnügen, um den Tag zu ordnen. Es genügte der Sonnenlauf, um den Fortschritt einer Tätigkeit zu messen. Jahreszeiten bestimmten den Ablauf der Produktion. In der Industriegesellschaft kommt nicht die kleinste Stube ohne Uhr aus. Konsequenterweise sind billige Hausuhren – die im schweizerischen Jura und im deutschen Schwarzwald entstehen – die ersten industriellen Massenprodukte. Sie werden in Fabriken vorbereitet und auf Bauernhöfen fertig montiert. Die Übergänge zwischen der alten und der neuen Gesellschaft sind wie in einem gewaltigen Plan geordnet. Man findet sie überall.

Seither gilt die Doktrin der Economy of Scale – der Wirtschaftlichkeit durch Masse, eine Grundfunktion der Industriewelt. Wirtschaftlichkeit durch Masse ist eine Welt für sich. Sie wird verständlicher, wenn wir sie beim Namen ihrer wichtigsten Auswirkung nennen, die bis heute im Mittelpunkt der industriekapitalistischen Doktrin steht: Wachstum. Wachstum bedeutet, dass ein Wert sich linear vergrößert. Das kann der Ausstoß an Gütern sein oder das Bruttosozialprodukt eines Landes. Gleichermaßen gilt das aber auch für Ideen, genauer gesagt: für Dogmen, also unveränderliche Wahrheiten, die durch beständiges Füttern und Anlöten der unterschiedlichsten Erklärungsmuster und „Beweise" vorgeblich an

Gewicht gewinnen. In beiden Fällen, beim materiellen Gut wie bei der Idee, ist einer der wesentlichsten Effekte des Wachstums, dass die übrigen existierenden Varianten, die Alternativen im Repertoire der Vielfalt, an den Rand gedrückt werden.

Die In-eins-Setzung von Industrialismus und Wachstum ist relativ neu. Im ersten Jahrhundert der industriellen Revolution standen noch andere Fragen im Vordergrund: Die radikale Industrialisierung Europas, vor allem Deutschlands und Großbritanniens, wurde mit Erscheinungen wie Massenverarmung (Pauperismus) und Entfremdung identifiziert.

Warum immer mehr Industrie die Menschen immer mehr von sich selbst entfremdet.

Beides ist richtig – aber erstaunlich ist vor allem, dass der Entfremdungsbegriff, den Karl Marx als eine der tragenden Ideen in seine Arbeiten einbrachte, im Zuge der Gewöhnung der Arbeiter an ihr Schicksal, ihr Leben für die Lohnarbeit verkaufen zu müssen, allmählich zurücktrat. Auch das hat seinen guten Grund: Nicht Arbeitslosigkeit, oder besser: Erwerbslosigkeit, ist die große Geißel unserer Zeit, sondern die Tatsache, dass ein monotoner, linearer Kapitalismus keinerlei Alternativen zur Lohnarbeit zulässt. Die Folgerung, dass seine Existenzberechtigung zu verlieren droht, wer nicht willens oder in der Lage ist, sich dem industriellen Ritus zu unterwerfen, erscheint im Rang eines Naturgesetzes.

Die Teilhabe an oder der Ausschluss von der Lohnarbeit, der Entfremdung, wird heute selbst zum Eisernen Vorhang zwischen den „Produktiven" und den „Verschwendern". Es ist kein Zufall, dass sich die Auffassung hartnäckig hält, die Mittel, die Arbeitslosen zur Verfügung gestellt werden, seien verschwendet. Hier ist er wieder, der Schmarotzer, der Verschwender, einer, der isst, obwohl er nicht arbeitet. Dass eine Gesellschaft, die stur auf die (industrielle) Lohnarbeit als Existenzberechtigungsnachweis des Einzelnen fixiert ist, mit Arbeitslosen ihre Schwierigkeiten hat, ist bekannt. Das Treuegelübde zur maroden Industriegesellschaft ist stärker als jede soziale Bindung. Was dem System nicht nützt, gilt als Vergeudung.

Das Glück der Einfältigen: Kartell,
Monopol und Zentralisierung

Als wirtschaftlich – und alsbald auch gesellschaftlich wünschenswert – gilt zunächst die Zentralisierung. Der deutsche Nationalstaat ist eine unmittelbare Folge dieser Entwicklung. Nicht der erfolgreiche Feldzug gegen Frankreich hat Bismarcks Pläne von einem geeinten, zentralistischen Staat wahr werden lassen, sondern die Tatsache, dass die preußischen Industrien dringendst einheitliche Rahmenbedingungen brauchten. Ein Flickenteppich an Kleinstaaten, in dem jeder Potentat seine eigenen Zoll- und Gewerbegesetze erlassen konnte, war völlig untauglich im Hinblick auf die Realisation von Wirtschaftlichkeit durch Masse. Die Kleinstaaterei, bis heute ein deutsches Schimpfwort, war das Feindbild des industriellen Regimes. Einheit wurde hergestellt.

Einheit, Einheit über alles – der Grund, warum Deutschland sich immer wieder ein Bein stellt.

Der Ruf der deutschen Tugenden, die Wertschätzung deutscher Arbeitskraft und Pflichterfüllung in aller Welt hängen stark mit diesem in wenigen Jahren erreichten totalen Umbau vom rückständigen Flickenteppich zahlloser Fürstentümer zu einem schlagkräftigen – und aggressiven – Zentralstaat zusammen. Niemand, Bismarck eingeschlossen, hätte sich Mitte des 19. Jahrhunderts träumen lassen, dass fünfzig Jahre später aus dem chaotischen Gebilde, das sich irgendwie als Deutschland verstand, die mächtigste Industrienation der Welt werden würde. Dennoch hatte Deutschland den Giganten des Kapitalismus, Großbritannien, zu Beginn des 20. Jahrhunderts in Effizienz, Größe und Produktivität überholt.

Dieser alte Erfolg steckt uns in den Knochen – denn, wie gesagt: Nichts ist schlimmer, nichts macht müder als der Erfolg der vergangenen Tage.

Deutschlands Erfolge waren aber nicht nur wirtschaftliche, sondern formten die gesamte Gesellschaft und Kultur, das gesamte öffentliche Bewusstsein.

Warum bei den Nürnberger Prozessen zu Recht Industrielle auf der Anklagebank saßen.

Dass bei den Nürnberger Prozessen auch die Chefs der größten Industrieunternehmen – der Stahlwerke Krupp und Flick sowie des Chemiegiganten IG Farben – auf der Anklagebank saßen, lag nicht nur am faktischen Verschulden der Manager, das in skrupelloser Kumpanei mit dem NS-Regime bestand. Der deutsche Staat und die deutsche Industrie waren eins. Die Industrie war die deutsche Staatsreligion, das Evangelium der Nation. Selbst die totale Niederlage des Zweiten Weltkrieges, den das wachstumsversessene Planungsregime der Nationalsozialisten angezettelt hatte, änderte nichts daran, dass Deutschland sein Selbstverständnis bis heute aus der historisch und gesellschaftlich so gefährlichen Betriebsform des Industrialismus bezieht. „Der Manager war bis zum Ende des Zweiten Weltkriegs in Europa unbekannt, nicht aber der militärische Geist, der das Management und seine Vorgänger jahrzehntelang prägte. Vor allem in Deutschland, wo die betriebswirtschaftliche Organisationstheorie aus der preußischen Heeresorganisation hervorging", schrieb der Philosoph Joachim Koch über den Übergang des deutschen Korpsgeistes vom Militär zum Management.

Die Einfalt ist eine Großmacht geblieben.

Das deutsche Wesen – der Korpsgeist steckt in allen Knochen. Auch in denen von Managern.

Die Norm oder: Wie das Mittel zum Zweck wird

Die Industriegesellschaft führt zum Zentralismus, zur Norm, zum Standard. Normen und Standards sind ebenso wichtige Zutaten zur Wirtschaftlichkeit der Größe, zum Wachstums-Diktat, wie es das Zusammenballen von Arbeitskraft, Rohstoffen und Maschinen ist.

Standards und Normen sind der Kitt, der die Welt der Wirtschaftlichkeit durch Masse zusammenhält. Werkstoffe, Materialien, Größen und Mengen müssen so bestimmt sein, dass sie ohne den geringsten Zeit- und Materialverlust dem Zweck der Industrieproduktion dienen – immer mehr Waren zu immer geringeren Kosten herzustellen.

An Normierung und Standardisierung ist im Grunde nichts Schlechtes. Sie bilden die Grundlage für eine sichere Produktion. Sie helfen entscheidend mit, eine fundamentale Verlässlichkeit in unseren Alltag zu bringen. Daran ist nichts auszusetzen.

Doch Normen und Standards sind exklusiv. Sie beanspruchen alleinige Gültigkeit und lassen andere Varianten nicht zu. Über einhundertfünfzig Jahre wurde guten Bürgern der Industriegesellschaft eingetrichtert, dass es eine Standardlösung für ein Problem gibt. Das hat, insbesondere in Deutschland, bis heute weitreichende Folgen.

Aus Standards und Normen wurden schnell hocheffiziente Waffen im Kampf der Nationalstaaten um die Vorherrschaft im Wettbewerb via Economy of Scale – beim Wettlauf um den effizientesten Kapitalismus. Der Nationalismus des 19. Jahrhunderts mit seinen katastrophalen Folgen im 20. Jahrhundert, das der große Historiker Eric Hobsbawm das „Zeitalter der Extreme" genannt hat, ist ohne die Philosophie der großen Verallgemeinerung, der totalen Vereinfachung nicht vorstellbar. Das Menschenbild verändert sich in diesen Zeiten zusehends dahingehend, dass der Mensch als Arbeitskraft, also als Teil der Maschine betrachtet wird. Das ist äußerst aufrichtig. Denn zu nichts weiter als Teil der Maschine zu sein war der Mensch im Industriekapitalismus nütze.

Mit Abweichungen musste aufgeräumt werden.

Die Einfalt wird den Menschen eingetrichtert – über anderthalb Jahrhunderte hindurch.

Das Watt-Prinzip

Die Dampfmaschine zieht den Zug der Einfalt.

In England entstanden die ersten Eisenbahnen – die wichtigsten Verkehrs- und Transportmittel des Industriekapitalismus. Die Lokomotive, angetrieben von der Dampfmaschine, wird zum Symbol der ganzen Epoche. Doch das Symbol ist anfänglich nur ein armseliges Stück Eisen, das alle paar Meilen auf Hindernisse stößt, die sein Fortkommen bedrohen. Die Schienenwege sind kaum normiert. Spurbreiten wuchern wild, und so taugt die so fortschrittliche Triebmaschine kaum dazu, den Anspruch der Unternehmer – schneller Transport von Rohstoffen und Waren übers ganze Land – zu erfüllen.

Denn nicht technisches Unvermögen führte zum Chaos der Schienenwege und Formate, sondern schlicht die Absicht der Eisenbahnbesitzer, dem ungeliebten Konkurrenten „die Tour zu vermasseln" – also seine Lokomotiven und Waggons auf keinen Fall auf den eigenen Schienen fahren zu lassen. So musste, wer durchgängig transportieren wollte, die oft wucherischen Angebote der unterschiedlichen Eisenbahnbesitzer akzeptieren.

In anderen Bereichen der englischen Industrie war die Standardisierung aus ähnlichen Gründen verpönt. Ersatzteile waren nicht normiert. Wer eine Maschine kaufte, konnte sich der uneinheitlichen Formate wegen, die ihre Bestandteile aufwiesen, fortan nur an den Originalhersteller wenden.

Der Erfinder dieses Prinzips war James Watt, die erste Ikone der Industriegesellschaft. Der Mann, der die Dampfmaschine, eine bereits im 18. Jahrhundert gebräuchliche, aber recht unzuverlässige Erfindung, so verbessert hatte, dass sie solide lief, hatte langfristige Patente auf seinen Maschinen. Er verkaufte seine Dampfmaschinen auch nicht, sondern erteilte Lizenzen. Die Fabrikanten bauten dann nach seinen Plänen eine Maschine, deren Bestandteile es wiederum nur bei Watt gab. Das sollte das De-facto-Monopol der Watt'schen Industrien sichern – und tat es für viele Jahrzehnte auch. Viele Nachahmer taten es dem großen und erfolgreichen Lehrmeister gleich.

So herrschte bis zur Mitte des 19. Jahrhunderts ein Wettrennen um noch zu monopolisierende Bereiche. Der Industriekapitalismus hat dieses Wettrennen nie ganz aufgegeben. Heute, am Übergang von der Industrie- zur Wissensgesellschaft, üben sich die letzten Mohikaner der alten Industriewelt in genau der Disziplin, die ihr erster Star James Watt erfand: in der Monopolisierung und der Zerschlagung von Normen und Standards. Das eindrucksvollste, wenngleich nicht das einzige Beispiel dafür sind die – oft fälschlicherweise der neuen Wissensgesellschaft oder Vielfalts-Ökonomie zugerechneten – Konzerne der Halbleiter- und Softwareproduktion. Lizenzen und unterschiedlichste Normen regeln den Verkehr. Inkompatibilitäten sind bewusst geplant. Niemand soll das eigene Format, ob es sich nun um digitale Musik oder Video handelt, auf einem Gerät aus dem Hause eines Konkurrenten nutzen können. Doch der Rückgriff in die

Wie man das Einheitssystem dazu nutzt, reich und berühmt zu werden.

Wie James Watts die geistige Lizenz erfand – und damit zum Vorläufer der MP3-Generation wurde.

frühe Welt der Industrie hat seinen Preis: Die konsequente Weigerung, offene Standards zu schaffen, bringt die noch vor wenigen Jahren strahlenden Konzerne Jahr für Jahr in größere Schwierigkeiten. Ein viel diskutiertes Beispiel für diesen Steinzeit-Industriekapitalismus ist die Musikindustrie, die sich seit Mitte der neunziger Jahre durch eine hartnäckige Kartellpolitik an den Rand des Untergangs manövriert hat. Wer das Prinzip Vielfalt nicht verstanden hat und statt auf verschwenderische Innovation nur auf alte Rechte setzt, gerät schnell an die Grenzen des Möglichen.

Die genormte Nation

Die stärksten deutschen Waffen aller Zeiten: Standards und Normen.

Zur Zeit der verwirrenden Schienenstränge in England sah man das noch anders. Die Welt, eben erst in den fundamentalen Umbruch der industriellen Revolution geraten, rief nach Ordnung – der alte menschliche Trieb, der Urinstinkt zur Bewältigung einer schon immer komplizierten Welt. Deutschland sollte in diesem bedeutsamen Abschnitt der Geschichte die Interessen der Ordnenden mehr als jede andere Nation wahrnehmen. Seine große Stunde schlug. Diese Aufgabe wurde zur Mission, zur staatstragenden, kulturbildenden Identität: „Der Deutsche ist ordnungsliebend."

Die ersten Geschütze, die diese Nation in Anschlag brachte, waren Standards. Die aufstrebende deutsche Industrie attackierte ihren größten Konkurrenten, die britische Industrie, mit Normen und Standards, mit Verlässlichkeit und Sicherheit also. Um das Jahr 1870, kurz vor der Gründung des Deutschen Reiches, galten deutsche Waren als minderwertige Kopien. 1887 boxte das britische Unterhaus ein Gesetz durch, das vorschrieb, deutsche Waren mit der Punze „Made in Germany" zu versehen. Sie sollte als Stigma verstanden werden. Hergestellt in Deutschland – das sollte damals billige Haushaltswaren bezeichnen, die das britische Original nachahmten, miserable Qualität. Doch die hatte sich zu dem Zeitpunkt, da das Unterhaus das Made-in-Germany-Gesetz verabschiedete, bereits nachhaltig geändert.

Im Jahr 1856 hatten sich Ingenieursverbände in der Industrie formiert, die Vorläufer des heutigen Verbandes Deutscher Ingenieure (VDI), der wohl weltweit bedeutendsten Techniker- und Normierungsgruppe. Großbritannien galt damals als „Werkstatt der Welt", doch in dieser Werkstatt lagen Stoffe und Werkzeug wirr durcheinander. Auf dem Kontinent hingegen waren Tausende deutsche Ingenieure damit beschäftigt, Qualitäten und Mengen für die in der Industrie benötigten Produkte minutiös festzulegen. An die Stelle ungeregelter Produktion, die die ganze Industriegesellschaft damals noch lose kennzeichnete, trat planvolles, systematisches Vorgehen.

Das erwies sich als nützlich – weltweit. Und so wurde Deutschland zur größten Industrienation Europas, seine Ingenieure zum Synonym für die Berechenbarkeit der Welt und, was noch viel wichtiger ist, für Sicherheit. Denn Normen und Standards liefern brauchbare Hinweise auf Qualität, auf Zuverlässigkeit und Dauer der Nutzbarkeit von Produkten. Sie schaffen Vertrauen.

Das war neu in der Welt der Produktion. Bis dahin war die Qualität von Gütern und Stoffen keine mathematisch festgelegte, operationalisierbare Größe, die sich einwandfrei durch eine zugehörige Norm identifizieren ließ. Qualität war ein Merkmal sehr persönlicher oder kultureller Vorlieben, ein durch Hörensagen transportiertes Gütesiegel. Bestimmte Märkte bevorzugten britische Keramik, andere böhmisches Porzellan. Was wo geschätzt wurde, hing stark von Tradierung und subjektiver Qualitätszuschreibung ab. Der größte Teil der Kunden stellte die Frage nach der exakten Bestimmung der Qualitätsstufe gar nicht. Man wählte aus dem Vorhandenen. Obwohl die vorindustrielle Gesellschaft ohne Zweifel über ein deutlich eingeschränkteres Angebot an Waren und Stoffen verfügte als das industrielle Zeitalter, hatte sie ungleich größere Wahlmöglichkeiten als spätere Generationen. Erfahrungswissen führte in der vorindustriellen Zeit dazu, dass man für bestimmte Produkte bestimmte Werkstoffe wählte. Anteil und Güte variierten je nach „Rezept", also der Vorstellung der Käufer und Produzenten.

Wer den Standard hat, schafft Vertrauen. Man glaubt, er kann die Welt berechnen und sie für alle Zeiten sicher machen.

Das Ende des Erfahrungswissens – die Geburt des Experten.

In der Industriegesellschaft ist ein derartiges Vorgehen unmöglich. Die Economy of Scale kann sich nicht entwickeln, wenn eine Vielzahl lokaler und regionaler Rezepturen, Verfahren, Methoden koexistieren, mit deren Hilfe aus einem Rohstoff ein Gut wird. Dies behindert die gewünschte Verbreitung, das Erreichen der kritischen Masse, die die Industrie zum Überleben braucht.

Wie die Vielfalt durch falsches Perfektionsdenken gezähmt wurde.

Mit minimalem Stoffeinsatz musste maximaler Gewinn erzielt werden. Es musste klar definiert werden, welche Stoffe vonnöten waren, und ihre unterschiedlichen Qualitäten mussten exakt bemessen und beschrieben werden können. Diese Qualitäten wurden in Standards und Normen festgeschrieben.

Was damit zwangsläufig einherging – und seit den frühesten Tagen des Industriekapitalismus bis heute von einer Vielzahl an Kunden beklagt wird –, war, dass die Vielfalt an Produkten und Qualitäten unter solcher Normierung litt. Industriell gefertigte Tische, Stühle, Gläser und Haushaltswaren beispielsweise waren deutlich exakter gefertigt und alles in allem berechenbarer, als es die Produkte von Handwerksbetrieben hätten sein können. Doch sie verloren zunehmend an Unterscheidbarkeit. Galten in den ersten Jahren der Massenproduktion industrielle Güter noch als deutlich hochwertiger als Handarbeiten, so änderte sich diese Einschätzung bereits nach drei, vier Jahrzehnten, um die Wende vom 19. zum 20. Jahrhundert. Seither gilt in zunehmendem Maße Handarbeit als hochwertiger, wofür nur eines verantwortlich sein kann: Unterscheidbarkeit, eine der wichtigsten Merkmale der Vielfalt. Industriell gefertigte Waren und Güter sind uniform, und diese Uniformität ist vielen Menschen zutiefst zuwider. Ein uniformes Produkt macht seinen Träger selbst zum Teil eines Standards. Es dient dazu, ihn gefügig zu machen.

Zu dieser Erkenntnis ringt sich das deutsche Bewusstsein nur langsam durch. Deutschland wurde vermöge Normen und Standards zu einer Großmacht. Seiner Wirtschaftsform, dem Industriekapitalismus, und ihrem Ziel, einer vereinheitlichten Massenproduktion, diente eine zusehends normierte Gesellschaft. Die sprichwörtliche deutsche Berechenbarkeit und Verlässlichkeit wurden in der Frühzeit des Industriezeitalters identitätsbildend. Das erste und bis heute größte deutsche Wirtschaftswunder basiert auf dem mehrheitlichen Willen aller Beteiligten, die Einheit als wichtigste Größe anzuerkennen. Bis heute ist die Einheit, die Norm, der vielleicht mächtigste Fetisch der Republik. Das macht Deutschlands Verhältnis zu Vielfalt und Verschwendung so anders als das anderer Nationen und Kulturen. Der Erfolg der großen Vereinheitlichung hat einen hohen Preis: Die Bürger des Prototyps des Industriestaates, dessen Gründung untrennbar mit dem Industriekapitalismus verbunden ist, der dessen Methoden und Normen zu seinen moralischen Regeln und zu seiner De-facto-Verfassung gemacht hat, sind gleichsam der natürlichen Fähigkeit zur Entscheidung und Differenzierung entwöhnt. Vielfalt und verschwenderische Angebote sind ihnen suspekt.

Zuerst wurden Werkstoffe genormt, dann Produkte, dann die Gesellschaft, dann der Mensch.

Die Normung der Norm

Die Norm regiert bis heute die Volkswirtschaft der Bundesrepublik stärker als jedes andere Element der Ökonomie: „Das Fraunhofer-Institut für Systemtechnik und Innovationsforschung und die Technische Universität Dresden kamen in einer Studie zu dem Schluss, dass die systematische Gleichmacherei des DIN der deutschen Wirtschaft 16 Milliarden Euro spart", berichtet Thomas Ramge. „Wenn Muttern immer zu Schrauben, Steckverbindungen zu Elektronikbauteilen und Strichcodes zu Scannern passen, weil man sich vorher auf Standards geeinigt hat, vereinfacht das die Produktion. Und das bedeutet Wachstum. Die DIN-Normen sind laut Studie zu einem Drittel für das deutsche Wirtschaftswachstum verantwortlich" – also für die Volkswirtschaft von noch größerer Bedeutung als die viel beschworene Exportwirtschaft.

So viel ökonomische Macht verselbstständigt sich – und macht sich zum Prinzip des Gemeinwohls. Die DIN-Norm ist ein so mächtiger Faktor, dass sie ihre Aufgabe in einer eigenen DIN-Norm festschreibt. Selten wurde Fetischismus so eindeutig definiert wie in der DIN-Norm, die die Nummer 810 trägt:

Normung, Normung über alles, über alles in der Welt.

„Normung ist die planmäßige, durch die interessierten Kreise gemeinschaftlich durchgeführte Vereinheitlichung von materiellen und immateriellen Gegenständen zum Nutzen der Allgemeinheit."

Standards, offen für die Vielfalt

Die dynamischen Standards der Zukunft – eine Norm ist kein Dogma.

Die heutigen Bewahrer der DIN-Norm wollen ihre Normen und Standards keineswegs als Naturgesetze verstanden wissen. Sie folgen, ganz entgegen dem nach wie vor herrschenden politischen und gesellschaftlichen Mainstream der Einheit in Deutschland, den neuen Prinzipien der Dynamik und Vielfalt. Wie unterschiedlich Einheit und Einheit sein können, zeigt das heute international vorherrschende Modell von Standards und Normen, das von dem amerikanischen Ingenieur W. Edward Deming in den fünfziger Jahren des vergangenen Jahrhunderts entwickelt wurde. Nach ihm sind alle bestehenden Standards und Normen einer permanenten Entwicklung – und Kritik – zu unterziehen. Eine Norm ist nie von Dauer. Ein Standard ist kein Naturgesetz. Ihre Befolgung darf nicht zum Dogma werden. Normen und Standards sind nützliche Werkzeuge, doch dieser Nutzen schlägt gnadenlos ins Gegenteil um, wenn wir sie nicht ständig hinterfragen und an die Realität anpassen.

Am Übergang zur Welt der Vielfalt, der Wissensgesellschaft, spielt das eine ganz besondere Rolle. Entwicklung – oder Evolution – bedeutet, ständig am Ball bleiben zu müssen. Was vorhanden ist, muss sich Veränderungen anpassen. Die Grenzen zwischen den Produktionsweisen beginnen sich aufzulösen. Ist eine **Ist eine Fabrik noch eine Fabrik?** von durch Software gesteuerten Robotern betriebene Fabrik noch eine Fabrik? Sicher, hier werden nach den Prinzipien der Economy of Scale Waren hergestellt. Niemand würde das ernsthaft bezweifeln. Oder doch? Bei den Bayerischen Motorenwerken in München laufen schon seit Jahren keine zwei vollständig identischen Fahrzeuge mehr vom Fließband. Die Kunden erwartet ein verschwenderisches Angebot an Farben, Stoffen, Zusatzausstattungen. Jedes Modell wird individuellen Bedürfnissen angepasst. Und BMW ist längst nicht der einzige Anbieter, der sich durch Personalisierung seiner Produkte seine Märkte sichert. Welche Norm regelt das? Wie sind hier langfristige Planungen möglich? Nur durch die energische Annahme der Herausforderung, die Komplexität, Vielfalt und damit Verschwendung an uns stellen.

Das Deming'sche Gesetz fordert permanentes Anpassen und Nachdenken. Nicht als vorübergehende Übung, sondern als Grundvoraussetzung für die Wissensgesellschaft. Und das ist ihr wesentliches Unterscheidungsmerkmal gegenüber einer Welt, die heute noch in Einfalt befangen ist: unserer alten, von statischen Normen und Standards geprägten Welt der Industrie.

So erfolgreich der Aufstieg des normierten Nationalstaates war, so schwierig gerät nun der Umbau zu einer neuen Welt. Uns lähmt die Müdigkeit, die vom Erfolg der vergangenen Ära geblieben ist.

Die Grundvoraussetzung für die Wissensgesellschaft: Regeln und Wissen ständig überprüfen und verändern.

Ist der Industrialismus ein Naturgesetz?

Komplexitätsbewältigung, Wissensgesellschaft, Vielfalt, verschwenderische Möglichkeiten – das klingt heute immer noch akademisch, theoretisch, vage. Doch wir sollten uns nicht von der eigenen beschränkten Perspektive ins Bockshorn jagen lassen. Der Industrialismus ist kein Naturgesetz. Er ist ein historischer Treppenwitz, wenngleich mit hoher Wirkung auf unser Bewusstsein. Der massive Aufstieg des deutschen Industrialismus begann mit der Reichsgründung 1871. Bereits vor Beginn des Ersten Weltkrieges, und erst recht danach, befand sich das System in einer offensichtlichen Krise. Nach 1945 wurde der notwendige Wiederaufbau des Landes als Beweis für die Schlagkraft des Industrialismus gewertet. Nicht lange allerdings. Schon 1965 scheiterte Ludwig Erhard, der

Worauf baute eigentlich das deutsche Wirtschaftswunder?

Manager dieser kriegsbedingten Sonderkonjunktur, an der wachsenden Arbeitslosigkeit im System. Dennoch gelten die Jahre zwischen 1950 und 1969 als Wirtschaftswunderjahre. Danach kennt das System nur mehr fundamentale Krisen.

Ein Land, das sein Schicksal untrennbar auf eine naturgemäß temporäre wirtschaftliche Methode, den Industrialismus, gegründet hat, leidet unter den Folgen ihres Niedergangs ganz besonders. Seit Mitte der neunziger Jahre des 20. Jahrhunderts verliert die Bundesrepublik jährlich fünf Prozent ihrer Industriearbeitsplätze. Das entspricht täglich mehr als neunhundert Arbeitsplätzen. Nach einer Studie, die die Münchener Unternehmensberatung TCW im Dezember 2004 durchführte, wird sich diese Entwicklung unaufhaltsam fortsetzen: Für die Jahre 2005 bis 2009 planen deutsche Unternehmen, längst auch des Mittelstandes, Produktionsverlagerungen ins Ausland in der Größenordnung von 760.000 Arbeitsplätzen. Rechnet man hier noch die Folgeeffekte dieser Verluste hinzu, also etwa den Verlust weiterer Jobs bei Dienstleistern, die von den Industriearbeitsplätzen abhängig sind, dann summiert sich der Ausfall allein für die besagten fünf Jahre auf 1,9 Millionen Arbeitsplätze.

Kaum jemand aber wagt angesichts des Umstandes, dass Vollbeschäftigung, das Idealmodell der Industrie, auch die politische Basis unseres Staates darstellt, die einzig richtige Frage zu stellen: Ist es nicht unausweichlich, dass mit dem Ende des Industrialismus viele der Arbeitsplätze nicht mehr gebraucht werden? Daran zweifelt kein halbwegs ernst zu nehmender Unternehmensberater, dessen Aufgabe darin besteht, die Nutzen-Kosten-Relation von Betrieben zu überprüfen. Wir brauchen diese Jobs nicht, und ihr Verlust ist in dem Maße tragisch, wie sich die Öffentlichkeit neuen Möglichkeiten verweigert. Oder anders gesagt: Solange das industrielle Korsett so eng ist, droht mit dem Ende der Vollbeschäftigung eine Katastrophe.

Es gibt kein Entrinnen

Es gibt kein Entrinnen. Und es ist letztlich egal, ob die Industriearbeitsplätze in die asiatischen Staaten, in die neuen EU-Mitgliedsländer im Osten Europas oder sonstwohin verlagert werden. Sie werden nie wieder die Basis für einen starken Staat bilden.

Und deshalb ist Eile im Umdenken geboten – höchste Eile. Die Doktrin der Einfalt muss radikal beendet werden. Reformierbar ist nur, was weiterhin existent bleiben kann. Selbst ein Rückbau von Strukturen bietet sich nur dort an, wo man langfristig von Strukturen ausgehen kann. Doch die Industrie, wie wir sie kennen, ist tot. Stark ist nur ihr Echo. Es ist der Ruf eines Zombies, eines Untoten, der nach wie vor verhindert, dass wir die erweiterten Chancen, die Vielfalt böte, wahrnehmen.

Aber es ist beileibe nicht der einzige Untote in der Geschichte. Als die industrielle Revolution aufbrach, die Welt zu verändern, musste sie ein Regime überwinden, das für nahezu anderthalb Jahrtausende das Bewusstsein der Menschen geprägt hatte. Nach diesem extremen Zeitalter der Einheit und Einfalt müssen wir lernen, mit Vielfalt praktisch umzugehen. Dazu brauchen wir ein neues Verständnis eines immer noch verpönten Begriffs: Verschwendung. Wir brauchen die Fähigkeit, mehr als einen Weg zu erkennen.

Diese Gesellschaft ist dabei, die Kunst der Entscheidung zu lernen. Sie wird vielfältig.

Warum es überlebenswichtig ist, mehr als einen Weg zu kennen. Und warum wir uns immer für einen entscheiden müssen.

Die Feinde der Vielfalt

Diverse Reichtümer und warum wir uns ihrer bewusst werden müssen. Und wer und was seit jeher gegen die Vielfalt ins Feld zieht.

Faulheit und Feigheit sind die Ursachen,
warum ein so großer Teil der Menschen,
nachdem sie die Natur längst
von fremder Leitung freigesprochen,
dennoch gern zeitlebens unmündig bleibt;
und warum es anderen so leicht wird,
sich zu deren Vormündern aufzuwerfen.

Immanuel Kant

Der Geiz – eine Komödie der Lächerlichkeit.

Das Wesen des Geizes: Balzac und Homer

Die einundfünfzig Jahre, die Honoré de Balzacs Leben währten, waren Jahre radikaler politischer und gesellschaftlicher Umwälzungen. Als er 1799 in Tours geboren wurde, hatte die Französische Revolution in Gestalt des Diktators Napoléon Bonaparte nachhaltig gesiegt. In seinen Kinderjahren erlebte Balzac den Aufstieg des französischen Kaiserreiches, als junger Mann die totale Niederlage Bonapartes und die Wiederherstellung der alten Macht.

In den darauf folgenden Jahren war es die Industrie, die eine neuerliche Revolution unter die Menschen brachte, und dazu ein Elend, das den jungen Schriftsteller wie viele seiner Generation, die vor dem geistigen Nichts der neuen Zeit standen, dazu bewegte, all die neuen, unbekannten, unerklärlichen Vorgänge in einem umfassenden, grundlegenden Werk festzuhalten. So sollte die Komplexität des Neuen gezähmt werden.

Honoré de Balzac ordnete sein Werk in ein Ganzes, das er La Comédie humaine

(Die Menschlichen Komödie) *nannte. Er versuchte, in achtzig Bänden das Wesen dieser neuen Welt zu beschreiben. Auf diesem Weg hat sich kaum jemand im 19. Jahrhundert so weit vorgewagt wie er. Als er 1850 starb, hatte er neunzig Romane geschrieben.*

Balzac ist ein Luxusmensch, ein Verschwender. Auf einer frühen Fotografie tritt er uns als Falstaff entgegen, als feister Genießer. Das steht in seiner Zeit so wenig im Widerspruch zu seiner enormen Leistungsfähigkeit wie die Tatsache, dass sich Balzac bis zu seinem Tod immer wieder als Verleger, als Drucker, als Kaufmann versucht. Das Unternehmerische und das Schöpferische, das Verschwenderische und das Beharrliche entstehen noch ganz klar erkennbar aus einer Keimzelle, sie gelten noch nicht, wie dies bald der Fall sein wird, als strikt getrennt.

Balzacs größter Feind zeichnet sich in seinen wichtigsten Romanen stets deutlich ab: Es ist der Geiz, das Beharren auf dem, was man schon hat. Er macht die Welt letztlich zu einem düsteren Ort. Der Realismus Balzacs fixiert sich auf diesen einen, so wichtigen Punkt: auf das Beharren, das Unglück verursacht. Mit La peau de chagrin *(Das Chagrinleder) veröffentlicht er 1831 einen Roman, in dem der Prototyp des Fortschritts- und Glücksverhinderers auftritt, der Geizige, „der moderne Tantalus", wie Balzac schreibt, ein Unsozialer: „der am Rande der Genüsse seiner Zeit lebt", ein Außenseiter, dessen „Körper dürr ist, der den Blick einer Elster hat, seine Wangen sind eingefallen, sein Bauch ebenfalls", ein „törichter Rechner, der Sou für Sou zurücklegt, um sich ein Kapital zu schaffen, das sein vermeintliches Wohl vermehren soll", der nichts borgt und nichts gibt, für keine Sache der Welt oder eines anderen. Der Geizige untergräbt die Zukunftsfähigkeit genauso wie die Grundlagen der Gesellschaft – er ist sich selbst genug, und sein einziges Ziel ist es, zu erhalten, was er hat. Genau das aber verhindert er durch sein Verhalten. Die Idee der Geizhälse tritt zutage: Sie verstehen die Welt nicht als Angebot an Möglichkeiten, als variantenreiches Netzwerk, sondern als statisches Gebilde. Das einmal Erworbene muss ewig – wenigstens zeitlebens – seinen Wert behalten. Doch wer die Welt so sieht, gräbt sich sein eigenes Grab – etwas anderes bleibt dem Isolationisten nicht. Er stirbt einsam und in Qualen.*

Der Dichter der Verschwendung, Honoré de Balzac, ist ein umtriebiger Unternehmer.

Der Geizige als Asozialer stirbt einsam und in Qualen – er hat der Welt nichts gegeben.

Tantalos – der Ort der ewigen Leiden. Für Geizige geschaffen.

Der griechische Dichter Homer hat in der Sage von Tantalos das Unwesen des Geizigen beschrieben: Tantalos, Sohn des Göttervaters Zeus und Begründer des Geschlechts der Tantaliden, war König in Lydien. Bei einem Gastmahl auf dem Olymp stahl Tantalos Nektar und Ambrosia, und mit der Gier des Geizigen verbarg er bei sich die gestohlene Statue eines Hundes aus purem Gold. Dann lud Tantalos die Götter ein, bei ihm zu speisen. Getrieben von der Frage, ob sie wirklich allwissend seien, tötete er seinen jüngsten Sohn Pelops und setzte ihn der Festgesellschaft als Speise vor. Die aber bemerkte den Betrug. Zur Strafe wurde Tantalos in den Tartaros verbracht, den Ort ewiger Leiden. Dort steht er in Wasser, das ihm bis zum Kinn reicht, doch immer, wenn er sich bückt, um zu trinken, strömt das Wasser zurück. Über seinem Haupt wachsen die schönsten Früchte zum Greifen nahe, doch sobald er sich danach reckt, bläst ein Sturm die Zweige hoch. Und über ihm hängt an einem Haar ein großes Felsstück, das unaufhörlich auf ihn herabzustürzen droht.

Bewusster und unbewusster Reichtum

Nach dem Ende des Zweiten Weltkrieges erlebte die Welt einen materiellen Aufstieg, der in der Geschichte der Menschheit seinesgleichen sucht. Nicht nur in den bereits entwickelten Industrienationen Europas und Nordamerikas stieg der Wohlstand deutlich. Auf lange Sicht – und trotz aller Rückschläge – wurde die Welt in der zweiten Hälfte des 20. Jahrhunderts insgesamt reicher, als sie es jemals zuvor gewesen war. Reichtum ist ein Begriff des Klassenkampfs. Doch was bedeutet er wirklich?

Reichtum bedeutet in erster Linie ein Mehr an Chancen und Wahlmöglichkeiten. Mehr Ideen führen zu mehr Geld. Und mehr Geld schafft wiederum neue Ideen. In der Regel führt ein gesteigertes Angebot an Ideen und Möglichkeiten zu einer immer deutlicheren Vermehrung des Reichtums. Geld zieht Geld an, sagt der Volksmund – und hat damit auch auf der makroökonomischen Ebene Recht.

Wer seine Zeit nicht mehr dem Kampf um seine nackte Existenz opfern muss, wer nicht mehr nur für die Deckung der elementarsten Bedürfnisse zu sorgen hat, der hat Zeit, nachzudenken. Diese Zeit steht zur Verfügung, um das, was Menschen besitzen und benutzen, zu verbessern. Auf diese Weise lernen wir, schaffen und strukturieren Komplexität. Am Ende dieses dynamischen Prozesses steht eine komplexe, das heißt: eine vielfältige, eine wahrhaft reiche Welt.

Geld zieht Geld an – und Nachdenken Nachdenken. Damit wird die Welt zugänglich.

Der Komplexitäts-Komplex

Komplexität ist schwierig, aber wir brauchen das Komplexe. Komplexität wird im Westen als Ursache vieles Übels verkannt. Tatsächlich aber genießen wir unser Leben in einer komplexen Welt: Wir wohnen in Städten mit komplexer Infrastruktur, nutzen ein komplexes medizinisches Versorgungssystem und bewegen uns inmitten unzähliger weiterer komplexer Gegenstände und Sachverhalte, deren gemeinsames Ziel die Verbesserung unseres Wohlbefindens ist.

Allerdings fehlt vielen Bürgern, die ein romantisches Bild von einer einfachen, natürlichen Welt pflegen, jegliche Erfahrung im Umgang mit selbstständigem Denken. Die Bevormundung durch die Industrie hat sie von der Notwendigkeit, ihre Lage gründlich zu bedenken und Probleme selbst zu lösen, entbunden. Selbst wenn viel freie Zeit bleibt, wird sie nicht mehr dazu genutzt, die eigene Lage zu verbessern. Alles erscheint fremd. Und das ist das Problem mit der Komplexität. Kompliziert ist, was wir nicht verstanden haben.

Der Unterschied zwischen der Empfindung von Kompliziertheit und der von Komplexität ist sehr groß. Erstere erzeugt irrationale Ängste und weltfremde Sehnsüchte nach Ruhe und Simplizität. Letztere bietet Chancen und Wahlmöglichkeiten.

Der Unterschied zwischen Komplexität und kompliziert. Mehr als ein Detail.

Wohlstand ermöglicht Vielfalt. Innovationen in einer armen Gesellschaft sind kaum vorstellbar. Die Bewohner der OECD-Staaten sind reich. Aber eines fehlt ihnen, um die Komplexität ihrer Möglichkeiten auch genießen zu können, auswählen und bestimmen zu dürfen, wie sie vorankommen: das Recht auf materielle und ökonomische Autonomie. Das ist vielleicht der Grund, weshalb sich viele gar nicht bewusst sind, was sie haben, können und wollen.

Wag the dog

Eigentlich liegt darin ein Widerspruch in sich. Denn die Menschen in den Industrienationen sind für ihren Reichtum selbst verantwortlich. Sie haben diesen Reichtum geschaffen. Der Wohlstand einer Nation ist das Produkt der Bemühungen und Leistungen ihrer Bürger. Eine ganz andere Frage ist allerdings, ob sich die Bürger dieser Tatsache auch bewusst sind.

Das Prinzip der Umverteilung – wenn der Schwanz mit dem Hund wackelt.

Die Regierungen, unter denen wir leben, ermöglichen ihren Bürgern den Zugriff auf nur einen Teil dieses Reichtums. Der Reichtum dieser Staaten wird durch die Regierungen umverteilt, was nicht unbedingt eine Umschichtung des Vermögens von den eher Wohlhabenden zu den eher Bedürftigen meint. Umverteilung ist ein Herrschaftsprinzip, eine Führungsmethode. Der Schwanz wackelt mit dem Hund – *wag the dog* nennen das die Amerikaner.

Die Macht der Parteien basiert auf Wahlen, durch die ihnen ihre Macht verliehen wird. Macht bedeutet im demokratischen Staat vor allem die Verfügungsgewalt über den Reichtum der Bürger. Wahlen werden bekanntlich gewonnen und Macht wird für gewöhnlich erlangt, wenn es einer Partei gelingt, dem größten Teil der Wahlberechtigten das Versprechen glaubhaft zu machen, sie hätten nach der gewonnenen Wahl einen möglichst weitgehenden Zugriff auf den gesamten Reichtum des Landes. Schon dieser Prozess teilt die Gesellschaft in Gewinner und Verlierer, eine Voraussetzung für die Herrschaft der Dritten, der Regierung, die vom Spannungsverhältnis zwischen den konkurrierenden Gruppen lebt.

Interessant ist, warum dieser billige Trick funktioniert. Die wichtigste Voraussetzung sind Bürger, die sich ihrer eigenen Fähigkeit zur souveränen Bestimmung über ihren Reichtum nicht bewusst sind. Sie glauben vielmehr ihren Wohlstand der Regierung zu verdanken. Dieses Herrschaftsprinzip ist uralt. Es diente schon den Fürsten als Grundlage ihrer Macht. Der Schwanz steht still – und der Hund wird durchgeschüttelt.

Wie jeder Zaubertrick braucht auch dieser ein wenig Unterstützung: Erforderlich ist zunächst die Möglichkeit des Zugriff auf die Staatsgewalt, mal durch Militärs, mal durch Gesetze, die dafür sorgen, dass die Staatsquote, also die Gesamtheit der dem Staat „geschuldeten" Reichtümer, den bedeutendsten Brocken einer Volkswirtschaft ausmacht. Das muss außer Zweifel stehen. Das ist die faktische, methodische Seite. Die psychologische Seite dieses Tricks besteht darin, die zuvor eingezogenen Mittel nach scheinbar notwendigen Kriterien wieder zu verteilen.

Das halten viele für gerecht. Ein schönes Beispiel für Gerechtigkeit ist die progressive Besteuerung. Lohn und Einkommen unterliegen dieser Form der Umverteilung. Wer mehr verdient, bezahlt einen höheren Prozentsatz an Steuern. So kommt es, dass ein Viertel der Bundesbürger, die wohlhabendsten, drei Viertel der Gesamtsumme an Lohn- und Einkommensteuern bezahlen. Der Rest sorgt gerade mal für fünfundzwanzig Prozent. Fast die Hälfte der Bundesbürger, die berühmten Otto Normalverbraucher, erhalten aus diesem Topf mehr, als sie einzahlen. Das öffentliche Bewusstsein nimmt das genau umgekehrt wahr. Die Folgen sind bekannt: Die, die noch zur Innovation fähig sind, verlassen das Land.

Warum alle glauben, dass sie dem Staat was schulden – der Trick mit der so genannten Gerechtigkeit.

Wie man Innovatoren und Verschwender los wird – um arm zu werden.

Flüchtige Vielfalt

Diesem Verhalten gegenüber steht ein in seiner extremsten Ausprägung besonders aus Tyranneien bekanntes Muster, wie es etwa Dietrich Dörner für die Hitlerzeit analysiert hat: An die Stelle rationalen Handelns und freier Entscheidung auf der Basis der Realität treten ignorantes Ausblenden der Wirklichkeit, Regulierung und Ausgrenzung, die bis zu blindwütigem Aktionismus und der Forderung nach Bestrafung bei Insubordination reichen können.

Warum der Nationalstaat mit Vielfalt nichts anfangen kann – auch wenn er sie noch so laut beschwört.

„Die industrielle Welt und ihr moralisches Denken", schreibt der Publizist und Trendforscher Matthias Horx in *Smart Capitalism – Das Ende der Ausbeutung*, „war von klaren Horizonten begrenzt. Ihr inneres Achsensystem basierte auf dem Nationalstaat, ihr Menschenbild auf dem ‚Staatsbürger'. Gleichheit und Gerechtigkeit, die ethischen Ideale der bürgerlichen Gesellschaft, gründeten auf einer klaren Grenzziehung: Die einen gehören dazu und genießen alle Rechte und Pflichten, die anderen bleiben draußen." Solche „Gleichheits-Gesellschaften" seien in globaler Sicht höchst ungerechte Regime. Was sie wirklich interessiert, ist die Befindlichkeit ihrer Bürger – die allerdings längst, auch wenn sie es noch nicht bemerkt haben, vom Wohlergehen der „anderen" abhängig sind. Denn die globale Wirtschaft und die Ausweitung von Gesellschaften über die Grenzen des Nationalstaates hinaus sind weder Zukunftsvision noch Erscheinungen, an denen heute nur wenige gebildete Eliten teilnähmen (wie beim „Jet-Set" der sechziger Jahre), sondern ein Massenphänomen. Mobilität entsteht durch Handel und dislozierte Produktionsbetriebe ebenso wie durch reale Bewegungen von Arbeitskräften, die auf dem ganzen Globus für international agierende Firmen tätig sind. Das gilt ebenso für das Eigentum. So sind viele der hundert größten „deutschen" Konzerne in keinem wichtigen Punkt „deutsch".

Was ist eigentlich ein „deutsches" Unternehmen?

Viele haben mehrheitlich „ausländische" Eigentümer, produzieren vorwiegend in „ausländischen" Betriebsstätten und verkaufen – auch das ist wichtig – vorwiegend auf „ausländischen" Märkten. Dass sie in den Medien und der Öffentlichkeit als „deutsche Konzerne" gelten, ist nur der vorherrschenden politischen

Doktrin geschuldet, die nach wie vor mit primitiven Chauvinismen ihr Überleben sichern will und aus der Gesellschaft ein lautes Echo zurückerhält.

Doch das ist nicht bloß dumm, sondern gefährlich, wie Horx erkannt hat: „In dieser Logik brütet die Gleichheitskultur des Spätindustrialismus geradezu epidemisch einen Menschentypus aus, auf dessen Mentalität die schrecklichsten Blüten blühen: den kleinen Mann, der seine Identität ausschließlich aus seinen Ängsten bezieht. Seine Psychologie bezieht er aus der alten, industriellen Obrigkeitsgesellschaft, und er fühlt sich den fundamentalen Veränderungen des Übergangs gegenüber hilflos. Er lebt in geschützten oder stark moderierten Märkten" und wähnt sich gleichzeitig als „Opfer der da oben" und als Spielball „anarchischer Marktkräfte, vor denen er gefälligst geschützt werden möchte". Abhängigkeitsgefühl, Aggression und Rebellionswünsche, schreibt Horx, ergäben eine kritische Mischung. Horx' Menschentypus ist der einfältige Abkömmling des Industrialismus, seine Laster sind die Hinterlassenschaft eines monotonen Systems, das sich nicht modernisieren will.

Die einfältigen Abkömmlinge des Industrialismus – und warum sie uns im Weg stehen.

Wahnsinn der Seele

Im Laufe der Entwicklung des Christentums, vermutlich im 7. Jahrhundert, wurden die sieben Todsünden formuliert, die seitdem zu den Grundlagen der Katholischen Lehre gehören. Sie umfassen:

1. *Stolz und Eitelkeit (lat. superbia)*
2. *Geiz (avaritia)*
3. *Neid und Missgunst (invidia)*
4. *Zorn und Wut (ira)*
5. *Wolllust – im Sinne von Unkeuschheit (luxuria)*
6. *Völlerei und Gefräßigkeit (gula)*

7. Faulheit – zu verstehen im Sinne von Trägheit des Herzens, also als
Unentschlossenheit, Unentschiedenheit (acedia)

Warum nicht nur der Geiz,
sondern auch Unentschiedenheit
eine Todsünde ist.

Diese Todsünden sind die „Hauptlaster", wie die Katholiken sagen, die Grundlage für alle Verderbtheit und für alles Schlimme auf dieser Welt. Sie sind nicht bloße Sünden, die in der Beichte vergeben werden können, sondern selbst Auslöser für eine Vielzahl von Sünden, die der Mensch begehen kann. Sie liegen Mord, Totschlag, Raub und Betrug zugrunde, vor allem aber auch der Ignoranz gegenüber all dem. Die siebte Todsünde *(acedia)* ist die Voraussetzung für die Verbreitung des Schreckens. Wegsehen wird zum Teil der Tat, der Ignorant ist immer Mittäter, Komplize.

Der industriell geprägte Sozialstaat ist nicht etwa die letzte Bastion gegen soziale Verelendung und die Verhinderung von Chancen, sondern deren Ursache. Er forciert die Auferstehung von Untugenden, die zum Teil bereits in der Antike ganz oben auf der schwarzen Liste standen: Neid, Geiz und andere Laster.

Der Neid

Die Tochter des Neides ist die Verleumdung
Giacomo Casanova

Zu allen Zeiten und unter allen Bedingungen waren Hass und Bewunderung aus einem Holz. Nichts ist hassenswerter als etwas, was einem klar vor Augen steht und dennoch unerreichbar bleibt. Aus beidem resultiert Neid.

Der Neid gehört zu den menschlichen Charakterkonstanten. Interessant sind seine Spielarten, besonders eine, die erst in die Welt kam, als diese zunehmend wohlhabend wurde. Seit den Wirtschaftswunderjahren ist der Begriff bekannt und wird zunehmend populär: Sozialneid. Er entstand vor dreißig Jahren, also zur Zeit der ersten Nachkriegsgeneration, die die Schrecknisse der Wirtschaftskrise und des Weltkrieges nicht mehr bewusst miterlebt hatte, als Folge einer als ungerecht empfundenen Verteilungspolitik.

Der Sozialneid ist klassenlos: Er herrscht unter Managern, die einander unterschiedliche Einkommen, Besitztümer und Privilegien neiden, ebenso wie unter Angehörigen der niedrigsten sozialen Klassen, die gelegentlich selbst Asylbewerbern aus den ärmsten Staaten jegliche Unterstützung missgönnen. Das ist barbarisch – doch innerhalb der engen Grenzen des Umverteilungssystems, wie es heute herrscht, unvermeidlich. Denn ganz richtig erkennen die Unterschichten, dass sie in diesem Umverteilungssystem Konkurrenten der Asylbewerber sind. Genauer gesagt: zu ihren Mitbewerbern gemacht werden.

Wie man im Namen der Gleichheit Menschen gegeneinander aufbringt.

Die Besitzstandswahrung

Ein zweites Phänomen dieser Gesellschaft, die ihre eigene Leistung nicht mit ihrem Besitz in Verbindung bringen kann, weil ihre Bürger zu Subjekten des Umverteilungsstaates erzogen wurden, ist die Besitzstandswahrung. Dieser Begriff taucht vor allem im Kontext der Wiedervereinigung der deutschen Staaten auf, einem Programm, das bis 2005 mutmaßlich rund 1,4 Billionen Euro gekostet hat und die deutsche Volkswirtschaft einer enormen Belastungsprobe unterzieht.

Die Bürger der Bundesrepublik Deutschland empfinden vieles von dem, was nach 1989 in der ehemaligen DDR wiederaufgebaut wurde, als schiere Verschwendung. Und erstaunlicherweise kritisieren sie besonders die Alimentierung der Bevölkerung, also die Umverteilung von im Westen erwirtschaftetem Vermögen an die Bürger der neuen Bundesländer. Einer Gesellschaft, die sich seit Jahrzehnten die Herkunft ihres Reichtums ansonsten gar nicht bewusst gemacht hat, fällt bei diesen Transfer auf, dass es um *ihr* Geld geht, das *andere verprassen*.

Wie man mündige Bürger zu Beziehern von Taschengeld macht – und dabei im Zeichen des großen sozialen Plans die Vielfalt der Ökonomie zerstört.

Besitzstandswahrung ist eine sehr natürliche Reaktion auf die erfahrene Entmündigung seitens einer Taschengeldgesellschaft, deren Lohn vielfach via Umverteilungsmechanismen mit Förderungen und großzügig gewährten Zulagen aufgebessert wird, die also ihr Geld von einem gütigen Regime als Almosen (und natürlich nur zum Teil) wiedererhält. So wie Eltern, die ihren Kindern einen Schein zustecken und dafür Wohlverhalten und Loyalität erwarten, handeln auch die gegenwärtigen Regierungen. Nun werden, das ist allgemein bekannt, die Möglichkeiten der Umverteilung infolge einer schlechten Politik immer begrenzter.

Unmündigkeit und Selbstgerechtigkeit

Was ist ein Arbeitsplatz? Warum es für Einheitsdenker gut ist, wenn Menschen abhängig beschäftigt sind.

In Deutschland zeigen sich, auch wegen der Wiedervereinigung, aber nicht nur deshalb, die wirtschaftlichen Folgen des Festhaltens am Gestern besonders dramatisch. In den meisten entwickelten Industriestaaten der EU wurden seit den achtziger Jahren massive Anstrengungen zur Umstrukturierung von Wirtschaft und Gesellschaft unternommen. In Deutschland aber verfolgten die dominanten Volksparteien CDU/CSU und SPD ein solches Programm niemals ernsthaft. Zu stark waren die Bindungen an das industrielle Regime. Bis heute bemisst die jeweilige Regierung (und die Opposition) ihren Erfolg ausschließlich daran, ob Arbeitsplätze im Umverteilungssystem entstehen. Diese Arbeitsplätze haben per se nichts mit Reichtum und Wohlstand zu tun. Ein Bürger mit Arbeitsplatz im Sinne der herrschenden Ordnung ist ein „unselbstständig Erwerbstätiger". „Unselbstständig" ist mehr als eine beiläufige Phrase. Sie ist entscheidend. Die Inhaber solcher Arbeitsverhältnisse leisten den Löwenanteil an der Staatsquote aus Steuern und Abgaben. Sie sind für den Machterhalt des Umverteilungsregimes unverzichtbar. Das ist auch der Grund, warum die Chancen einer selbstständigeren Bevölkerung, die sich des von ihr erwirtschafteten Reichtums bewusst ist, kaum gefördert werden. Es ist aber nur noch eine Frage der Zeit, bis der Trick, der bis heute angewandt wird, nicht mehr dazu taugt, die Illusion eines gerechten Staates aufrechtzuerhalten.

Damit die Illusion anhält, wird seit einiger Zeit ein anderer Ton angeschlagen. Es gilt, den privaten Konsum – also den Rest des Rechts, über den eigenen Wohlstand zu verfügen – zugunsten öffentlicher Ausgaben zu beschränken. Damit der Staat in seiner Handlungsfähigkeit nicht eingeschränkt wird, greift er gnadenlos auf die dressierten Bürger zurück, die sich ihrer eigenen Reichtümer und potenziellen Möglichkeiten nicht mehr bewusst sind.

> **Der Sozialstaat ist die Ursache des Elends, nicht seine Lösung.**

Anthony Giddens, Soziologieprofessor an der angesehenen London School of Economics und langjähriger Berater des britischen Reformpremiers Tony Blair, hat mit den Dogmatismen der Einheit und Umverteilung, der Gleichmacherei, die letztlich auf Kosten aller geht, abgeschlossen. Der Propagandist des „Dritten Weges", wie die Positionierung zwischen Staatswirtschaft und freiem Kapitalismus genannt wird, hat, so zitiert bei dem Wiener Philosophieprofessor Alfred Pfabigan, zum Sozialstaat eine klare Haltung: „Der Wohlfahrtsstaat ist nicht einfach die Antwort auf Not und soziale Ungerechtigkeit, sondern zum Teil ihre Ursache."

> **Wie Sozialisten rechnen – weniger konsumieren ist mehr behalten.**

Alfred Pfabigan hat die Sprache des Machterhalts auch am Beispiel einer Aussage eines anderen Sozialdemokraten exemplarisch wiedergegeben. Er zitiert eine Aussage des SPD-Spitzenpolitikers Franz Müntefering gegenüber dem *Tagesspiegel am Sonntag* vom Dezember 2002: „Was wir machen, ist wichtig. Weniger für den privaten Konsum – und dem Staat Geld geben, damit Bund, Länder und Gemeinden ihre Aufgaben erfüllen können. Dazu muss man sich auch bekennen."

Nochmals: „Was wir machen, ist wichtig." Der kritische Philosoph Pfabigan hat seine Analyse ausführlich entwickelt:

„Müntefering ernennt sein Kollektiv zur entscheidenden und unanfechtbaren Instanz. So durchzieht dieses kleine Statement ein antidemokratisches und autori-

täres Element. Der zweite Satz hebt mit einem an die Untertanen gerichteten Imperativ im Kommandostil an: ‚Weniger für den privaten Konsum' – das ist zunächst einmal ein schwerer Eingriff in die Lebenssphäre der Bevölkerung, dessen Begründung in der im ersten Satz behaupteten ‚Wichtigkeit' liegt. Das zweite spezifische Kommando, ‚dafür das Geld dem Staat geben', imaginiert eine strenge Trennung zwischen privatem Konsum und Staat, die volkswirtschaftlich gesehen nicht existiert. Der private Konsum ist etwas, bei dem der Staat mitschneidet, er stimuliert die Ökonomie, wovon wieder die Gesamtwirtschaft und auch der Staat profitieren. Diese Ökonomie ist für Müntefering uninteressant, es geht ihm um die ‚Aufgaben des Staates' und seiner Organe. Aber diese nicht näher bestimmten Aufgaben haben einiges mit dem privaten Konsum zu tun – so fließen etwa ein guter Teil der Notstandsunterstützungen oder des Arbeitslosengeldes in den privaten Konsum. Nur auf den ersten Blick handelt es sich also um einen antikonsumistischen Imperativ, tatsächlich artikuliert sich hier der Versuch, das Machtmonopol einer ideologischen Gruppe zu bewahren, deren Legitimität bestritten ist und die gleichzeitig eine Umverteilung innerhalb des privaten Konsums anvisiert."

Was die politischen Parteien von einem starken Staat haben.

Und Alfred Pfabigan stellt den richtigen Zusammenhang her, wenn er nun dem fordernden Staatsfanatiker, der vermeintlich das Gemeinwohl beschwört, dabei aber nur an den Machterhalt der eigenen Kaste denkt, das letzte moralische Recht auf seine Forderungen nimmt: die christliche Pflicht, mit den Bedürftigen zu teilen. Ein Christ, so Pfabigan, der wie der Heilige Martin seinen Mantel teilt, um das Leid eines Frierenden zu lindern, tut das auf die vage Aussicht hin, dafür im Jenseits belohnt zu werden; doch ist das nicht das unmittelbare Ziel seiner Handlung. Sie ist ein „souveräner, freiwilliger Akt", Großzügigkeit, und diese Großzügigkeit mag zu allen Zeiten als Verschwendung gegolten haben. „Das Drehen der Steuerschraube, das Müntefering androht und mit dem er den privaten Konsum einschränken will, setzt die Bevölkerung unter Zwang. Sie sind nicht mehr großzügig gebende, gute Menschen, sondern gehorsame Staatsbürger, die gezwungenermaßen einer anonymen Instanz unkontrolliert Geld übereignen.

Großzügigkeit ist eine Tugend der Verschwendung.

Kein himmlischer Lohn wartet auf sie, nur ein Strafverfahren, wenn sie ihren Steuerwiderstand allzu weit treiben.

Der Geiz

Die wirtschaftlichen Aussichten sind des Beharrens auf den alten Regeln wegen schlecht, und es gibt keinerlei Aussichten, dass die herrschenden Parteien eine radikale Änderung der Verhältnisse, das Befördern von Neuem und Vielfältigem, zulassen werden. Diese Aussichtslosigkeit ist es, was die Menschen zu der Überzeugung treibt, Geiz sei geil. Der Mensch ist durchaus ein rationales Wesen. Unter allen Umständen soll, was man (noch) hat, erhalten werden. Geiz geil zu finden ist also die logische Konsequenz einer Gesellschaftsform, die im Namen der Gerechtigkeit aufbrach, um in der Einfalt der beschränkten Verhältnisse zu enden. Geiz ist der Todfeind der Vielfalt und der verschwenderischen Chancen.

Geiz gilt seit der Antike als Inbegriff der Ungerechtigkeit. Der Apostel Paulus, sozusagen der ideologische Kopf der Zwölfergruppe um Jesus Christus, bezeichnet ihn als „Wurzel allen Übels". Drei Jahrhunderte später nannte ihn der Kirchenvater Augustinus, der die verfemte christliche Religion zu einer 2000 Jahre lang vorherrschenden Ideologie machen sollte, „Wahnsinn der Seele".

Hinter der frühchristlichen Kritik des Geizes steckte vor allem die Einsicht, dass der Geizige eben nicht bereit war, sein Vermögen uneigennützig, verschwenderisch zur Verfügung zu stellen, um damit für andere Sinn zu stiften. Selbstverständlich nutzt auch die scheinbar sinnloseste Ausgabe immer irgendjemandem, und die Unterscheidung zwischen dem Heiligen Martin, der seinen Mantel mit dem Frierenden teilt, und einem anonymen Verschwender, der sein Vermögen in Dinge investiert, die andere verkaufen, um von dem Erlös zu leben, ist bestenfalls moralischer Art. Geld, das aus vollen Händen zum Fenster hinausgeworfen wird, kommt irgendwo an. Einer Religion, die sich von den übrigen

Warum Geiz die Wurzel aller Ungerechtigkeit ist – und zum Wahnsinn der Seele führt.

Glaubensrichtungen ihrer Zeit vor allen Dingen durch neue Tugenden wie Solidarität (Nächstenliebe) und Mitgefühl (einschließlich handelnder, tätiger Großzügigkeit) absetzte, konnte mit Geizhälsen so wenig anfangen wie eine Nichtregierungsorganisation der Jetztzeit, die auf die Spendenfreudigkeit von Besitzenden abzielen muss.

Unnützes Vermögen – seit jeher der Feind der Menschheit.

Dem Geiz eigentümlich ist, dass er sich unausweichlich selbst das Wasser abgräbt. Bereits in den frühen wirtschaftlichen Systemen der Antike war man sich bewusst, dass nicht ausgegebenes Vermögen totes Vermögen, unnützes Vermögen ist. Der Geizige verhindert die Entwicklung seiner Gesellschaft, indem er ihr die Mittel, die er durch Konsum in den Geldkreislauf einbringen könnte, vorenthält. Er ist der wahre Schmarotzer. Eine Gesellschaft, die Geiz und Neid erzeugt, ist daher auf dem besten Wege, sich selbst aufzulösen.

Die Sparsamkeit

Das Problem mit den Sparweltmeistern.

Aber Sparsamkeit ist doch eine Tugend?

Die Deutschen sind besonders tugendhaft. Selbst die traurige wirtschaftliche Entwicklung der letzten Jahre hat nichts daran ändern können, dass sich im Land enorme Sparvermögen angehäuft haben. Allein in den ersten zehn Jahren der Wiedervereinigung, einer wirtschaftlich bereits eher trostlosen Zeit, stieg das Sparvermögen der Deutschen um achtzig Prozent an – von rund 2,0 Billionen Euro auf 3,6 Billionen Euro.

Wie aber können zwei Aspekte ein und desselben Mechanismus auf ein und derselben Grundlage zwei völlig unterschiedliche Effekte zeitigen? Wo liegt die Grenze zwischen geizigem und sparsamem Handeln?

Zunächst: Die Grenze zwischen Geiz und Sparsamkeit ist eine Frage der sozialen Definition. Wie alle anderen Definitionen aus diesem Feld ist sie vom aktuellen gesellschaftlichen Zustand abhängig. Der geltende Wertekanon bestimmt, was sparsam und was geizig ist.

Werte sind nichts weiter als Größen des gesellschaftlich Zulässigen, die sich zwar im Laufe der Zeit verändern, die aber für die Dauer ihrer Akzeptanz für die Mitglieder der jeweiligen Gesellschaft verbindlich sind. Was uns als Tugend erscheint, mag in anderen Kulturen absurd, vielleicht sogar unsozial erscheinen. Im Industriekapitalismus ist es wichtig, dass sich jeder Teil der Gesellschaft – die als planbare, gestaltbare Masse gilt – ganz eng an diese Wertevorschriften hält. Abweichungen von der Norm werden geahndet.

Flüchtige Werte –

Sparsamkeit und Geiz am Rande

der Wissensgesellschaft.

Der Krieg gegen die Vielfalt

Die tragische Geschichte davon, wie unsere Abwehrmechanismen gegenüber Vielfalt und Verschwendung bis heute sehr wohl zu Notstand geführt haben.

Wollt ihr die Unterschiede vernichten,
hütet Euch, dass ihr nicht das Leben tötet.
Leopold von Ranke

Wo Einheit über Vielfalt siegt, wird der Mensch zum verlängerten Arm der Maschine. Frederick Winslow Taylors Idee vom Roboter aus Fleisch und Blut, die uns bis heute so prägt.

Der Mensch als Maschine: Frederick Winslow Taylor
Frederick Winslow Taylor wurde als Sohn einer wohlhabenden Quäkerfamilie, einer besonders linientreuen protestantischen Sekte, im Jahr 1856 geboren, ironischerweise in einem Städtchen mit dem Namen Germantown.
Über seine Jugend ist bekannt, dass er eine traditionell strenge protestantische Erziehung genoss und seinen Klassenkollegen durch beharrliche Besserwisserei auf die Nerven ging. Wer auf seine Verbesserungsvorschläge, so abstrus sie auch sein mochten, nicht einging, musste mit Wutausbrüchen des jungen Frederick rechnen. Am meisten hasste der junge Quäker aber die Verschwendung. In fast allem, was ihn umgab, erkannte er eine bodenlose Vergeudung von Stoffen und Zeit, Energie und menschlicher Arbeitskraft.
Die USA des 19. Jahrhunderts waren aus der Sicht des jungen Taylor eine gewaltige Verschwendungsmaschine. Das Land wurde von Millionen Einwanderern Dutzender Zungen bewohnt. Verschwendung, denn die Verständigungsschwierigkeiten zwischen diesen Immigranten waren gehörig und sorgten für Reibungsverluste. Das war ein großes Thema im Amerika der zweiten Hälfte des 19. Jahrhunderts. Ein Ingenieur namens Alexander Graham Bell begann nur deshalb mit der systematischen Entwicklung eines Fernsprechgeräts, das man später Telefon nannte, weil er erkannte, dass die Multikulturalität der USA jener Tage der wich-

tigste Stolperstein auf dem Weg zur Ausbildung einer einheitlichen Nation war.
Man stelle sich vor, wie es auf einer Telegrafenstation in New York zugehen musste:
Der Mann am Ticker, der das Telegramm auf den Weg brachte, sprach Englisch,
vielleicht noch eine zweite oder dritte Sprache. Wollte sich nun etwa ein italienischer
Immigrant mit seinen Landsleuten oder Geschäftsfreunden im Westen austauschen,
mussten mehrstufige Sprachbarrieren überwunden werden. Meistens funktionierte
das nicht. Mit dem Telefon jedoch überwand man das Vielsprachigkeitsproblem
meist mühelos.

Ein weiteres Hindernis auf dem Weg zur Einheit der USA in jener Zeit war die
wenig systematische Art und Weise, wie der Westen des Landes kolonisiert wurde.
Immer wieder errichteten Pioniere planlos Brückenköpfe und hielten sie mit hohem
Aufwand. All das folgte oft reiner Improvisation. Wer das nicht beherrschte, wurde
im Land der unbegrenzten Möglichkeiten nicht alt.

Arbeitsteiligkeit war ein Fremdwort. Ein Pionier erledigte alles selbst, soweit er
konnte. Als praktisch gilt den Amerikanern bis heute, was ein Problem kurzfristig
und ohne Anspruch auf Dauerhaftigkeit löst. In dieser Hinsicht waren die USA
ein einziger gewaltiger Widerspruch zum industrialistischen Europa.

Die Siedler mussten mehr oder weniger mit dem auskommen, was sie vorfanden.
Das erforderte eine sehr hohe Anpassungsfähigkeit und eine ausgeprägte Entschei-
dungsfreudigkeit. Denn in den diversen Regionen zwischen der Ost- und der West-
küste herrschten höchst unterschiedliche Bedingungen. Bis heute spiegelt sich das
in den vielfältigen Kulturen der USA und den zum Teil krass divergierenden Gesetzen
der einzelnen Bundesstaaten wider, die zum Großteil in dieser Zeit entstanden.

Dieser Diversity, also Vielfalt, die trotz aller staatlichen Bändigungsversuche in
den USA bis heute eine so große Rolle spielt, konnte der junge Frederick Winslow
Taylor wenig abgewinnen. Ihn zog es weg von den abenteuerlichen Pionierplätzen
des Westens hin zu der europäischeren Welt der Industriezentren des amerikani-
schen Ostens. Bei den Wasserwerken der Stadt Philadelphia erlernte er den Beruf
eines Werkzeugmachers und Maschinisten. Danach arbeitete er als Hilfsarbeiter in
den Midvale-Stahlwerken, die zu den größten Industriebetrieben der USA gehörten,

Eine vielfältige Wirtschaft erscheint chaotisch – für Erbenszähler wie Taylor ist das nicht zu ertragen.

stieg zum Maschinisten und Vorarbeiter auf und begann Anfang der achtziger
Jahre ein Ingenieur-Fernstudium am Stevens Institute of Technology, das er 1883
erfolgreich abschloss. Bereits ein Jahr später wurde der ehrgeizige junge Techniker
Chefingenieur der Midvale-Stahlwerke.

Wenn die Maschine sich nicht dem Menschen anpasst, dann eben umgekehrt. Die Logik des Industriezeitalters.

Von nun an war Taylor unermüdlich damit beschäftigt, die Handgriffe und Bewe-
gungen der Arbeiter des mächtigen Stahlwerks dem Rhythmus der Maschinen
anzupassen, um die Verschwendung aus dem Arbeitsalltag zu eliminieren. Stets
sah man den drahtigen Mann durch die Werkhallen laufen, bewaffnet mit einer
Schreibunterlage und einer Stoppuhr. Minutiös zeichnete er die durchschnittliche
Dauer eines Handgriffs, eines bestimmten Bewegungsablaufs auf. Er verfasste
Unmengen an Statistiken und ermittelte jeden auch noch so absurd erscheinenden
Mittelwert, der den Arbeitern prompt als Vorgabe vorgelegt wurde.

Taylor war nicht nur vom Rhythmus der Maschinen fasziniert, nach dem er auch
die Arbeiter seiner Fabriken takten wollte. Er war, darin ganz Kind seiner Zeit,
von der Allmacht der Naturwissenschaften überzeugt. In der Sicht des eben erst die
Grundlagen der Physik und Chemie erkennenden 19. Jahrhunderts war der
Mensch nichts anderes als eine Maschine, deren Wirkungsweise es zu erkennen
galt. Taylor studierte die Grundlagen der Medizin, Chemie und Physik und war
bald davon überzeugt, dass ein Prinzip die Welt und ihre Abläufe steuern musste.
Statt vager Faustregeln sollten unverrückbare Prinzipien, Methoden, klar festgelegte Strukturen in die Arbeit einkehren. Wenn der Kolben einer Pumpe in einer
Minute soundso viele Auf-und-Ab-Bewegungen schaffen konnte, dann musste das
auch auf den Menschen übertragbar sein.

Die ehrliche Tagesleistung – oder wie Menschen gemessen und gewogen werden.

Das Ergebnis dieser Kalkulation nannte Taylor „A fair day's work" – eine ehrliche
Tagesleistung. Mit dem gleich lautenden Begriff aus dem Arsenal der Moral
hatte das aber wenig zu tun. „Ehrlich" in Taylors Sinn war ein akribisch kalku-
liertes Pensum an Arbeitsabläufen pro Arbeiter und Tag, die ein durchschnittlich lei-
stungsfähiger Mensch ein Leben lang ausführen konnte, ohne vorzeitig aus dem
Arbeitsprozess auszuscheiden. Bis heute liegt dieses sonderbare Menschenbild den
Berechnungen von Arbeitsmedizinern und Sozialpolitikern zugrunde.

Um den fraglichen Wert berechnen zu können, wurde folgendermaßen vorgegangen:

1. *Auflösung der natürlichen Bewegungsabläufe eines Arbeiters in die so genannten Elementarbewegungen, also die rationellste Bewegungsform zur Durchführung eines Handgriffs oder eines anderen Bewegungsablaufs, die der Arbeiter in der Fabrik durchzuführen hatte*
2. *Rigorose Ausschaltung aller überflüssigen Bewegungsabläufe, die mit der Elementarbewegung aus 1. nichts zu tun haben*
3. *Klassifizierung und exakte Festlegung aller Elementarbewegungen, inklusive Angabe der maximal dafür zu benötigenden Zeit*
4. *Festlegung der Prozesse mit der Stoppuhr*
5. *Analyse des Zeitzuschlags, der nötig ist, um Störungen der in 1. bis 3. genannten Abläufe zu verhindern*
6. *Festsetzung und Hinzurechnung von Zeitzuschlägen, die durch Störungen entstehen, um diese Störungen exakt auszugleichen*
7. *Festsetzung eines verbindlichen Wertes für die notwendige Erholung zur Beibehaltung der maximalen Arbeitskraft des Arbeiters*

The best way – der einzig richtige Weg in den Untergang.

Diese Formel zur totalen Vereinheitlichung des Arbeitsprozesses in Fabriken würde, so meinte Taylor, auch die Entwicklung besserer Maschinen bedingen. Denn wenn sich bei der Analyse der elementaren Arbeitsabläufe seiner „wissenschaftlichen Betriebsführung", wie er das Modell bald nannte, zeigen würde, dass eine Maschine nicht den optimalen, vereinheitlichten Bewegungsabläufen eines Arbeiters genügte, dann müsste auch die Bedienbarkeit der Maschine geändert werden. Erst beides zusammen bildet Taylors Konzept, das zum one best way führen sollte – zum einzig richtigen Weg. Selbst die dümmsten Menschen könnten, so Taylor, durch die konsequente Anwendung seiner Methoden innerhalb von höchstens zwei Tagen zu qualifizierten Arbeitern gemacht werden.
Es versteht sich beinahe von selbst, dass diesen „Naturgesetzen der Bewegungsabläufe" entgegenwirkende Ereignisse, etwa die Anwesenheit von Gewerkschaftern,

rigorose Sanktionen nach sich zogen. Taylor hielt Gewerkschaften für überflüssig, aus seiner Sicht aus den lautersten Motiven: denn seine Methoden, das betonte er bis zu seinem Tod 1915 in Philadelphia, würden in erster Linie dem Arbeiter zugute kommen, der seine Energie nicht mehr in nutzlosen Bewegungen verschwendete – und sich damit vorzeitig ruinierte.

Der stählerne Mensch entsteht – endlich keine Abweichler mehr.

Deshalb seien die Interessen des Managements, das die „wissenschaftliche Betriebsführung" durchzusetzen hatte, und die der Arbeiter vollkommen identisch. Die einen profitierten von optimierten Arbeitsabläufen, weil sich damit die Stückzahlen in kürzester Zeit maximieren ließen, die anderen von dem „wissenschaftlich unbestreitbaren" Vorteil, trotz maximaler Arbeitsleistung ihre Gesundheit – wenigstens statistisch – langfristig erhalten zu können. In der Industriewelt des 19. Jahrhunderts, in der Arbeitsunfälle die Regel und nicht die Ausnahme darstellten, war das ein durchaus humanistischer Gedanke im sonst so materialistischen Weltbild des Frederick Winslow Taylor.

Dennoch fanden seine Vorgesetzten in der Midvale Corporation Taylors Methoden mehr als sonderbar. Er verließ 1890 das Unternehmen und gründete drei Jahre später sein eigenes Beratungsunternehmen, das 1898 einen bedeutenden Auftrag an Land zog: Beim größten Stahlwerk der Welt, der Bethlehem Steel Corporation, wurde Taylor Consultant. Jetzt konnte sein Feldzug beginnen. Aus dieser Zeit stammt eine merkwürdige Vorrichtung, der so genannte „Taylortisch": eine für alle Berufe und Tätigkeiten einsetzbare Werkbank, auf der Schablonen mit Linien und Zahlen exakt den Ablauf und die Bewegungen der jeweils notwendigen Arbeitsschritte vorgaben. Ein besonders eifriger Verfechter des Taylorismus war der junge Detroiter Unternehmer Henry F. Ford, der erhebliche Teile der „wissenschaftlichen Betriebsführung" Frederick Winslow Taylors in seine Automobilfabriken übernahm. Die bis heute legendäre Einführung des Fließbandes bei Ford 1913 geht auf Taylors Ideen zurück. Sie sicherte dem Unternehmen eine auf Jahre hinaus überlegene Kostenstruktur bei der Produktion des Modells T (Thin Lizzy), dem ersten massenhaft hergestellten Automobil der Welt. Neben dem Einsatz von Stech- und Stoppuhr, der genauen Analyse der Produktivität der Arbeiter und der Einführung von als „soziale Maß-

nahmen" getarnten notwendigen Erholungspausen übernahm Ford unzählige weitere Anwendungen von Taylor in die Produktion.

Taylor war durch den Erfolg bei Ford, der sich wie ein Lauffeuer weltweit in den Industriekonzernen herumsprach und prompt kopiert wurde, ein Star geworden, einer, der der Rohstoff- und Energieverschwendung beim Einsatz des Produktionsfaktors Mensch erfolgreich den Kampf angesagt hatte. Sein im Jahr 1911 erschienenes Werk The Principles of Scientific Management (Die Prinzipien wissenschaftlicher Betriebsführung) *wurde zum Neuen Testament eines neuen Abschnitts des Industrialismus.*

Henry Ford und die wissenschaftliche Betriebsführung.

Hier holte sich die Praxis ihre theoretische Legitimation. In einem wirren Staccato an pseudowissenschaftlichen „Fakten" und halbseidenen Formeln prasselte der Geist der totalen Einheit auf die Welt nieder. Die Verschwendung war der Hauptfeind. Bis heute ist das wichtigste ideologische Kampfwort dieser Zeit, Rationalisierung, ein zentraler Begriff in der Betriebspraxis (und der Betriebswirtschaftslehre) geblieben. Rationalisierung versteht sich als Reduzierung, nicht bloß als teilweises Streichen überflüssiger oder scheinbar überflüssiger Prozesse. Eindicken, verdichten, vereinheitlichen ist ihr Ziel. Daraus entsteht scheinbar Übersicht, die die Verschwendung zweckmäßig bekämpft. In einem Aufwasch erledigt sie aber auch die Komplexität von Systemen.

Eindicken, verdichten, vereinheitlichen. Der neue Mensch.

Der mörderische Trieb: Kontrolle und Plan

Was wir leichthin Ordnung nennen, ist, wie gesehen, in Wahrheit ein Herrschaftsprinzip. Dafür haben sich im Industriekapitalismus eine Reihe sehr spezieller Berufe herausgebildet und, das kann man kaum verschweigen, auch sehr seltsame Charaktere. Es sind die Kontrolleure des Systems, die, fasziniert vom einheitlichen Takt der Maschine, dieses Ordnungsprinzip zu einer Dimension des Menschen machen wollen.

Buchhalter und Ingenieure –
die Wachhunde der neuen Welt.

Gewiss sprechen sie heute eine feinere Sprache als ihre geistigen Vorfahren. Aber im Grunde genommen folgen sie deren Prinzip ohne wirkliche Veränderung: Alle Arbeit in ihrem Sinne ist planbar, bis ins kleinste Detail berechenbar, Abweichungen von der Norm sind auszuschalten, und es gibt für alles eine Methode, die langfristig die Sicherheit des Produktionsprozesses gewährleistet. Es ist die Welt der Buchhalter und Ingenieure, der Wachhunde des industriekapitalistischen Systems.

Der Ingenieur: Vom kreativen Kopf zum Knecht

Der Ingenieur im Sinne des Industrialismus hört auf, ein freier, schöpferischer Geist zu sein, der die Technik für den Menschen nutzbar macht. Er wird zum wichtigsten Erfüllungsgehilfen der geforderten Verdichtung von allem und jedem ins System, zum Wegbereiter und ausführenden Organ der großen Vereinheitlichung, die nun beginnt. So erfolgt aus dem einst umfassenden Arbeitsgebiet des Ingenieurs nun, weil es das System fordert, eine immer weiter fortschreitende

Bloß nicht mehr wissen,
als man wissen muss!

Spezialisierung, Detailisierung, und die Ingenieure entwickeln selbst eines der wichtigsten und tragenden Konzepte des Industrialismus: die Dequalifizierung. Qualifikation und Qualität sind Begriffe der Vielfalt und Unterscheidbarkeit. Dequalifizierung bedeutet, dass der Arbeiter im Produktionsprozess auf einige wenige vorgegebene und methodisch starre Arbeitsschritte reduziert wird. Diesem Gedanken sollte später auch die übrige Welt außerhalb der Fabrik folgen, in der Wissenschaft etwa, die sich, nicht nur gemäß den zutage tretenden Details, sondern vielfach freiwillig im Gefolge des Industrialismus, in immer kleinere Nischen verkroch (die verharmlosend Elfenbeintürme genannt werden).

Der Buchhalter: Herr über Zahl und Zeit

Buchhalter waren immer ganz besondere Untertanen, privilegierte Beamte des Staates, deren große Stunde aber erst mit der industriellen Revolution schlug. Sie wurden die Herren über Zahlen und Zeit. Bis heute hüten Buchhalter und ihre Verwandten, die Controller und Finanzvorstände, die damals eingeleitete Trennung von Sinn und Form einer Unternehmung, von Kopf- und Handarbeit, von Betrieb und Produktion, von Kreativität und ihrer Verwaltung.

Die heutigen Buchhalter mögen wie die Techniker farblos sein und es an jeglicher Kreativität mangeln lassen. Sie sind geradezu Synonyme für Monotonie und Langeweile geworden. Aber ihre Macht ist enorm. Im Zeitalter des Industrialismus wird aus knöchrigen Sparmeistern und Geizhälsen, die sich die dynamische Entwicklung eines Prozesses nicht vorstellen können, eine Priesterkaste, deren Macht bis heute andauert. Erwachsen ist die aus dem Modell des preußischen Offiziers, dem Muster an Disziplin und militärischer Funktionalität. Lange Jahre noch wird man diese Mitarbeiter Beamtentypen nennen, nicht zufällig. Sie vollziehen in völliger Übereinstimmung mit den Zielen der Eigentümer die sukzessive Vereinheitlichung nicht nur der Zahlenwerke. Ihre Philosophie heißt Kontrolle und Ausschaltung jeglicher Abweichung, und sie bleibt nicht allein auf die Kontobücher beschränkt. Paul Valéry schrieb über diese „deutsche Strategie" vor mehr als einem Jahrhundert:

Wie es die Buchhalter schafften, zu den Priestern des industriellen Zeitalters zu werden.

> *„Man begreift, dass Deutschland sich auf Industrie und Handel verlegt hat wie vorher aufs Militär: besonnen und entschlossen. Man spürt, dass es kein Mittel ausließ. Will man sich diese neue und phantasievolle Größe erklären, so stelle man sich vor: beständigen Fleiß; genaueste Untersuchung der Quelle des Reichtums und unermüdliche Herstellung der Mittel, die ihn hervorbringen; peinliche Topographie der begünstigsten Plätze und günstige Verbindungswege; und, vor allem, vollständigen Gehorsam, eine Unterordnung sämtlicher Momente unter irgendeinen einfachen, ausschließlichen, gewaltigen Gedanken – der strategisch ist durch seine Form,*

wirtschaftlich durch sein Ziel, wissenschaftlich durch seine tiefe Anlage und seinen Geltungstrieb.“

Das ist das Grundprinzip moderner Herrschaft: die Unterordnung „unter irgendeinen einfachen, ausschließlichen, gewaltigen Gedanken“.

Was Valéry an der Wirklichkeit beschreibt, ist zu diesem Zeitpunkt drauf und dran, einen mörderischen Kampf gegen die Vielfalt zu beginnen. Die Idee des großen und einfachen Gedankens, der sich bis ins Extrem alles und jedes unterordnet, wird die Tyrannen des 20. Jahrhunderts formen. Es ist der genetische Code des Faschismus und Stalinismus. Geliefert wird er von unscheinbaren, schmächtigen Männern, die die Welt endlich in einem begreifen wollen und alles, was sich nicht fügt, mit Gewalt ins Gefüge pressen. Es ist eine Tatsache, dass diese Idee besonders in Deutschland Furore machte, die Rahmenbedingungen dafür waren ausgezeichnet. Aber die Propheten des planbaren und gestaltbaren Menschen, die Kreuzritter gegen die Vielfalt, saßen überall.

Fordismus und die Folgen

Die strikte Trennung von Kopf - und Handarbeit als Waffe gegen die Verschwendung.

Die menschliche Arbeitskraft, so fantasierte F. W. Taylor, sei mit nichts anderem zu vergleichen als mit elektrischer Energie: Es gälte, zunächst so viel wie möglich von dieser Energie freizusetzen und anschließend so wenig wie möglich davon zu verschwenden. Dies erforderte eine strikte Trennung von Kopf- und Handarbeit. Das Management habe zu denken, zu planen, die elementaren Arbeitsschritte vorzugeben, während die Belegschaft diese nach einer strikt einzuhaltenden Schablone abarbeiten müsse. Dies wäre das Geheimnis effizienten Wirtschaftens, in dem es keine Verschwendung durch „Faustregeln“ oder das, was der Arbeiter für seine Erfahrung halte, gäbe.

Dass Henry Ford zum Apostel des Vereinfachers Taylor wurde, ist kein Zufall. Ford war keineswegs nur ein genialer Unternehmer, nach dem die Ära des automatisierten Industrialismus und seiner Gesellschaft ihren Namen erhielt. Er war mehr als der *Spiritus rector* der Motorisierung. Fords Weltbild beruhte auf einem – in der damaligen Zeit nicht seltenen – unangreifbaren Glauben an die Einheit des Wissens (die nicht mit deren systemischer Vernetzung, die populär und nicht ganz treffsicher auch Ganzheitlichkeit genannt wird, verwechselt werden darf). Diese Einheit des Wissens regelte auf geradezu übersinnliche Art und Weise das Geschehen auf der Erde. Und zudem war Ford ein glühender Anhänger eines dubiosen Gurus dieser Zeit: John Burroughs, des ersten Öko-Fundamentalisten des 20. Jahrhunderts, der in den USA hohe Popularität genoss. Burroughs war das, was man mit Fug und Recht einen Sozialdarwinisten nennen darf. Jemand also, der die Lehre der Vielfalt der Evolution, wie sie von Charles Darwin Mitte des 19. Jahrhunderts entwickelt worden war, ohne Rücksicht auf die Entwicklung menschlicher Kultur und Zivilisation auf das Sozialwesen anwandte – und sie damit ins Gegenteil verkehrte. Schlagwörter wie Selektion, Vereinheitlichung und Steuerbarkeit jedes Prozesses und Lebewesens prägten die Grundüberzeugungen dieser mal durch esoterischen Humbug, mal durch pseudowissenschaftliche Annahmen bewegten „Welterklärer".

Was Industrie- und Öko-Fundamentalisten vereint.

Faschismus: Einheit für alle

Ein strammer Antisemitismus, der etwa Ford dazu brachte, den Juden die Schuld am Ausbruch des Ersten Weltkrieges zu geben, gehörte zum festen Repertoire des Sozialdarwinismus. Das Judentum war in den USA schon aufgrund seiner multikulturellen Ausrichtung, eine Folge der Diaspora, suspekt. Schon damals standen jüdische Gelehrte für Vielfältigkeit, eine unerlässliche Tugend aller

Wissens- oder Kopfarbeiter – und eine besonders verdächtige Eigenschaft. Die Vielzahl an Talenten, die die Diaspora hervorbrachte, weckte Neid und rief die Einheitsdenker auf den Plan. Auf der anderen Seite der Welt wehrte ein junger verkrachter Kunststudent namens Adolf Hitler ebenfalls auf seine Weise eine komplexe Welt ab, indem er sie bis zum Extrem vereinheitlichen und vereinfachen wollte. Die bedrohte Ideologie der Einheit, eingebettet in Nationalstaatlichkeit, Industrialismus und Automatenwahn jener Zeit, paarte sich mit jahrhundertealten Vorurteilen zu einer neuen, tödlichen Mischung. Das Fremde war das Neue, das Vielschichtige, das Undurchschaubare. Nun wurde es nicht mehr bloß beiseite geschoben. Es war ein „Störfaktor", die Ursache dafür, dass die Einheitspläne nicht funktionierten. Es schien nur mehr durch Zerschlagung vereinfacht, überschaubar, handhabbar gemacht werden zu können. Die Welt trat in eine neue Phase einer bis dahin unvorstellbaren Brutalität ein, die Vielfalt und Verschwendung als höchste Verbrechen ausmachte und Effizienz, Einheit und Steuerbarkeit als ihre Rettung verstand. Von nun an gab es keine Spielräume mehr. Wo sich das vermeintlich Richtige scheinbar exakt bestimmen ließ, da musste das vermeintlich Falsche vollständig verschwinden. Neben dem einmal als „richtig" Erkannten durfte nichts anderes existieren, es gab nur einen rechten Weg.

Kurze Wege: der einheitliche Mensch des Industriezeitalters. Ein Volk, ein Reich, ein Führer.

Was sind ökonomische Kriterien?

Die Auffassung, dass die Art und Weise, wie Fabriken funktionieren, ein Vorbild für die ganze Gesellschaft abgeben soll, spielt im Industrialismus eine entscheidende Rolle. Der Technikhistoriker Wolfgang König verwies einmal auf die besondere Fähigkeit der Deutschen, „Gestaltungsprinzipien zu Gesellschaftsmodellen weiterzuentwickeln", aus Werkzeugen und Methoden also den eigentlichen Zweck von Gemeinschaft abzuleiten. Der erste deutsche Staat und seine Industrie bauten auf dem Königreich Preußen auf, und bis heute weiß jedes Kind,

Disziplin und Ordnung als Grundlagen einer Gesellschaft, die die Verschwendung verachtet.

was „Preußentum" bedeutet: Disziplin, straffe Ordnung, ein System rigoroser Strafen, eine nahezu krankhafte Sucht nach Hierarchien, eine fanatische Doktrin der Ausnahmslosigkeit. Man kann diese im Großen nachvollziehen oder im Kleinen, etwa am Berufsbild des Controllers, des Ingenieurs der Zahlen.

Die Aufgabe eines Controllers besteht im Wesentlichen darin, die Mittelvergabe in Betrieben nach „ökonomischen Kriterien" zu verwalten. Was aber sind ökonomische Kriterien?

Die Dynamik des Erfolgs: Der Preis

Bei einem der einfachsten handelt es sich um den landläufigen Lehrsatz, mit den geringsten Mitteln das größtmögliche Resultat (oder: den größtmöglichen Erfolg) zu erzielen. Das scheint ein sehr klarer Satz. Er besagt eigentlich nichts anderes, als dass das Resultat jeder Aktion in einem günstigen Verhältnis zum Aufwand stehen sollte. Der Erfolg ist der Zweck.

Am Beispiel einer Auktion lässt sich dieses Prinzip veranschaulichen.

Wer bei eBay einen Artikel ersteigert, der hat – in einem limitierten Zeitrahmen – den höchsten Preis für die Ware geboten. Die geringsten Mittel zur Erreichung des Ziels „Verkaufsabschluss" entsprechen hier also den höchsten, die innerhalb der Gemeinschaft der Auktionsbieter zur Erreichung des Käuferziels „Erwerb" bereitgestellt wurden, also dem höchsten vom Verkäufer erzielbaren Preis, und gleichzeitig wird so dieser Preis, und damit die Verkäuferspanne, weitestgehend reduziert. Es gibt in dieser einfachen Struktur keinen zweiten Sieger, sondern nur einen, denjenigen, der aufgrund des höchsten Gebots den Zuschlag erhält. Dabei kann der Auktionspreis den Neuwert einer Ware jederzeit übersteigen. Angebot und Nachfrage sind die einzigen Mechanismen, die die Aussage von den geringsten Mitteln zur Erreichung des größtmöglichen Resultats (des Zuschlags) legitimieren. Unter diesen sehr klaren Marktumständen gibt es keinen „hohen" oder

Wie Preise gemacht werden – das Vielfalts-Erfolgs-Prinzip.

„niedrigen" Preis, sondern nur den, der zum Zuschlag führt und bezahlt wird.

Entscheidend ist bei all dem, dass im Vorhinein nicht feststeht, wer den Zuschlag erhält – und damit auch nicht, welcher Preis letztlich erzielt wird. Es handelt sich um einen dynamischen Preis, der unmittelbar von Angebot und Nachfrage diktiert wird. Er ist naturgemäß umso höher, je stärker das handelnde Interesse der Mitbieter ist, und niedriger, wenn sich nur wenige für das angebotene Gut interessieren.

Der wichtigste Punkt der Kalkulation: der Freie Wille des Käufers.

Diese Art des Handelns hat viele Vorteile für beide Seiten. Der Wert einer Ware wird durch direktes, soziales Verhandeln erarbeitet, und keine Seite muss sich dabei übervorteilt fühlen. Der freie Wille des Käufers entscheidet, ob er zum Höchstbieter wird, und dieser freie Wille bestimmt auch die Größenordnung dessen, was so unscharf als „geringstes Mittel" bezeichnet wird.

Dieser sehr direkte Marktmechanismus wurde in Zeiten des Internets wiederentdeckt – nicht nur von Millionen von Teilnehmern, die weltweit bei eBay und anderen Online-Auktionshäusern das Spiel des dynamischen Preises spielen, sondern auch von Produzenten und Händlern, denen die Unwägbarkeiten der klassischen Methoden der Preisbildung schon lange vertraut sind.

Die Ohnmacht der Fakten: Die Zahl

Die Preisbildung, also die Festlegung des Verkaufswertes eines Guts, ist eines der zentralen Probleme jedes Verkäufers. Der Preis darf nicht so hoch sein, dass die Konkurrenz leicht ein besseres Angebot machen kann, und andererseits nicht so niedrig, dass kein Profit entsteht. Der Gewinn ist das Ziel der ganzen Aktion. Es geht darum, ein Geschäft zu machen, einen Mehrwert zu erzielen.

Der Einzige, der weiß, was eine Ware wert ist, ist der Käufer, der Kunde. Seine subjektive Schmerzgrenze ist deshalb eine ungeheuer wichtige Information. Und deshalb nutzen Produzenten Online-Auktionen auch dazu, festzustellen, welche Preise Kunden für ihre neuen Produkte zu zahlen bereit sind. Das ist wesentlich risikoärmer als der tagtäglich unzählige Male wiederholte Versuch, mit einem festen Verkaufspreis, der auf höchst spekulativen Mutmaßungen beruht, im Laden seinen Erfolg zu suchen. Der dynamische ist dem statischen Preis weit überlegen. Er liefert sehr viel exaktere Ergebnisse und eine höhere Treffsicherheit als monatelange Umfragen unter potenziellen Zielgruppen. Allerdings steht das in gewissem Widerspruch zu einer planenden Ökonomie.

Hören wir Planwirtschaft, denken wir schnell an die vergangenen Tage der Sowjetunion und ihrer Satelliten. Doch Plan-Wirtschaft ist auch im Westen gang und gäbe. Kein Unternehmen lässt sich auf das Wagnis ein, ein Geschäftsjahr einfach auf gut Glück zu beginnen. Deshalb erstellen Unternehmen Geschäftspläne, die unter anderem den erwarteten Absatz eines Produkts fixieren. Diese Zahlen wiederum dienen als Grundlage für die Produktion, die nun „weiß“, wie viel sie von einer Ware herstellen muss.

Weiß? Sie weiß es natürlich nicht. Denn der Geschäftsplan eines Jahres wird im Laufe des vorangehenden Jahres erstellt, und mit gut Glück sind dann bereits die Verkaufsdaten des Vojahres verfügbar. Das aktuelle Budget basiert also – wie jeder Plan – auf einem Rückblick, auf dem Gestern. Nur wenn sich der Kunde im neuen Jahr genauso verhält wie im vorvergangenen, hat ein Geschäftsplan Aussicht auf Erfolg. Hier liegt also ein bemerkenswerter Fall von Hellseherei vor, und zwar millionenfach, weltweit.

Pläne – die Illusionen der Einheitsdenker. Warum sie nicht aufgehen können.

Mäßigung oder Anpassung?

Verschwendung wird bekämpft, weil sie nicht in den Plan passt. Das gilt nicht nur in der Welt der Produktion und Etats.

Steigen wir aus diesem System einmal aus und betrachten das, was in der Geschichte der Menschheit und ihrer Kultur immer wieder als Orientierungspunkt menschlichen Handelns verstanden wurde: die Natur. Für die längste Zeit der Menschheitsgeschichte, jener, in denen die Menschen „naturverbunden" lebten, war sie unser größter Feind. Mit der Entfremdung durch die Romantik aber galt: Gut ist die Natur, schlecht der Mensch. Je weiter sich der Mensch von der Natur entfernte, desto mehr verklärte er sie.

Wieder begegnen wir hier dem Vorwurf der Verschwendung. Ressourcen werden verschwendet, Energie wird verschwendet, die Zukunft unserer Kinder wird verschwendet. Schadstoffe werden in Luft, Wasser und Erde gemüllt. Weil der Mensch sich nicht mäßigt, ist sogar seine Existenz bedroht, zumindest nach landläufiger Auffassung. Durch den vermehrten Ausstoß an Kohlendioxid kommt es zu einer „Verdichtung" der natürlichen Treibhausschicht, die die Temperaturverhältnisse auf der Erde seit urdenklichen Zeiten reguliert.

Seit mehr als anderthalb Jahrzehnten tobt im wichtigsten Wissenschaftlergremium, das über Wohl und Wehe des Klimas wacht, dem Intergovernmental Panel for Climate Change (IPCC) der United Nations, ein heftiger Streit über die Größenordnung der Klimaveränderung und ganz besonders des menschengemachten Anteils daran.

Das kann jeder, der will, seit den ökologisch so ideologisierten achtziger und neunziger Jahren des 20. Jahrhunderts verfolgen. Auch außerhalb der deutschsprachigen Länder, die ein eigenartiges Verhältnis zum Umweltschutz haben, beschäftigen sich angesehene Magazine und Fachpublikationen mit der weitgehend unklaren Beantwortung der Frage, ob der Mensch sich auf diese Weise selbst vernichtet. Nahezu alle hierzulande als „gesichert" geltenden Daten werden und wurden innerhalb des IPPC und vieler anderer Fachkreise sehr kontrovers diskutiert. Diese Kontroversen überraschen nicht – zuweilen dramatische Klimaveränderungen gab es lange, bevor der Mensch mit seinem industrialistischen Produktionsapparat auf den Plan trat. Sie sind unangenehm, aber zweifelsohne natürlich.

Wie also reagiert die industrialistische Welt auf dieses Thema? Indem sie versucht, die gewaltigen Größenordnungen der Klimaveränderung zunächst sich selbst in die Schuhe zu schieben, um dann – in schierem Größenwahn – daran zu drehen. Der natürliche Weg hingegen wäre Anpassung an die Veränderung.

Pläne machen ihre Gestalter immer besoffen. Der Grünen-Politiker Jürgen Trittin, einer der maßgeblichen Verfechter einer Politik der Intervention in Umweltfragen, behauptet etwa, dass die Bundesrepublik eine revolutionäre Entwicklung bei der Einsparung an Treibhausgasen erlebt habe. Wohl wahr, und zwar deshalb, weil nach der Wiedervereinigung von 1990 praktisch die gesamte ostdeutsche Industrie ausgelöscht wurde. Das brachte, nur zur Erinnerung, die höchsten Arbeitslosenzahlen und schlechtesten Wirtschaftsdaten in der Geschichte des Landes mit sich. Der SPD-Energieexperte Ralf Linkohr wiederum, der jahrelang im Straßburger Europaparlament die sozialdemokratische Umweltpolitik vertrat, hat ausgerechnet, dass bereits ein Wirtschaftswachstum von mehr als 1,5 Prozent pro Jahr die „revolutionäre Entwicklung", von der Trittin spricht, zunichte macht: Es bleibt dann nichts vom genannten Wiedervereinigungseffekt.

Was bringt also „Mäßigung"? Was ist das Ziel des Sparens?

Zum einen hat staatlich verordnete Mäßigung den Nachteil, dass sie erst nach langer Zeit einen zudem geringen Effekt generiert. Man fährt weniger Auto, spart an Sprit und Heizung. All das macht das Leben nicht wirklich angenehmer. Zum anderen führen alle Mäßigungs-Regeln dazu, dass der Umgang mit Energie, der nach wie vor, egal ob auf regionaler oder globaler Basis, elementar ist für die Nutzung wirtschaftlicher Chancen, reglementiert und in jedem Fall teurer wird. Das Problem dabei ist offensichtlich: Es wird immer teurer, von immer weniger zu leben.

Wie Erfolge im Umweltschutz schöngerechnet werden. Planspiele für Öko-Fundamentalisten.

Fortschrittliche Wissenschaftler plädieren hier für das natürliche Prinzip der Adaption, der Anpassung, eine Methode, dem die Evolution ihren Erfolg verdankt.

Ein Beispiel soll hier zum Verständnis dienen. Im Jahr 1995 gab es in den USA eine Hitzewelle. In Chicago starben dabei mehrere hundert Menschen infolge der hohen Temperaturen. Betroffen waren alte Menschen, deren bestehende gesundheitliche Schwächen durch die Hitze gefährlich eskalierten. Eine weitere gefährdete Personengruppe fand sich in den sozialen Unterschichten. In Pittsburgh, Pennsylvania, hingegen gab es keine Opfer, obwohl die Temperaturen ebenso hoch waren. Warum?

Es gehört zu den seit langem erkannten Merkmalen der Armut, dass die von ihr betroffenen Menschen sich weitaus unzureichender informieren als Wohlhabendere. Wo aber Information und Wissen fehlen, werden Fehler begangen, die sich potenzieren. Während sich 1995 also gehobenere Schichten etwa via Fernsehen, Zeitung und Bücher, über kommunale Informationsservices im Internet und in Betrieben zum Thema Hitze austauschten, fehlte, wie der Wissenssoziologe Nico Stehr bemerkte, in den informationsarmen Slums dieses lebenswichtige Moment. In Pittsburgh tat die Stadtverwaltung, was sie konnte, um genau in diesen Personengruppen die Informationsversorgung zu fördern. In Chicago unterblieb das. Die Menschen wussten sich nicht zu helfen.

Was hat das mit dem Klimawandel zu tun? Eine ganze Menge. Als zum Ende des Jahres 2004 ein verheerender Tsunami die Küstengebiete von Indien bis Malaysia verwüstete und mehr als einhunderttausend Menschenleben forderte, wurde bald als größtes Defizit erkannt, dass das Fehlen entsprechender Informationssysteme in diesen Ländern eine flächendeckende adäquate Sturmwarnung verhindert hatte. Nicht anders sind die besonders unter den Unterschichten hohen Opfer des Hurrikans Katrina im Sommer 2005 in der Region New Orleans zu erklären. Opfer wurden vor allem jene, die durch staatliche Fürsorge von jeglicher Selbsthilfe entwöhnt wurden. Den Angehörigen der informierten Mittelklasse ist das so fremd, dass sie sogar vermuten, man habe die

Warum sind die Armen arm? Und was wir dazu tun, dass das so bleibt.

Armen absichtlich einem grausamen Schicksal überlassen. Doch das ist schlicht falsch: Die meisten Armen wurden Opfer, weil sie davon ausgingen, dass ihnen selbstverständlich auch in dieser völligen Ausnahmesituation geholfen werden würde – so wie das auch in ihrem Alltag stets der Fall war. Dieser Aspekt des Helfens ist tödlich.

Mörderische Hilfe – warum Helfen tötet, wenn die Selbsthilfe fehlt.

Der Zugang zu Information und Bildung ist also eine Frage des Überlebens. Informationssysteme ermöglichen uns die systematische Anpassung an neue Verhältnisse. Sie geben uns eine Chance, neue Informationen, die täglich, ja stündlich die Welt verändern, wahrzunehmen und so auch gegen bedrohliche, einst als Schicksal empfundene Ereignisse zu handeln, also zu überleben.

Die Klimaveränderung kommt so oder so, und es sind, so viel steht fest, deutlich mächtigere Kräfte am Werk als nur Automobile und Industrieanlagen (die unbestritten ihr Teil beitragen). Die Frage ist, was wirklich Leben rettet und Schaden verhindert. Emissionshandel und Mäßigung, die in den Staaten, in denen sie zur offiziellen Staatsreligion gehören, einen dramatischen Abfall der wirtschaftlichen Leistungskraft bedeuten, sind keine Instrumente, die Welt besser zu machen.

Klüger wäre es, das meint auch der dänische Sozialwissenschaftler Bjørn Lomborg, eine Entscheidung für mehr Entwicklungshilfe und Informationshilfe zu treffen. Lomborg, ein sehr umstrittener Wissenschaftler, hat mit seinem Buch *Apocalypse No!* nachgewiesen, dass es sinnvoller wäre, den ungeheuren Energieaufwand, der heute noch in die Mäßigung gesteckt wird, in Anpassung und klare Entscheidungen zu investieren: Mehr Geld für die Dritte Welt, mehr Geld für deren Bildung statt ideologischer Scheingefechte, die weit an der Realität vorbeigehen. Anpassung ist ein evolutionäres Gesetz. Man kann davon träumen, dass sich Menschen die Welt so schaffen, wie sie es sich vorstellen. Tatsächlich sind wir aber weit von einem Zustand entfernt, in dem das passiert, was wir wollen. Nicht nur die Natur hält in Form von Erdbeben und Tsunamis Überraschungen bereit. Jedes System steckt voller Tretminen. Wer sich auf eine statische, langwierige, nicht mehr zu revidierende Methode einlässt, um der Wirklichkeit ein

Anpassung als Chance – und warum es wichtig ist, Prioritäten zu setzen: Bjørn Lomborg

Schnippchen zu schlagen, riskiert viel mehr als jene, die versuchen, sich neuen Situationen anzupassen. Vor lauter Panik und Sicherheitswahn, der ein Markenzeichen reicher, natur-entfremdeter Nationen geworden ist, wird die Einsicht verdrängt, dass wir weiterhin mit Überraschungen leben müssen. Mit der Vielfalt also.

Die biologische Konstanz der Vielfalt

Über die Natur der Vielfalt und die biologische Konstanz der Verschwendung.
Und welcher Öko-Richtung wir uns anschließen sollten.

Divergence is the least understood,
most powerful force in the universe
(Verschiedenartigkeit ist die am wenigstens verstandene,
stärkste Kraft im Universum)
Al und Laura Ries

Der Dombaumeister der Vielfalt: Richard Buckminster Fuller

Jeder hat sie schon einmal gesehen: Auf Flughäfen und auf militärischen Einrich-
tungen stehen halbrunde Kuppeln, unter denen sich Radaranlagen befinden. Sie
sind meist strahlend weiß, und ihre Gestalt ist reiner Zweck: Nichts vermag
Radiowellen so gut zu reflektieren wie sie. Wie das Sechseck der Bienenwabe die
optimale Zellenform darstellt, so ist die geodätische Kuppel das Optimum der
Oberfläche. Keine andere Form lässt sich mit solch geringem Materialaufwand so
stabil errichten. Geschaffen, also erdacht, hat sie der amerikanische Architekt und
Designer Richard Buckminster Fuller.
Sein Leben beginnt im Jahr 1895 im US-Bundesstaat Massachusetts, und es ist
zunächst eine Kette von Katastrophen und biografischen Brüchen. Der talentierte
Richard soll in Harvard studieren, doch die Routine der Eliteuniversität erträgt
er nicht. Er verlässt – mitten in der Wirtschaftskrise der späten zwanziger Jahre –
die Universität. Er ist so am Ende, dass er plant, sich umzubringen. Aber zuvor,
so wird er später erzählen, will er sich selbst ohne Rücksicht auf Konventionen
ausprobieren. Nachdem er sich von einer bürgerlichen Karriere und damit einem –
nach Ansicht der meisten Menschen – lebenswerten Leben verabschiedet hat, ist

Auf der Suche nach der
optimalen Oberfläche.

alles, was noch kommen mag, ein einziger Selbstversuch. Er bewirbt sich bei der US-Marine. Dort routiniert sich sein Geist. Richard Buckminster Fuller ist kein frei flottierender Künstler. Er ist, wie sein Biograf Martin Pawley schreibt, „zuerst und vor allem ein Pragmatiker". Design ist nicht Verhübschen. Design ist eine Wissenschaft, die nach den besten Lösungen sucht, um sie rücksichtslos zu verwerfen, wenn sich neue, bessere am Horizont zeigen. Er entwickelt für die Ford Motor Company einen Wagen, der nur einen Bruchteil der Materialien und Energie braucht, die für damalige Limousinen sonst veranschlagt werden mussten. Das ist sein Dymaxion-Prinzip, in dem die Grundlagen der Evolution, der Methodik der Natur, zum ersten Mal wissenschaftliche Anwendung finden. Bis zu Buckminster Fuller kopierten Menschen natürliche Strukturen als Ausdruck romantischer Weltflucht, und so ist es vielfach bis heute geblieben. Aber seit Buckminster Fuller gibt es auch die, die nach den wahren Prinzipien der Natur denken, bauen und konstruieren und den unendlich verschwenderischen Variantenreichtum der Natur zum Vorbild für künstliche Strukturen nehmen.

Die geodätische Kuppel – ein Meisterwerk der Verschwendung, der Vielfalt – und eine der nützlichsten Formen der Welt.

In den dreißiger Jahren wird seine geodätische Kuppel entwickelt, nach dem Zweiten Weltkrieg berühmt: Fast dreihunderttausend Gebäude auf der Grundlage von Buckminster Fullers Ideen entstehen weltweit. Zu Anfang der sechziger Jahre hat er einen kühnen Plan: Die Innenstadt von New York soll von einer gewaltigen geodätischen Kuppel überspannt werden. In dieser Biosphäre, wie Buckminster Fuller den dadurch entstehenden Lebensraum nennt, würden ausgeklügelte Systeme für ein konstantes Klima sorgen: nie zu kalt, nie zu warm. Energie, effektivst eingesetzt. Luftreinigungssysteme, die aus den gefilterten Abfallprodukten neue nützliche Ausgangsmaterialien erzeugen würden. Fünfzig Blocks sollten unter jener ersten Kuppel Platz finden. Die Hülle sollte ultraleicht sein, durchsichtig und dennoch ein sicheres Behältnis. Häuser versteht Buckminster Fuller als perfekte Maschinen, die sich den Bedürfnissen ihrer Benutzer dynamisch anpassen. Er forderte rigoros maximale Mobilität und maximalen Komfort. Buckminster Fuller war kein Zurück-zur-Natur-Apostel.

Und dennoch: Seit den siebziger Jahren wird er zunehmend zu einer Ikone der

*Umweltbewegungen, wohl deshalb, weil seine Konzepte maximale Freiheit und
Vielfältigkeit anstrebten und zugleich mit Rohstoffen äußerst effektiv umgingen.
Das ist aber nur die halbe Wahrheit über Buckminster Fuller, der sagte: „So etwas
wie Umweltverschmutzung gibt es nicht. Alles, was wir tun, wenn wir verschmut-
zen, ist, dass wir die Wiederaufbereitung schwieriger und nicht leichter machen."
Wie mit Gold, und wie mit Geld, das niemals schwindet, sondern neue Möglichkeiten
schafft, wird die Menschheit, wenn sie Buckminster Fuller ernst nimmt, künftig mit
Rohstoffen und Strukturen umgehen: verschwenderisch, ohne Grenzen und im
festen Wissen, dass es nicht die Stoffe sind, was uns bedroht, sondern die Art und
Weise, wie wir damit verfahren.*

**Was der Umwelt wirklich nützt:
Einfallsreichtum statt
Untergangswahnsinn.**

Effizienz ist unnatürlich

Effizienz und Effektivität werden häufig verwechselt. Auf der Suche nach der
Vielfalt und den Feinden der Verschwendung ist es aber sehr wichtig, diese
Begriffe genau auseinander zu halten.

Effektivität bedeutet, das Richtige zu tun. Effizienz aber heißt, die Dinge richtig zu tun. Man könnte zur Unterscheidung auch die alte Volksweisheit zitieren,
nach der gut gemeint noch lange nicht gut gemacht ist. Erst beides zusammen
führt dazu, dass das Richtige richtig getan wird.

Auch Begriffe wie „vielfältig", „verschiedenartig" und „unterscheidbar" teilen
dieses Schicksal.

Machen wir also einen Unterschied.

Im Jahr 2004 veröffentlichten die amerikanischen Marketingautoren Al und
Laura Ries ein bemerkenswertes Buch. Es beschäftigte sich, wie viele frühere
Werke der beiden erfolgreichen Autoren, mit der Frage, wie Unternehmen die
Wünsche ihrer Kunden genauer kennen lernen könnten. Das tut nun praktisch
jedes Buch, das sich in Buchhandlungen unter die Regalbezeichnung „Marketing"

**Der große Unterschied zwischen
Effektivität und Effizienz –
was Welten bewegt und
Welten zerstört.**

einsortieren lässt. Gut die Hälfte dieser Bücher beschäftigen sich mit Marken, auf Englisch *brands*. Marken wiederum sind nichts anderes als unverwechselbar. Sie ragen aus der anonymen Welt der Produkte und Dienstleistungen heraus. Das tun sie, weil sie mehr sind als ein Produkt oder ein bestimmter Service. Marken sind eingebettet in eine eigene Welt, die zwischen Kunden und Anbietern entsteht. Sie ordnen die Welt, machen die Wahl aus einem komplexen Angebot einfach und helfen damit, Zeit zu sparen.

Was wir von Marken lernen können – das System der Vielfalt funktioniert überall. Die Menschen lieben es.

Es ist ein Prinzip der Verschwendung und der Vielfalt, dass es einen ständigen Wettbewerb um Aufmerksamkeit geben muss. Wir sehen an Marken, wie perfekt selbstregulierend das System der Vielfalt ist. Einerseits machen sie Dinge einfacher und übersichtlicher. Andererseits sorgt der Mechanismus, aus dem Vielen etwas Besonderes machen zu müssen, für klare Wahrnehmung.

Marken verfolgen damit ein höchst menschliches Ziel, das zugleich auch das entscheidende Motiv aller Ökonomie ist: Sie sparen Zeit, sie ersparen durchaus aufwändiges Nachdenken über Alternativen, sie geben hohe Sicherheit durch konstante Qualität, sie sind berechenbar, auch wenn sie nicht billig sind. Das ist ungeheuer praktisch.

All das wurde lange vor dem Buch von Al und Laura Ries gedacht und für richtig befunden. Die Leitidee des Werks war ebenfalls nicht neu: Die Natur dient als Vorbild für richtiges Wirtschaften. Seit den siebziger Jahren gibt es wohl kaum ein Beratungsunternehmen, das sich nicht auf derlei beruft. Und dennoch: Das meiste davon ist ganz und gar nicht natürlich, ganz besonders nicht die Methoden, die als besonders „umweltfreundlich" und „naturorientiert" gelten. Was die Bewohner der so genannten Ersten Welt für umweltfreundlich halten, ist nichts weiter als eine verklärte Vorstellung von der Welt und ihrem Motor, der Evolution. Bei den Riesens aber handelt es sich nicht um dieses landläufige Missverständnis. Sie haben erkannt, welche Kraft uns antreibt. Sie nannten ihr Buch *The Origin of Brands (Die Entstehung der Marken)*.

Der rote Faden der Vielfalt

Dieser Buchtitel ist ein Rekurs auf das entscheidendste wissenschaftliche Werk des 19. Jahrhunderts, das häufig zitiert, aber wie viele bedeutende Werke kaum gelesen und selten verstanden wurde: *The Origin of Species (Die Entstehung der Arten)* von Charles Darwin aus dem Jahr 1859.

Dieses revolutionäre Werk mündet in die Einsicht, die Al und Laura Ries als roter Faden für ihr Buch zum Thema Marketing dient. Es ist eine Einsicht, die alles über den Haufen wirft, was Menschen in entwickelten Industrienationen unter Begriffen wir Ordnung, Einheit, Gleichheit und Wahrheit verstehen. Verschiedenartigkeit ist die wichtigste Kraft dieser Welt.

Warum Verschiedenartigkeit viel wichtiger ist als Gleichheit, Einheit und Ordnung.

Verschiedenartigkeit ist der reale Ausdruck des Unterschieds. Und um den geht es überall. Im Universum und am Stammtisch, in der Wirtschaft, beim Sport und in der Kultur.

Verschiedenartigkeit ist allen Menschen extrem wichtig, auch wenn sie über viele Generationen hinweg auf das Gegenteil und den schlimmsten Feind der Verschiedenartigkeit, die Gleichheit, getrimmt wurden.

Es geht also um den *Unterschied*.

Bei der Verschiedenartigkeit reden wir nicht mehr über eine verschwommene Masse, aus der Wahlmöglichkeiten, die zur richtigen Zeit für das richtige Individuum jeweils bestehen, irgendwie herausgefiltert werden müssen. Verschiedenartigkeit ist das Endprodukt dieses Prozesses. Alle Lebewesen und Pflanzen sind so einmalig und unverwechselbar, wie Prozesse und Methoden es auch sind. Jedes einzelne in dieser Vielfalt hervorgebrachte Individuum ist wiederum treffsicher unterscheidbar (wofür letztlich der genetische Code verantwortlich ist). Dies ist von großer Bedeutung: Der auf Einheit getrimmte moderne Mensch ängstigt sich ausgerechnet vor der Vielfalt, weil sie ihm unübersichtlich erscheint. Tatsächlich gibt es nichts Präziseres. Die Evolution ist, was die korrekte, punktgenaue Auswahl angeht, weitaus zuverlässiger als jeder Erbsenzähler.

Die Qualität der Verschwendung: Verschiedenartigkeit.

Wie kann es sein, dass eine mehr als hundertfünfzig Jahre alte Erkenntnis wie die Evolutionstheorie noch immer nicht in den Köpfen der Bürger angelangt ist?

Gegen die Natur

Darwins Erkenntnis, dass *Verschiedenartigkeit* die treibende Kraft der Natur ist, dass die Unterscheidbarkeit die eigentliche Substanz des Lebens und des Fortschritts ist, kam zur Unzeit. Er kämpfte zeitlebens mit sturen Professoren, Priestern und Konservativen, die in der Evolutionstheorie die endgültige Absage an die Schöpfung erkannten.

Vielfalt im Schaufenster ist gut. Vielfalt im Denken ist schlecht. Missverständnisse am Ende der Industriegesellschaft.

Doch ein viel stärkerer Feind als die schon damals geschwächten Religionen war der Industrialismus, der, vorsichtig gesagt, mit Darwins Theorien überhaupt nichts anfangen konnte. Einheit, Einheit über alles, das war und ist bis heute vielfach das Gebot einer Gesellschaft, die sich vor der wirklichen, aufrichtigen Auseinandersetzung mit der Natur fürchtet. Sie meidet diese Konfrontation, weil vieles von dem, was heute richtig und gut erscheint, wie ein Kartenhaus zusammenbrechen würde. So darf Vielfalt vielleicht noch im Rahmen des Warenangebots existieren, keineswegs aber durften Vielfalt und Verschiedenartigkeit die Grundlage der Gesellschaft und des wirtschaftlichen Systems werden.

Charles Darwin gegen die Einfältigen: Nach wie vor kein klarer Sieg.

Vom Tag der Erstveröffentlichung an musste sich Darwin mit seiner Vielfaltstheorie den dümmsten und hinterhältigsten Gemeinheiten und Intrigen stellen. Im Schlusswort einer der nächsten Ausgaben schrieb er: „Die Kraft beständiger falscher Darstellungen ist zäh; die Geschichte der Wissenschaft lehrt aber, dass diese Kraft glücklicherweise nicht lang anhält." Er sollte sich irren. Heute, fast einhundertfünfzig Jahre nach Erscheinen von *The Origin of Species,* verteidigen Gralshüter der Einheitswelt ihre überkommenen Theorien ebenso zäh wie Darwins Gegner ihre „Schöpfungsgeschichte".

Schon den frühen Kritikern des Industriezeitalters war klar, dass die neuen Zeiten zu einem Einheitsbrei werden würden. Schon nach wenigen Jahren des Gleichmachens von allem und jedem wuchsen aus den Industriekonzernen Trusts, Kartelle, einheitliche Diktaturen, die zu nichts anderem nütze waren als dazu, jede Vielfalt gnadenlos aus der Welt zu schaffen.

Nach wissenschaftlichen Kriterien ist der Industriekapitalismus unnatürlich. Allerdings ist es schwierig, diese Aussage einfach so stehen zu lassen. Doch gerade die Kritiker eines ungehemmten Kapitalismus der Economy of Scale haben sich in den vergangenen Jahrzehnten – bewusst und unbewusst – als seine treuesten Verbündeten erwiesen. Oft wird Vielfalt wortreich beschworen und ihr Gegenteil, dumpfe Einheit, erreicht. Das gilt vor allem für zwei einflussreiche Strömungen des letzten Drittels des 20. Jahrhunderts: die Umweltbewegung und die Management-Theorien.

Die Wirtschaft der Größe – ein Irrtum mit schweren Folgen, an denen wir bis heute leiden.

In beiden Lagern geht es oft nur um die Verbesserung des bestehenden Systems, nicht aber darum, echte Alternativen zu denken. Eine Alternative ist ein Systemwechsel, kein halbherziges Reparieren eines bestehendes Misstandes. Es ist leicht nachzuvollziehen, dass eine Reparatur immer eine kurzfristige Problemlösung ist. Weil sowohl die Umweltbewegung als auch die Managementberater sich der raschen, effizienten Problemlösung verschrieben haben, entsteht jenes Flickwerk an „Maßnahmen" und „Aktionen", die heute so charakteristisch sind für das, was wir Sinnkrise nennen.

Heute ist die Grenze zwischen den Beratern für das Ökologische und denen für das Ökonomische nicht mehr ganz trennscharf. Das ist auch einleuchtend. Denn längst gehört es zum guten Ton in großen Konzernen, die Wahrnehmung ökologischer Verantwortung ebenso zu behaupten wie das intensive Eingehen auf die Bedürfnisse und Lebensinteressen der Mitarbeiter. In beiden Fällen allerdings stimmt die Bilanzsumme der Behauptungen ganz und gar nicht: denn in den letzten zwei Jahrzehnten ist der Abstand zwischen guten Worten und unterlassenen Taten auf beiden Feldern, dem Umweltschutz wie der so genannten Humanisierung der Industriegesellschaft, überdeutlich geworden.

Das liegt daran, dass sich manche Dinge eben nicht reparieren lassen. Man muss sie neu denken.

Der Quoten-Irrtum

Vielfalt und vor allem Verschiedenartigkeit, also der deutlich erkennbare Unterschied, spielen in der Umweltpolitik wie in der Unternehmensberatung nur eine untergeordnete Rolle.

Warum Frauenquoten nichts bringen und wie gut es ist, dass sich die Geschlechter unterscheiden.

Welchen Einfluss etwa hat eine Frauenquote auf das Grundsystem eines auf Einheit und Economy of Scale ausgerichteten Wirtschafts- und Gesellschaftsmodells? Man kann, wie das immer wieder geschieht, behaupten, dass dadurch langfristig das Verhalten der nach wie vor von Männern dominierten Vorstandsetagen verändert wird. Aber welches Verhalten ist hier typisch Mann, welches typisch Frau? Nahezu alle Beispiele weiblicher Unternehmensführung beweisen nichts weiter, als dass Frauen weder schlechtere noch bessere Vorstände sind als Männer. Es ist eine programmierte Enttäuschung. Denn nur Frauen (und Männer), die entschlossen sind, die Welt der Einheit zu verlassen und stattdessen auf Verschiedenartigkeit zu setzen, verändern das System – und das wiederum gelingt nur, indem man Alternativen dazu aufbaut.

Sehr ähnlich verläuft auch die Debatte in Bezug auf die Integration von Minderheiten aller Art. Auch hier fehlt bis heute jeglicher Beweis, dass eine künstlich auf multikulturell getrimmte Organisation, die sich jedoch in jeder anderen Hinsicht alter Methoden der Vereinheitlichung bedient, automatisch besser würde, nur weil die Teile des Systems besonders vielfältig wären. Der Irrglaube hat damit zu tun, dass diese als große Veränderungen gedachten Vorhaben immer innerhalb des Systems ausgeheckt werden. Man verändert ein paar Parameter, etwas Gewicht, Hautfarbe, Geschlecht – und schon sind die alten Fehler überwunden.

So einfach ist es nicht mit der Vielfalt, mit der Verschiedenartigkeit. Die alten Fehler beruhen auf alten Grundlagen, und die werden mit dem Auswechseln der Personen, der Geschlechter, ihrer wahren und vermeintlichen Rollen nicht angetastet. Das ist der Grund, warum von einer mit viel Verve geführten Emanzipationsbewegung in der Praxis nicht viel mehr geblieben ist als Frustration.

Die Emanzipationsbewegung oder: Vielfalt in vitro.

Um sich den Verlauf dieser In-vitro-Entwicklungen zu verdeutlichen, kann man einen Blick auf eines ihrer jüngsten Beispiele richten, das Diversity Management.

In ganz allgemeiner Bedeutung wird damit der amerikanische Begriff *Diversity*, für Vielfalt, als Faktor in Personalführung und Entwicklung eingeführt. Man schreibt diesem Konzept nahezu magische Fähigkeiten zu. Diversity Management sei in der Lage, aus der Kultur der Einheit heraus einen radikalen Wechsel zu vollziehen. Das sollte man sich genauer ansehen.

Die deutsche Lufthansa AG hat dazu unter der Überschrift *Frequently Asked Questions im Zusammenhang mit Diversity Management bei Lufthansa* ein Arbeitspapier im Internet veröffentlicht. Weil dieses Papier im Großen und Ganzen die Intentionen von Diversity Management, wie es heute betrieben wird, in voller Bandbreite abbildet, ist es ein aufschlussreiches Dokument über das gegenwärtige Verständnis von Vielfalt und Verschiedenartigkeit. Darin heißt es:

Vorsicht, Diversity Management! Oberflächliche Vielfalt ist schlimmer als tiefe Einfalt.

„Diversity bedeutet ‚Vielfalt‘. Das Hauptaugenmerk wird dabei auf Gender (Geschlecht), Herkunft (Nationalitäten, Ethnien, Religionen), Alter, Behinderung und sexuelle Orientierung gelegt.“ – „Unter Diversity Management ist bei Lufthansa der zielgerichtete Umgang mit der Heterogenität – zum Nutzen des Unternehmens und der Mitarbeiter gleichermaßen – zu verstehen.“ Und weiter: *„In der heutigen Organisationsform hat der Vorstand den Themenkomplex Diversity Management eingeleitet. Es findet eine aktive Unterstützung statt.“*

Es folgt eine Aufstellung aller Vorhaben und Projekte, die bei dem Luftverkehrsunternehmen im Rahmen des vom Vorstand initiierten Vielfalts-Wettbewerbs eine Rolle spielen sollen: Kinderbetreuung, Arbeitszeitflexibilisierung, Beschäftigung über vierzigjähriger Arbeitnehmer, interkulturelle Teams und die Gleichstellung gleichgeschlechtlicher Lebenspartnerschaften. All diese Prozesse sind lobenswert, einige davon sind sogar grundlegend wichtig, um eine neue Balance zwischen Arbeits- und Privatleben herzustellen. Aber: Das Konzept Diversity Management, wie es heute – und in diesem Beispiel – verstanden wird, bleibt noch weit hinter seinen Möglichkeiten zurück.

Warum jedes System seine nützliche Idioten liebt und wie sich die dabei noch gerecht behandelt fühlen.

Im Grunde werden die Versatzstücke der alten Emanzipationsbewegung noch einmal neu aufgerollt und mit den industriellen Forderungen nach Rationalisierung und höchster Effizienz des Produktionsmittels Mensch kräftig untermischt. Wieder also Effizienz, das Ausreizen des Systems. Es erfolgt unter tätiger Mithilfe von Gutmenschen und vielen gewiss gutgläubigen Bürgern, die den Grunddefekt des effizienten Systems erahnen, aber seinem Wesen nicht auf die Schliche gekommen sind. Bei Lenin, dem Gründer der Sowjetunion, einem großen Verehrer des industriellen Effizienzsystems, hießen diese Menschen „nützliche Idioten".

Das Problem dieser Art Diversity Management ist nicht der Versuch, eine bessere, vielfältigere Arbeits- und Lebenswelt zu planen. Worin bestünde die? Doch nur in der größtmöglichen Freiheit, Verschiedenartigkeit auch leben zu können. In der Freiheit etwa, zu arbeiten, wann, wie und wo es dem Einzelnen gefällt. In einer Arbeitswelt, die von Ergebnissen statt von schrulligen Normen und pseudoliberalen Phrasen durchdrungen ist. Doch wenn sich alte Konzerne um ein neues Image bemühen, Corporate Governance und Corporate Identity und all den anderen Kram pflegen, dann tritt zutage, wie Werte-frei diese ihre Welt im Grunde ist. Wo Sonderbeauftragte die Einhaltung der Verschiedenartigkeit nach einer genau definierten Checkliste überprüfen, kann Vielfalt nicht existieren.

Worte allein verändern eben nichts.

Die Schul-Fabrik

Jede Norm zielt auf die möglichst reibungslose Herstellung von Mittelmaß ab, also berechenbaren Durchschnitt. Schulen und vielfach auch Universitäten und Hochschulen sind äußerst wichtige Träger dieses Systems. Ein „guter Schüler" ist nicht einer, der in einem oder vielleicht zwei Fächern brilliert, sondern ein Mensch, dem es gelingt, in allen Fächern gleichmäßig dem Lehrplan zu entsprechen. Seit Jahrzehnten wissen Neurologen und Gehirnforscher, dass diese Vorstellung mit der Realität nichts zu tun hat. Begabungen und Talente sind im Gehirn, dem Teil also, das beim Lernen beansprucht wird, bei jedem Menschen unterschiedlich akzentuiert. Ein brillanter Mathematiker, der ein hohes Abstraktionsvermögen mitbringen muss, wird selten ein famoser Dichter sein. Die Realität der Vielfalt ist anders, als es Sozialingenieuren in den Kram passt. Warum also müssen unterschiedlich talentierte junge Menschen über einen Kamm geschoren werden? Der amerikanische Zukunftsforscher Alvin Toffler hat sich in seinem fulminanten Buch *Future Shock (Der Zukunftsschock)* von 1970 den Ursachen und Wirkungen des Schulsystems der industriellen Ära ausführlich gewidmet. Was Toffler bereits in den sechziger Jahren dachte, ist bis heute die präziseste Analyse eines Systems geblieben, dessen einziges Interesse in der einheitlichen Konditionierung großer Mengen künftiger Produktionsfaktoren liegt.

„Das mechanische Zeitalter hat alles zerschlagen, denn der Industrialismus verlangte einen ganz neuen Menschentyp. Er forderte Fertigkeiten, die weder die Familie noch die Kirche liefern konnten. Er erzwang die Umwälzung des Wertsystems. Vor allem aber machte er notwendig, dass der Mensch ein neues Zeitgefühl entwickelte."

Vor dem industriellen Zeitalter hatten Kinder und Erwachsene eine heute nicht mehr vorstellbare Beziehung zur Zeit. Der Alltag wurde geregelt durch den Sonnenstand und die Jahreszeiten. In den meisten Haushalten fehlten Uhren, denn ihr Nutzen war gering. Wissen wurde zwischen den Generationen durch praktische Übung weitergegeben. Die Alten galten als weise – die Jungen hinwiederum

Den Willen brechen – das mechanische Zeitalter und die Tyrannei der Schule.

Wie die Einfalt uns von der Welt entfremdet – und uns unseres natürlichen Wissens beraubt.

91

sahen es als ihre Aufgabe an, dieses Lebensziel selbst erreichen zu können. Die allermeisten Kenntnisse und Fertigkeiten, die ein Mensch im vorindustriellen Zeitalter erwerben konnte, waren seit langem bekannt. Nur wenige Neuerungen durchdrangen diese Lebenswelt, und sie durchzusetzen war ungeheuer schwierig. Nicht allein mangelnde Verkehrs- und Kommunikationsnetze hinderten neues Wissen an seiner Verbreitung, sondern die Beständigkeit der Art und Weise, wie sich Wissen vermittelte.

In diese starre Idylle brach der Industrialismus mit einer Wucht ein, deren Schockeffekt gewaltig gewesen sein muss. Es genügte nicht, Menschen für die neue Produktionsweise in Fabriken zu gewinnen. Ein neuer Mensch musste geschaffen werden. Der Ort, an dem das geschehen musste, hieß Schule.

Die Schulfabrik – abrichten, dressieren, dumm machen: Voraussetzungen für eine glanzvolle Karriere.

„Der Industrialismus konstruierte ein neues Bildungssystem für die Massen, einen sinnreichen Apparat, um den benötigten Menschentyp zu konstruieren. Das Problem war außerordentlich komplex. Wie passte man Kinder einer neuen Welt an, einer Welt der eintönigen Plackerei in Fabrikhallen, des Rauches, des Lärms, der Maschinen, der beengten Wohnverhältnisse, der kollektiven Disziplin, einer Welt, in der die Zeit nicht durch den Kreislauf von Sonne und Mond, sondern durch Fabriksirenen und Stechuhr eingeteilt wurde?", fragt Toffler, und die Antwort lautet: indem man ein Bildungssystem schafft, das diese Struktur der neuen Welt bis ins Kleinste simuliert. Sehen wir uns dazu ein Klassenzimmer an: Beengt sitzen Kinder in engen Stuhlreihen. Es gibt, wie bei der Schicht in der Fabrik, ein durchdringendes Klingelsignal, das den Wechsel des Unterrichtsstoffes – oder der Produktion – verkündet. Das Benotungssystem stützt die autoritäre Rolle des Vorarbeiters, der in der Schule Lehrer genannt wird, und die wichtigste Tugend aller Insassen ist es, sich vollständig dem Lehrplan und seiner Ordnung zu unterwerfen. Diese Schulfabrik dient ganz offensichtlich dem Zweck, Menschenmaterial zu selektieren – und viele der für dieses System Verantwortlichen haben das auch ganz offen eingestanden.

Der Präsident der University of Princeton, einer der führenden Bildungseinrichtungen der westlichen Hemisphäre, sagte im Jahr 1909 bei einer Rede vor der New York City School Teachers Association Folgendes: „Wir wollen eine Klasse von Personen, die eine liberale Bildung haben, und wir wollen eine weitere Klasse von Personen, eine sehr viel größere Klasse, [...] die auf die Privilegien einer liberalen Bildung verzichtet und sich selber anpasst, um speziell schwierige, manuelle Aufgaben auszuführen." Der Mann, der das sagte, hieß Woodrow Wilson und wurde vier Jahre später zum 28. Präsidenten der Vereinigten Staaten gewählt.

Es ist ein fragwürdiges Verdienst Deutschlands, dieser Sichtweise von Bildung und Schule – als Rohstofflieferant für Produktion und Führung gleichermaßen – die entscheidenden Impulse geliefert zu haben. Zwar lag das Land zu Beginn der Industrialisierung technologisch weit hinter Mitbewerbern wie Großbritannien zurück, doch fraglos hatte sich, zumal im Königreich Preußen, eine äußerst effiziente Sichtweise vom „Material Mensch" entwickelt, die sich in Militär und Bildungswesen niederschlug. Was der Rekrutierung für ein nur am Rande aufgeklärtes Regime dienen sollte, erwies sich im beginnenden Industrialismus als famose Idee: Die preußische Erziehungsanstalt, schreibt der amerikanische Pädagoge John Taylor Gatto, zielte von jeher darauf ab, „mittelmäßige Geistesschärfe zu produzieren, um das innere Leben zu verkrüppeln, um den Schülern nennenswerte Führungsqualitäten zu verweigern und um fügsame und unvollendete Bürger zu garantieren, um das gemeine Volk ‚kontrollierbar' zu machen".

Schulen als Rohstofflieferanten für die Industriegesellschaft.

Eine Methode, die – zynisch gesagt – eine der großen Optimierungen der letzten hundertfünfzig Jahre war: Gefügige Bürger unter Kontrolle, frühzeitig dressiert und für das System kompatibel gemacht, fein säuberlich selektiert in Ausführende und eine dünne Schicht Anweisende.

Oben und unten: Wie das Einheitsregime funktioniert und Vielfalt zerschlägt.

Je deutlicher aber der Zusammenbruch des Industrialismus wird, desto unsinniger wird die „Schulfabrik". Wie so oft finden sich die Politiker der führenden Industrienationen in einer schizophrenen Situation wieder. Einerseits wird der Output der Schulfabrik dringend gebraucht – gefügige, berechenbare Bürger. Andererseits lassen sich die gewaltigen Umverteilungs-Maschinen nur mehr durch massive Breitenbildung erhalten. Die Lösung für dieses Problem schien in den siebziger Jahren die Einheitsschule, deren Ergebnisse aber so trostlos sind, dass wir uns einen Blick darauf ersparen wollen.

Waffen gegen die Dikatur der Einfalt: Entscheiden und Handeln.

So wie genetische Differenzierung das Überleben einer Art sichert, so ist Bildungsvielfalt die einzige Chance, in einer sich rasch verändernden Welt das Überleben von Gesellschaften zu sichern. Das jedenfalls hat Toffler der Schulfabrik als Schlussfolgerung empfohlen. So leidet der Schulbetrieb daran, dass zu wenig Experimente möglich sind, und zwar praktische, die vor allem eines lehren: sich zu verändern, sich zu entscheiden. Beide Tugenden sind essenzielle Schlüsselqualifikationen für die Zukunft und der zuverlässigste Garant für Vielfalt.

Vom Kirschbaum lernen heißt verschwenden lernen

Kein Problem kann mit der Denkweise gelöst werden,
mit der es entstanden ist.
Albert Einstein

Im Oktober 1998 veröffentlichten der Chemiker Michael Braungart und der Architekt William McDonough, zwei Ikonen der Umweltbewegung, einen Beitrag in *The Atlantic Monthly*. Der Aufsatz trug den Titel *The Next Industrial Revolution*. Was ist mit dieser „nächsten industriellen rEvolution" (so die deutsche Titelschreibweise) gemeint? Schlicht die Zertrümmerung des alten Weltbildes, das die Industrie, aber auch die in ihr entstandene Ökologiebewegung bis heute hochhalten: des falschen Prinzips der Effizienz. „Die menschliche Industrie in ihrer bisherigen Gestalt ist eine Einrichtung von sehr beschränkter Intelligenz", schreiben die beiden Revolutionäre, „sie folgt einer linearen Produktionsweise ‚von der Wiege bis zur Bahre'."

Was damit gemeint ist: Kleine Veränderungen am bestehenden System, die

etwa aus einer Autokarosserie eine Blechdose formen, sind Unfug. Die Schlacht-
rufe der Umweltbewegung, die in Rio de Janeiro im Jahr 1992 die „drei Gebote
der Öko-Effizienz: Vermindern, (Wieder-)Verwenden, Verwerten" ausgegeben
hat, sind falsch. Sie sind gefährlich. Unwissenschaftlich. Romantischer Unfug.

Und das schreiben zwei selbst Umweltbewegte. McDonough ist hochdeko-
rierter Architekt, dessen Arbeit vielfach mit der Buckminster Fullers verglichen
wurde. Michael Braungart, gelernter Chemiker, gründete die Chemie-Division
der Umweltbewegung Greenpeace. Er besetzte Chemiefabriken in ganz Europa.
Und lernte dabei, dass es nicht reicht, zurückgehen zu wollen.

Öko-Effizienz, sagen uns Braungart und McDonough, bedeute: „Doing more
with less". Das ist eine bekannte Formel des Industrialismus. Immer mehr heraus-
holen mit immer weniger Einsatz. Das nennt man Economy of Scale. Henry Ford
gab das Evangelium vor: „Es muss gelingen, das meiste aus der Energie, dem
Material und der Zeit herauszuholen." Dieser Satz des Gottvaters des
Industriekapitalismus, so meinen Braungart und McDonough, „könne sich jeder,
der sich zur Öko-Effizienz bekennt, problemlos als Motto an die Wand nageln".

Stattdessen empfehlen die Autoren Öko-Effektivität, den Neuanfang. Am
besten, indem man sich mal einen Kirschbaum ansehe.

Der produziere in jedem Frühjahr „Tausende von Blüten, nur damit *ein* neuer
Baum keimen, Wurzeln schlagen und wachsen kann. Wer würde, den Teppich
von Kirschblüten betrachtend, der im Frühling den Boden bedeckt, auf die Idee
kommen zu denken: ‚Wie ineffizient' und ‚Was für ein Abfall'?".

Genau das ist der Punkt: „Die Natur, höchst produktiv, erfolgreich und schöp-
ferisch seit Jahrmillionen, ist nicht effizient, sondern effektiv. Der Überfluss, den
der Baum produziert, ist nützlich und völlig ungefährlich." Die wunderbare
Verschwendung wird Nahrung, Dünger. „Abfall ist Nahrung", und: „Abfall, der
Abfall bleibt, existiert nicht".

Bleibt man beim linearen System, erklärt also Recycling und Abfallbeseitigung
für allein selig machend, dann ist die kritische Grenze bei einer Population von
fünfhundert Millionen Menschen auf der Erde erreicht. Mit den Mitteln der Öko-

Ökologisten und Industriekapitalisten: zwei Holzwege
auf einen Blick.

Effektivität, sagen McDonough und Braungart, „könnte eine neue industrielle Revolution auf den Weg gebracht werden, die 20 Milliarden Menschen eine würdige Existenz ermöglicht – und die Ko-Existenz mit den anderen Lebewesen des Planeten“. Dazu jedoch müsste zunächst den Minimierungsideen der herrschenden Ideologien der Kampf angesagt werden.

So schwer sei das alles nicht zu verstehen, meint Michael Braungart. „Wenn Sie in China zum Abendessen eingeladen sind, und Sie gehen bei ihren Gastgebern nicht aufs Klo, dann gilt das als Beleidigung.“ Ganz einfach deshalb, weil man dort den Abfall, den Dünger, als wertvoll und wichtig erkannt habe. „Die Natur ist ungeheuer verschwenderisch. Verschwendung ist ihr zentrales Prinzip“, nennt das Michael Braungart.

Für ihn steckt hinter dem gegenwärtigen, sehr verbreiteten Bild von Umweltschutz und Ökologie ein „romantisierendes Naturbild, in dem gleichzeitig ein sehr negatives Menschenbild enthalten ist. Da geht es um Katharsis, um Leiden, der Mensch soll, weil er als Verursacher aller Leiden auf diesem Planeten gilt, möglichst aus dem Verkehr gezogen werden. Und mit ihm alles, was er macht und tut, das ist die Recycling-Philosophie. Wer die Natur überhöht, muss gleichzeitig den Menschen schlechter machen, als er ist. Und natürlich alles, was der Mensch erzeugt. Das muss weg“.

Im industrialistischen Einheitssystem, das sich die etablierten Umweltbewegungen längst zu Eigen gemacht haben, ist der Mensch ein Störfaktor. „Diese Leute sind um jeden Menschen froh, den es nicht gibt.“

Recycling gaukele vor, dass aus einem Ausgangsstoff wieder ein gleichwertiges Produkt werde. Doch was tatsächlich mit Papier, Plastik, Glas und anderen im viel beschworenen Kreislauf der Wiederverwertung eingesetzten Stoffen passiert, ist: Sie werden verdünnt. Sie werden systematisch verwässert, schlechter gemacht. Denn nicht ihre möglichst lange Verwendung ist das Ziel aktueller Recyclingpolitik, sondern ihre Entsorgung. Weil die, der Ausgangsstoffe wegen, kompliziert und teuer ist, versucht man es mit der Salamitaktik: Die Abfälle sollen in Raten aus der Welt geschafft werden. Dem hält Braungart ein völlig neues

Warum man bei seinem Gastgeber aufs Klo gehen sollte, wenn der Abend nett war und man sich bedanken möchte.

Ökologismus am Rande des Wahnsinns: Warum Fundamentalisten sich über jeden Menschen, den es nicht gibt, freuen.

Konzept entgegen: nicht vermeiden, sondern benutzen – also nicht den Rohstoff durch etliche Verdünnungs- und Verschleierungsmaßnahmen langsam und unter durchaus hohem Energie- und Kosteneinsatz „unschädlich" machen, sondern von Haus aus einen so guten Rohstoff erzeugen, dass er problemlos und ohne Verlusterscheinungen möglichst lang unter uns weilt – und benutzbar bleibt.

Unter anderem regte sein Unternehmen die Entwicklung neuer Kunststoffsitzbezüge für den neuen Airbus A-380 an. Die sind aus reinem „Plastik", allerdings einem so hochwertigen Material, dass man durchaus den ganzen Sitzbezug essen kann – folgenfrei.

Braungart propagiert das ungehemmte Wegwerfen, „das ist ein in der Natur essentieller Vorgang. Die Natur ist kein aufgeräumter Ort, wo nichts abfällt und liegen bleibt. Ständig wird etwas weggeworfen. An das Kleinmachen, an das Wegmachen glauben vor allem die, die Menschen für böse halten, die Natur nur für gut, und dabei einige Kleinigkeiten übersehen: zum Beispiel die Tatsache, dass die mit Abstand giftigsten Stoffe Naturstoffe sind".

Richard Buckminster Fuller hätte an diesen Kirschblütenkriegern seine Freude gehabt. Während das offizielle Deutschland schockiert ist von diesen Thesen, lehren Braungart und McDonough ihre neue Theorie der natürlichen Verschwendung an den besten Universitäten der Welt, unter anderem am MIT in Boston. Und selbst Prince Charles hört zu, wenn Michael Braungart ihm, Britanniens erstem Birkenstockträger, die Leviten liest.

Wegwerfen ist erste Bürgerpflicht – wer seinen Planeten liebt, lässt was liegen.

Die Natur der Verschwendung

Nichts wegwerfen? Alles sauber halten? Unsinn. Die Natur verschwendet immer. Sie ist nicht sauber. Sie ist auch nicht überschaubar.

Sortenvielfalt, Artenvielfalt – wie oft haben wir diese Schlagwörter in den letzten Jahren gehört. Bestätigt das nicht auch, dass sich die Welt in den letzten Jahren immer mehr darüber klar wurde, dass wir mit einheitlichen, zentralen Systemen nicht mehr weiterkommen? Im Grunde lautet die Antwort Ja. Es gibt aber auch ein wichtiges Aber. Denn die Erkenntnis, dass Vielfalt für unsere Existenz ganz entscheidend ist, ist eine Sache. Wie mit dieser Vielfalt zuweilen noch umgegangen wird, ist eine andere.

Nehmen wir an, wir wollten den Vielfaltsbegriff der letzten dreißig, vierzig Jahre einer bestimmten gesellschaftlichen und politischen Gruppe zuordnen. Wir fragen also: Wer hat sich um die Vielfalt besonders verdient gemacht? Die Antwort dürfte den Bürgern entwickelter Industriestaaten nicht allzu schwer fallen: die Ökologiebewegung. Tatsächlich hat es den Anschein, dass die Umweltbewegung als krasser Widerspruch zum alten Industrialismus zur Welt kam – und dieser Widerspruch bis heute die treibende Kraft hinter politischen und gesellschaftlichen Ideen ist, die als – im weitesten Sinne – ökologische gelten. Es lohnt sich, diesen kulturell und intellektuell bedeutsamen Weg nochmals in angemessenem Tempo zu begehen, um zu sehen, ob nicht die eine oder andere Sackgasse abgeht.

Eines der Werke, von denen die zunächst in den USA, dann in Europa wachsende Zahl an Umweltschützern am stärksten beeinflusst wurde, erschien im Jahr 1962: *Der stumme Frühling* von der Biologin Rachel Carson. Carson übt in diesem bis heute faszinierenden Buch fundamentale Kritik an der Art und Weise, mit der der Industriekapitalismus mit Ressourcen und Menschen umgeht. Hier werden zum ersten Mal fundiert der massenhafte Einsatz von Pestiziden und seine Auswirkungen auf den Nahrungskreislauf beschrieben. Auf dem Höhepunkt des amerikanischen Teils des Wirtschaftswunders – die USA befanden sich nach dem

Wie wir zu unserem heutigen Umweltbegriff gekommen sind, in dem Verschwendung eine üble Rolle spielt – und was wir daran ändern müssen.

Krieg ebenso wie Deutschland in einer außergewöhnlichen Wachstumsphase –
setzte Carsons Buch eine Zäsur. John F. Kennedy ließ kurz vor seiner Ermordung
eine Kommission bilden, die sich vorwiegend auf der Grundlage von Rachel
Carsons Aussagen mit der Frage der Bewertung von Umweltschäden in der industriellen Produktion auf höchster Ebene beschäftigen sollte.

Kennedys Nachfolger, Lyndon B. Johnson, setzte sich mit noch größerer
Vehemenz für den Schutz vor giftigen Stoffen ein. Der naturverbundene Texaner
schuf letztlich die Voraussetzungen dafür, was wir heute Umweltpolitik nennen:
Im Jahr 1969 gab der amerikanische Kongress seine Zustimmung zu einem
neuen Gesetz, dem National Environmental Policy Act. Jede neue Verordnung,
jede Regelung, jedes Gesetz der Regierung musste fortan auch eine Einschätzung der Folgen für die Umwelt beinhalten. Ein Jahr danach wurde in
Washington die Environmental Protection Agency ins Leben gerufen, sukzessive
folgten weitere Gesetze zum Schutz von Luft, Wasser und gefährdeten Arten.

In Europa sorgte mehr noch als die in den USA nun auch staatlich legitimierte
Umweltpolitik, die man bald schon übernehmen sollte, ein 1972 unter Feder-
führung des Sozialwissenschaftlers Dennis Meadows erschienener Bericht für
Aufsehen: *The Limits of Growth (Die Grenzen des Wachstums)*. Dieser Report war
eine Mischung von Ergebnissen der gleichnamigen Konferenz, die bereits 1969
unter Teilnahme führender Umweltexperten aus neununddreißig Nationen in
Rom stattgefunden hatte und aus der sich der so genannte „Club of Rome" ablei-
ten sollte, und einer Reihe von Meadows (in der Regel falsch) berechneter
Modelle der künftigen Entwicklung. Die Kernaussage des „Club of Rome"-
Reports ist bekannt: In absehbarer Zeit gehen alle Ressourcen, die die entwickelte Industriegesellschaft braucht, zur Neige. Es wurde zur Umkehr gemahnt.

Auf unserer Suche nach dem Sinn von Verschwendung und Vielfalt ist es
wichtig, sich diese Initialzündung der europäischen Umweltbewegung, die die
Namen Vielfalt und Alternative wie in einem Wappenspruch führt, zu vergegen-
wärtigen. Denn zum einen war der Aufbruch selbst, ganz unabhängig davon, ob
die von Carson und Meadows angekündigten Apokalypsen realistisch waren

**Die Grenzen des Wachstums –
ein Rechenfehler mit Methode.**

**Der falsche Aufbruch –
wie man mit den besten Absichten
auf den Holzweg gerät.**

Die alternativen Eliten und
ihre Feinde: Vielfalt und
Verschiedenartigkeit.

oder nicht, geprägt von einer tiefen Skepsis gegenüber dem System, dem die meisten Menschen in der so genannten Ersten Welt ihren Wohlstand verdankten, der Industrie und den von der Industrie bestimmten Dienstleistungssektoren. Zum anderen fühlen sich große Teile der westlichen Intellektuellen nach wie vor – wenn schon nicht parteipolitisch, so doch ideell – den Zielen der ungeheuer populären „Alternativbewegung" verpflichtet. Und diese Meinungsführer, die neuen Eliten, bestimmen ganz maßgeblich mit, in welchem Kontext Vielfalt und Verschwendung stehen dürfen.

Halbe Sachen

Viele Vertreter der Achtundsechziger-Generation – wähnen sich nach wie vor als Avantgarde, als Vorreiter. Das Instrument der Avantgardisten ist die Radikalität, eine im Grunde äußerst wichtige Haltung.

Warum es schlecht ist,
ein Extremist zu sein, und
wie gut es wäre, wenn es
mehr Radikale gäbe.

Nur: Die Radikalen waren in Deutschland selten Radikale, sie waren meist Extreme, und das ist ein gewaltiger Unterschied. Radikal bedeutet: an die Wurzel *(lat. radix)* gehend, also bis an die Grundfesten eines Systems, zu seiner eigentlichen Ausgangssituation vorstoßen. Von dieser Ebene aus lassen sich neue Wege erkennen und entwickeln. Ein Radikaler sucht die Wurzel als Ausgangspunkt neuen Denkens, wenn es oben im Geäst keinen Überblick mehr gibt. Dies ist ein fundamentales Prinzip der Vielfalt. Es fördert Verschiedenartigkeit einfach dadurch, dass neue Wege entstehen.

Extremisten aber sind nichts anderes als überspannte Fanatiker des Bestehenden. Sie wollen keinen wirklichen Systemwechsel. Extreme bewegen sich, wie die Kugel beim Roulette, am äußersten möglichen Rand, rotieren aggressiv um ein Zentrum, ohne das sie nicht existieren könnten. Die verwirrten Bürgerkinder, die sich vor fünfunddreißig Jahren zur so genannten „Rote Armee Fraktion" zusammenschlossen, waren keineswegs Radikale.

Es geht aber nicht darum, ein nicht funktionierendes System zu verändern, so extrem diese Veränderung auch geplant sein mag. Es geht darum, ein neues System zu denken und die Chancen zu erkennen, die darin liegen.

Die Radikalität ist ein effektiver Weg, um zu neuen Ergebnissen zu gelangen. Sie verlangt das konsequente Zurückgehen an die Basis dessen, was jeweils als State of the Art gilt. Ein radikaler Denker muss also das System, das er durch ein neues ersetzen will, vollständig analysiert und durchdacht haben. Im Amerikanischen gibt es dafür den schönen Satz *You have to know the rules to break them* – Man muss die Regeln kennen, um sie zu brechen.

Extremisten bleiben gern auf halbem Wege stehen. Sie lernen die Regeln, zuweilen jedenfalls, und brechen Sie, um dann auf den notwendigen nächsten Schritt, Alternativen zu suchen, zu verzichten. Oder sie brechen sie erst gar nicht. Oft scheitern sie am inneren Widerspruch: Die RAF schien mit dem Staat vollständig gebrochen zu haben. Doch was wollten die Terroristen wirklich? Einen anderen Staat – nicht etwa: gar keinen Staat oder keine Organisationsform. Sie legten sich mit dem Strafgesetzbuch an, negierten die Fundamente staatlicher Macht, um die Machtverhältnisse zu ändern. Am Wesen der Macht zweifelten sie nicht. Noch viel klarer als an den Protagonisten des Terrors lässt sich das an den damaligen stillen Verehrern von Baader, Ensslin, Meinhof und Co. nachvollziehen. Sie passten sich so widerspruchslos den Institutionen an, deren Untergang sie beschworen hatten, dass sie letztlich selbst zu bedeutenden Trägern dieser Institutionen wurden.

Das ist die Theorie des so genannten „Langen Marsches durch die Institutionen", dessen frustrierendes Ergebnis allgemein bekannt ist: Aus halbherzigen Veränderern werden Maulhelden des Establishments.

Der lange Marsch durch die Institutionen – Vereinheitlichung im Name der Veränderung.

Gute Natur, böse Natur?

Vielfalt und Verschwendung werden gemäß den üblichen Wertvorstellungen gerne mit Erscheinungen wie Chaos oder Egoismus assoziiert. Das ist – sozusagen auf einer instinktiven Ebene – gar nicht mal falsch. Diese Einschätzung wird erst dann zur intellektuellen Katastrophe, wenn sie die moralischen Leitideen einer dogmatischen Welt beeinflusst, die sich ganz selbstverständlich daran gewöhnt hat, in Gut und Böse zu unterscheiden. Die Natur ist weder gut noch böse. „Die Evolution des Lebenden spielt sich nicht nach moralischen Kriterien ab, und jeder Versuch, sie nach solchen Kriterien zu beurteilen, ist unsinnig und verfehlt", schreibt der Biologe und Wissenschaftstheoretiker Franz M. Wuketits in seinem Standardwerk zu einer der ideologisch umstrittensten neuen Wissenschaftsdisziplinen, der Soziobiologie. Maßgeblich entwickelt hat sie der amerikanische Biologe Edward Wilson, und er hat dafür seit den siebziger Jahren mehr als einmal den Vorwurf „elitärer", wenn nicht gar „faschistoider Wissenschaft" hinnehmen müssen.

Warum Dogmatiker immer einen Plan brauchen – auch wenn die Natur keinen hat.

Dogmatiker brauchen einen Plan – es fehlt ihnen schlicht an Verstand, der ihnen klar machen müsste, dass natürliche Prozesse viel zu komplex sind, um sie in einige wenige Leitsätze zu fassen.
Franz M. Wuketits fasst das so zusammen:

> „Kein ernsthafter Evolutionstheoretiker akzeptiert heute die einst verbreitete (gelegentlich immer noch anzutreffende) Meinung, Evolution werde gleichsam durch die Hand eines planenden Geistes beflügelt. Tatsache ist, dass die Organismen ziemlich plan- und wahllos Nachkommen produzieren, wobei genetisches Material nach dem Zufallsprinzip durchmischt wird. Wir bezeichnen diesen Vorgang als genetische Rekombination. Die daraus hervorgehenden genetischen Varianten beziehungsweise Individuen stellen sozusagen das Rohmaterial für die Selektion dar. Jedes Individuum ist einmalig (ein wichtiger Aspekt der Theorie Darwins!) und nicht einfach die Summe der genetischen Potenzen seiner Eltern, die eben im Prozess der genetischen Rekombination stets neu durchmischt werden."

Um diese totale Vielfalt zu erreichen, müssen Lebewesen alles andere im Kopf haben als einen Plan, eine Ideologie. Sie müssen im Gegenteil Interessen haben, die relativ kurzfristig sind: Sex zum Beispiel, der der Fortpflanzung dient. Sie müssen zugleich egoistisch sein, denn wer lange herumfackelt, kommt nicht zum Zug – eine evolutionäre Grundweisheit, die jeder Teenager mehr oder weniger leidvoll erfährt. Schlampigkeit ist die Voraussetzung für die evolutionsbiologisch so notwendige Durchmischung von genetischem Material. Das Gegenteil davon ist planvolles Züchten von Rassen. Damit aber hat die Natur, die Evolution, nichts im Sinn. Würden die Wahnvorstellungen derer, die an eine „reine", und das heißt in ihren Augen immer: geplante oder planvoll vorgehende, Natur glauben, Wirklichkeit, dann würde die Artenvielfalt zerstört. Wer sich deshalb der Natur mit einem menschlichen, aus Ideologien genährten „Masterplan" nähert, der schadet der Natur, der eigenen Art und allen daran gebundenen Errungenschaften. Er ist schlicht ein Feind der Natur.

Es geht auch anders.

Schlampigkeit ist die Voraussetzung für alles Leben – die Natur hat keinen Masterplan.

Die Natur-Lehre Nummer eins:
Nicht verhindern, sondern verschwenden

Das Leben ist kein langer ruhiger Fluss.

Zu keinem Zeitpunkt war das Leben auf der Erde das Produkt einer über lange Zeiträume verlaufenden einheitlichen Entwicklung. Die Natur arbeitet mit dem Betriebssystem Evolution. Dieses System ist verschwenderisch, nicht sparsam und keineswegs geizig. Bunte Wandkarten in jeder Schule, die die Entwicklung des Lebens auf diesem Planeten zeigen sollen, suggerieren bis heute das Gegenteil: Vom ersten Einzeller bis zum Acht-Stunden-Arbeiter der Gegenwart zieht sich scheinbar ein roter Faden. Kontinuität wird beschworen. Das ist blanker Unsinn.

Die Natur als Meisterin der Verschwendung – niemals effizient, immer aus dem Vollen schöpfend, selbst im Untergang.

Die vermeintliche Kontinuität der Evolution sieht beispielsweise so aus: Vor fünfundsechzig Millionen Jahren löschte ein Meteoriteneinschlag in der Gegend, in der sich heute die mexikanische Halbinsel Yucatán befindet, mehr als neunzig Prozent aller Lebewesen auf der Erde aus, einen Teil direkt, einen weitaus größeren Teil aber als Folge der radikalen Veränderung der Lebensbedingungen. Mindestens vier große Ereignisse dieser so genannten *Mass Extinction* sind für frühere Zeitpunkte der Erdgeschichte nachgewiesen. Nach allen Regeln der Einheits-Einfalt hätte jedes dieser Ereignisse das absolute Ende der Welt bedeuten müssen. Aber die Natur, die Evolution, arbeitet mit ungeheuren Reserven, sie ist nicht effizient, sie ist effektiv. Das Sterben der vor fünfundsechzig Millionen Jahren dominanten Saurier bedeutete für eine kleine Gruppe überlebender Arten, glupschäugige kleine Eierdiebe, die von der Größe einer Ratte waren und in der alten Welt der Reptilien das Ende der Nahrungskette markiert hatten, einen gewaltigen Aufstieg: Säugetiere konnten sich nach der kosmischen Katastrophe durchsetzen, weil sie auf eine enorme Vielfalt an Möglichkeiten zum Überleben zurückgreifen konnten. Nach der heute vorherrschenden Lehre der Effizienz wäre das schlichtweg unmöglich.

Der geronnene Geist

Warum so viele blinde Pflichterfüllung für gut halten. Wie die protestantische Ethik auch dort wirkt, wo niemand das Kreuz schlägt, und wohin das System der strikten Einfalt führt.

> *Der Mensch will „von Natur" nicht Geld*
> *und mehr Geld verdienen,*
> *sondern einfach leben.*
> Max Weber

Bloß rumsitzen?

Angesichts dramatisch hoher Arbeitslosenzahlen gilt es als pure Verschwendung, wenn die von der Erwerbsarbeit Ausgeschlossenen „zu Hause rumsitzen". Deshalb werden allenthalben Beschäftigungsprogramme entwickelt, die diesem Missstand abhelfen sollen. Es stellt sich angesichts dessen allerdings die Frage, ob das hocheffiziente System der Welt der Ressourcensparer und Geizhälse nicht völlig verrückt geworden ist.

Arbeitsbeschaffungsmaßnahmen zeitigen zwei Effekte: Durch staatlich subventionierte Kräfte wird der private Arbeitsmarkt desavouiert. Unternehmen, die kalkulieren müssen, verlieren Aufträge an die öffentlich geförderte Zwangsarbeit. Und Menschen mit einer ohnehin kargen Sozialausstattung ist es nicht vergönnt, sich selbst überlassen zu sein. Der seit langem geführte Produktionsfaktor Mensch kann und darf nicht außerhalb der sozialen Leitlinien geraten. Das wäre nicht effizient. Irgendetwas zu tun erscheint in diesem Licht der umfassenden Effizienz immer besser, als bloß rumzusitzen und abzuwarten. In blindem Aktionismus wird jede Menge „gesellschaftlich wichtiger Arbeit" erfunden, die sich dann in der Realität als nicht umsetzbar oder irrelevant erweist.

Warum wir so sehr an Erwerbsarbeit hängen, obwohl das überhaupt nichts mehr bringt.

Die Arbeitsmarktpolitik der zusammenbrechenden Industriestaaten ist deshalb keineswegs von Sorge um die Arbeitslosen getrieben. Ein viel höheres Ziel, der Fetisch der Effizienz, steht auf dem Spiel. Wenn sich mit nichts und niemandem mehr nachweisen lässt, dass eine Verbesserung der Lage – eine Rechtfertigung des Systems – noch möglich ist, dann muss man wenigstens so tun, als ob die Situation sich kontinuierlich verbessern ließe.

Die Ideologie der ewigen Knappheit – und ihre Grenzen.

Das sind die Grundlagen der Verzichtsideologie, ein wahrhafter roter Faden, der, im Gegensatz zum Evolutionsprinzip, das sich nicht festlegt, das aus einer unendlich großen Auswahl mit den Werkzeugen Vielfalt und Verschwendung das jeweils Richtige bereitstellt, immer nur auf eine Lösung hinausläuft: so lange optimieren, bis nichts mehr übrig ist. Und selbst dann wäre die Effizienz, „die Ideologie der ewigen Knappheit", wie Braungart sagt, ungeschlagen. Aber wir wären am Ende. Doch das sind wir noch lange nicht.

Wenn es nicht Vernunft ist, was die Menschen im Kapitalismus dazu zwingt, „effizient" zu sein, was dann? Die Kraft, die gegen die Vielfalt wirkt, hat der größte der deutschen Soziologen, Max Weber, vor mehr als hundert Jahren beschrieben. Seine Schriften der Einsicht sind weltberühmt und dennoch wenig verstanden.

Der „Geist" des Kapitalismus

Der Marburger Soziologieprofessor Dirk Kaesler ist ein verdienter Wissenschaftler. Seit Jahren erschließt er mit klaren Worten die zuweilen verwirrende Fachwelt der Sozialwissenschaften, verbindet zuweilen sperrige Theorien mit der erfahrbaren Realität. 2004 gab Kaesler den wahrscheinlich einflussreichsten Text neu heraus, der sich jemals dem Zusammenhang zwischen Gesellschaft und Ökonomie widmete: Max Webers *Die protestantische Ethik und der „Geist" des Kapitalismus.*

Warum, fragt Kaesler im Vorwort, ist dieses Buch, das erstmals vor einem Jahrhundert erschien, auch heute noch so wichtig? „Mit diesem Buch wurde –

zwar keineswegs zum ersten Mal, dafür aber mit der größten Wirkung – eine These in die Gedankenwelt der Menschen gesetzt, die bis heute an Vehemenz nicht viel verloren hat, vielleicht gegenwärtig sogar eher zunimmt. Diese hier nachzulesende These des Max Weber lautet: Einige jener Ideen, die radikale Protestanten des 16. und 17. Jahrhunderts auf der Suche nach einigermaßen verlässlichen Zeichen Gottes für ihre Erlösung von der ewigen Verdammnis entwickelten, wirkten entscheidend mit am Bau einer Welt von Glaubensinhalten und Verhaltensweisen. Dieser Gedankenkosmos seinerseits erbaute ganz allmählich jene Gehäuse der Hörigkeit und Unfreiheit des Menschengeschlechtes auf dem ganzen Globus, die man unter der Überschrift ‚moderner Kapitalismus' zusammenfassen kann.“

Webers Text, schreibt Kaesler weiter, sei nicht nur von wissenschaftlichem Interesse. Er mache die Leser auch begreifen, was mit ihnen vorgeht, was auch in den Köpfen des immer zahlreicher werdenden Arbeitslosen vorgehen muss. Webers Text erkläre unsere anhand rationaler Maßstäbe nicht zu begreifende Opferbereitschaft, wenn es um den „Beruf“ geht, die „Arbeit“, eine Konstruktion, die Weber selbst als „stahlhartes Gehäuse“ bezeichnet hat, aus dem es kein Entrinnen gibt.

Und dieser Text erklärt auch, weshalb wir die Alternativen zu dieser Sackgasse, Vielfalt und Verschwendung, nur so schwer zu erkennen vermögen.

Eine derart dichte ideologische Konstruktion, wie sie Max Weber beschreibt, ist die effizienteste Struktur, über die Menschen jemals verfügt haben, „ein ungeheurer Kosmos, in den der Einzelne hineingeboren wird“. Eine Struktur, die scheinbar – und auch real – so spielend mit den Widerständen der alten Kräfte, dem Adel, der katholischen Kirche, einem über Jahrhunderte gewachsenen Verständnis von Leben, fertig geworden ist wie der Kapitalismus, ist eben nicht banal, keine kurzlebige modische Verirrung, als die sie etliche der Gegner stets zu denunzieren versucht haben. Es ist nicht ausreichend, den Geist des Industrialismus einzig und allein auf seine materielle Grundlage zurückführen zu wollen. Dieser Geist ist stärker als sein eigentlicher Betriebszweck. Weber hat das 1981, zwei Jahrzehnte, nachdem er seine *Protestantische Ethik* verfasste, in *Parlament und Regierung im neugeordneten Deutschland* scharfsichtig formuliert:

Der Kapitalismus ist keine vorübergehende Erscheinung – über die anhaltende Kraft der Verschwendung.

Das Ende des Einheitsregimes und der Sieg der Superbürokratie.

„Eine leblose Maschine ist geronnener Geist. Nur daß sie dies ist, gibt ihr die Macht, die Menschen in ihren Dienst zu zwingen und den Alltag ihres Arbeitslebens so beherrschend zu bestimmen, wie es tatsächlich in der Fabrik der Fall ist. Geronnener Geist ist auch jene lebende Maschine, welche die bureaukratische Organisation mit ihrer Spezialisierung der geschulten Facharbeit, ihrer Abgrenzung der Kompetenzen, ihrenReglements und hierarchisch gestuften Gehorsamsverhältnissen darstellt. Im Verein mit der toten Maschine ist sie an der Arbeit, das Gehäuse jener Hörigkeit der Zukunft herzustellen, in welche vielleicht dereinst die Menschen sich, wie die Fellachen im altägyptischen Staat, ohnmächtig zu fügen gezwungen sein werden, wenn ihnen eine rein technisch gute und das heißt: eine rationale Beamten-Verwaltung und -Versorgung der letzte und einzige Wert ist, der über die Art der Leitung ihrer Angelegenheiten entscheiden soll.“

Die tote Maschine und ihr geronnener Geist – eine Kraft, die es möglich macht, dass nach wie vor öffentlich und von so genannter höchster Stelle behauptet wird, die Arbeitsgesellschaft des Kapitalismus wäre reformierbar. Der Bürokratie kann das nichts anhaben, sie ist zäh, standfest und nicht veränderungsfähig. Sie bildet das letzte Band zu den alten Zeiten. Und die neuen Fellachen liefern sich ohnmächtig dem Zeitgeist aus, der dreist behauptet, es werde wieder Arbeit für alle geben, das System sei nicht verloren, es bedürfe nur geringer Korrekturen.

Wem Reformen wirklich nützen: die Versorgungsschlacht der Bürokratie.

Die größte Leistung von Wissenschaftlern besteht in der genauen, unvoreingenommenen Beobachtung der Realität. Webers Wirkung ist bis heute ungebrochen, vielfach von noch größerer Durchschlagskraft als zu seinen Lebzeiten. Immer mehr Menschen begreifen, dass die „Krise“ des Staates und der Gesellschaft nichts weiter ist als ein Beschwören der alten Machtverhältnisse. Es geht nicht um Arbeit, es geht um die Folgen fehlender Einnahmen für das System. Ein Moloch aus Beamtentum und Staatshörigkeit ist der Gegenstand von Reformen, er krankt, er ist es, dem die volle Aufmerksamkeit der Politik gilt. Versorgung ist der letztgültige Wert.

Der Mord am Fünfschillingstück

Weber lässt sich nicht verschaukeln. Kapitalismus und Marktwirtschaft sind uralte menschliche Angelegenheiten: „Kapitalismus hat es in China, Indien, Babylon, in der Antike und im Mittelalter gegeben." Aber, und das ist der springende Punkt, es war ein Kapitalismus, der nützlich war, nicht moralisch, ohne Ethos – etwas ganz anderes als jener „Geist", den Weber bei den erfolgreichen Industriekapitalisten und ihren Vorfahren ausmacht. Für sie ist Geldverdienen nicht einfach nützlich. Es ist Pflichterfüllung vor Gott. Spöttisch zitiert Weber ausführlich Benjamin Franklin, den berühmten amerikanischen Gründervater, der kleinlich vorrechnet, wie man durch Knausern und Knapsen, Sparen und eisernes Haushalten ein Vermögen anhäuft:

> *„Bedenke, daß Geld von einer zeugungskräftigen und fruchtbaren Natur ist. Geld kann Geld erzeugen und die Sprößlinge können noch mehr erzeugen und so fort [...] Wer ein Mutterschwein tötet, vernichtet dessen ganze Nachkommenschaft bis ins tausendste Glied. Wer ein Fünfschillingstück umbringt, mordet alles, was damit hätte produziert werden können: ganze Kolonnen von Pfunden Sterling."*

Warum Benjamin Franklin Fünfschillingstücke liebte – und Menschen niedriger bewertete.

Das Schwein, ein Lebewesen, wird nur getötet, aber das Fünfschillingstück bei Franklin wird *umgebracht, ermordet.* Das hat nichts mehr mit geschicktem Umgang mit Geld zu tun, sondern ist schlicht krankhaft, die Krankheit der Effizienz, die zu Lebzeiten Franklins, in der zweiten Hälfte des 18. Jahrhunderts, offensichtlich bereits weit verbreitet war. Aber die Krankheit hat einen moralischen Rahmen, und darum geht es: „Es ist nicht nur ‚Geschäftsklugheit', was da gelehrt wird", schreibt Weber, „dergleichen findet sich auch sonst oft genug: – es ist ein Ethos, welches sich äußert, und in eben dieser Qualität interessiert es uns."

Was ist „tüchtig"?

Und wie – bis heute. „Tüchtigkeit" ist das, was Franklin treibt und so viele mit
ihm, es ist eine moralische Frage, keine der Vernunft. Diese Tüchtigkeit kämpft
zu Franklins Zeit und gelegentlich noch heute (oder schon wieder?) mit dem,
was Weber den Traditionalismus nennt. Er ist das Merkmal der vorindustriellen
Epoche, in der aus den Franklins die Fabrikherren der industriellen Revolution
werden, die mächtigen Gleichschalter der neuen Ordnung. Menschen, die mit
dieser Tüchtigkeit nichts anfangen konnten, und das waren zu jener Zeit die
allermeisten, hätten die Frage, ob sie sich nach getaner Arbeit noch ein wenig
Geld durch Mehrarbeit hinzuverdienen wollten, durchwegs abschlägig beant-
wortet. Genug war genug. „Traditionalisten" nennt Weber diese Menschen:

Wie die Industrialisten mit den Traditionalisten zusammenkrachten – und es bis heute tun.

*„Der Mensch will ‚von Natur' nicht Geld und mehr Geld verdienen, sondern ein-
fach leben, so leben wie er zu leben gewohnt ist und soviel erwerben, wie dazu
erforderlich ist. Überall, wo der moderne Kapitalismus sein Werk der Steigerung
der ‚Produktivität' der menschlichen Arbeit durch Steigerung ihrer Intensität
begann, stieß er auf den unendlich zähen Widerstand dieses Leitmotivs präkapita-
listischer wirtschaftlicher Arbeit, und er stößt noch heute überall um so mehr darauf, je ‚rückständiger' (vom kapitalistischen Standpunkt aus) die Arbeiterschaft ist,
auf die er sich angewiesen sieht."*

Tradition über alles: die Intellektuellen.

Wo sind diese „Traditionalisten" heute, die bei Weber die Verteidiger der Vielfalt
und des verschwenderischen statt des industriell-effizienten Umgangs mit der
Welt waren? Es scheint, dass aus den Arbeitern, die sich der Industrialisierung
verweigerten, Angehörige eines höheren Standes geworden sind.

Intellektuelle beispielsweise, ja, die ganz bestimmt, denken wir.

Webers „Traditionalisten" verweigerten den Einstieg in das System; am Ende
der industriekapitalistischen Ära, die wir in unserer Zeit erleben, sind es gebildete, bürgerliche Typen, die „aussteigen".

Genauer betrachtet ist das keine Heldentat. In den siebziger und achtziger Jahren gehörte die Systemverweigerung, handelte es sich nun um geregelten Beruf oder Militärdienst, zum Standardverhalten sich kritisch wähnender Zeitgenossen. Fast immer waren es Angehörige der reichen oder zumindest wohlhabenden Schichten, die dieses Privileg für sich in Anspruch nehmen konnten. Durch ein unverdientes Erbe oder das Privileg bürgerlicher Herkunft zum „Revolutionär" und „Aussteiger" geworden, ließ es sich leben und behaupten, man arbeite an einer neuen Gesellschaft. Tatsächlich lebten sie vom Geld anderer Leute. Eine Auseinandersetzung mit ihrer persönlichen Ökonomie fand nicht statt.

Den „Traditionalisten", die Weber beschrieb, genügte es hingegen, dass sie für ihr Leben sorgen konnten. Sie waren selbstbewusst, aber keineswegs weltfremd. Wirtschaft ist seit dem Industriekapitalismus ein Synonym für große ökonomische Einheiten. Das ist ein fataler Irrtum. Kapitalismus hat mit Größe, Monopolen, Konzernen, Macht und Geld wenig zu tun. Das ist Webers wichtigste Erkenntnis. Kapitalismus dient nicht der Tüchtigkeit oder einem höheren Zweck. Er ist nicht moralisch. Er ist keine Ideologie. Er ist eine grundlegende Methode, deren Regeln schwer fasslich sind, die aber dennoch wie an einem roten Faden untrennbar zusammenhängen: Kapitalismus ist nützlich. Arbeit schafft, wer etwas anbietet, was anderen nützt. Dazu braucht es keine Moral.

Kapitalismus ist keine Ideologie.

Das Geld anderer Leute

Allerdings braucht es Moral, um diese Tatsache zu übertünchen, und diese Moral besteht aus einer sehr fragwürdigen Mischung: der Einstellung, Rechte einfach so wahrnehmen zu können, finanziert mit dem Geld anderer Leute. Nur ein kleiner Teil der Aussteiger finanzierte seinen Lebensunterhalt selbst. Der große Rest setzte auf Erbschaften, Subventionen und Sozialunterstützung. Die, die sich der Ausbeutung entziehen wollten, beuteten also konsequent und bis zum letzten Pfennig die Gesellschaft aus.

Spannend ist auch die Art und Weise, wie dieser Selbstbetrug etabliert, zum politischen Modell gemacht wurde. Die reichen Bürgerkinder, die die Achtundsechziger-„Revolution" anzettelten, müssen ein verdammt schlechtes Gewissen gehabt haben, dass sie vom Geld anderer Leute lebten. Unablässig propagierten sie deshalb, wie es ihre politischen Erben auch tun, einen seltsamen Begriff von „Gleichheit".

Warum die deutschen Eliten die Marktwirtschaft hassen und die Vielfalt gleich dazu.

Vierzig Jahre nach Einführung dieses interessanten „Modells" ist es selbstverständlich geworden, dass junge Familien eine Vielzahl an öffentlichen Förderungen in Anspruch nehmen, weil sie ein „Recht" darauf haben. So gut wie nie beschäftigen sich die Nehmenden mit den Grundlagen der Ökonomie, um umfassend für sich selbst sorgen zu können. Die intellektuelle Elite Deutschlands ist wirtschaftsfeindlich bis in die Knochen, und der größte Teil derer, die sich Manager nennen, ist durch und durch antikapitalistisch, führt Betriebe nach Plan und mit staatlicher Unterstützung. Sie träumen auf Golfplätzen von einer besseren Welt, in der Sicherheit des Sozialstaates, des größten Ausbeutungssystems nach Einführung des Manchester-Kapitalismus, des Unterdrückungsregimes der Industrieära. Sie halten Umverteilung für selbstverständlich, aber sie verweigern konsequent jedes Erlernen eigener wirtschaftlicher Fähigkeiten. Sie verhindern konsequent jeden Ansatz von außerstaatlicher Autonomie. Lernverweigerung und Forderungsdenken sind die wichtigsten Konstanten dieser Gesellschaft geworden. Die Möglichkeiten, die die Vielfalt bereithält, werden so gar nicht erst erwogen.

Jetzt aber ist die Frage, die entscheidende Frage, wie man diesem Dilemma entgeht. Moralische Aufrufe nutzen bekanntlich wenig. Kein System ändert seine Betriebstemperatur, nur weil von außen eine schwache Stimme daran herummäkelt.

Wie bringt man die dekadenten Umverteilungs-Täter dazu, ihre Rolle zu ändern, ihr Leben in die eigene Hand zu nehmen, die Ökonomie als wichtige Kraft anzuerkennen?

Auf diese elementare Frage gibt es zwei Antworten. Die eine lautet: Druck, Gewalt, Zwang. Es ist die Katharsistheorie, die besagt, dass dort, wo nichts mehr ist, auch nichts wachsen kann, und das gilt natürlich auch für Ideologien. Es gibt immer weniger zu klauen (die ehrlichere Bezeichnung für Umverteilung), und deshalb wird – so oder so – aus dem Land der Nehmer ein Land der Selbsttätigen werden müssen. Diese Politik betrieb zu Beginn der achtziger Jahre die britische Premierministerin Margaret Thatcher. Es ist bekannt, welche Folgen das für das Sozialgefüge Großbritanniens hatte. Fast zwanzig Jahre lang litt das Land unter enormen sozialen Spaltungen, die Unterschichten rutschten ins Bodenlose ab, der Mittelstand wurde demoliert, die Klassengegensätze enorm. Am Ende der brutalen Therapie aber konnten moderate, zukunftsorientierte Sozialdemokraten unter Tony Blair ein System etablieren, dessen Vorzüge sich – bei aller bis heute andauernden ideologischen Diffamierung durch die Sozialstaats-Elite in Deutschland – deutlich von denen des in Deutschland herrschenden Systems abheben.

Der zweite Weg aus dem Dilemma führt nicht über die Illusion, die Menschen würden ein System freiwillig verlassen, das noch in der Lage ist, sie durchzufüttern. Es setzt auf eine Kraft, die stärker ist als der Glaube an die Gleichheit, die ideologische Grundlage des Faschismus und des Stalinismus. Dieser Weg ist menschengerecht und attraktiv. Der Weg zur Vielfalt und zur fruchtbaren Verschwendung heißt: Freude am Unterschied. An dem also, was sich bei aller Gleichmacherei nicht aus der Welt schaffen lässt.

Wenn nichts mehr geht: die Reformpeitsche und die Katharsis.

Die Diktatur der Gleichheit gegen die Freude am Unterschied.

Der ganz normale Verschwender

Warum sich das menschliche Bedürfnis nach Unterscheidbarkeit nicht aus der Welt schaffen lässt. Warum wir alle gerne feine Leute wären. Und wie man durch Verschwendung ganz gut leben kann.

> *Hält man Sie für einfach und bescheiden?*
> *Und können Sie – wie ich – das gar nicht leiden?*
> Georg Kreisler

Materialismus ist nicht schlecht

Materialismus, so heißt das Dogma der Einheitsdenker seit vielen Jahrhunderten, ist schlecht. Wer nur nach Gut und Geld giert, dem fehlt es an Charakter. Eine Gesellschaft, die sich letztlich nur durch Besitz definiert, wäre verkommen und sozial verwahrlost. So weit die Theorie. Das Christentum in Gestalt des Katholizismus wie des Protestantismus hat diese Fehlsicht in die Welt gebracht, und nahezu alle Ideologien der Neuzeit hängen dieser Idee an.

Ein bisschen Gleichheit

Wenn Kinder verschwenden und Erwachsene das beklagen.

Lasset uns nachdenken. Hier lauert ein Widerspruch. Wir sind alle bereit, ihn zu übersehen. Wer halbwüchsige Kinder hat oder auch nur kennt, weiß, welch entscheidende Rolle Besitz spielt, der Prestige, also soziales Ansehen, bildet. Die Wahl der richtigen Marke bei Jeans, Turnschuhen und MP3-Playern ist essenziell. Die Erwachsenen, die das beklagen, sind im Kern kein bisschen besser. Natürlich gibt es eine Kontinuität zwischen dem materiell orientierten

Jugendlichen und der Vatergeneration, die sich über einen besonders teuren und prestigeträchtigen Wagen, ein großes Haus, teure Kleidung, Schmuck und exklusive Reisen definiert. Die Konsumkritiker, die das Materielle als schnöde bezeichnen, haben sehr ähnliche Rituale. Für sie ist es besonders prestigeträchtig, das genaue Gegenteil von dem zu tun, was die Menschen unternehmen, die von ihnen verächtlich „Spießer" und „Materialisten" genannt werden.

Natürlich aber spielt im Leben solcher Leute eine möglichst vollständige Plattensammlung von Bob Dylan oder Joan Baez oder ein prall gefülltes Bücherregal eine große Rolle. Niemand, auch nicht die scheinbar nicht materiell Orientierten, könnten einen Tag lang ohne ihre geliebten Prestigeobjekte leben. Da jetten Globalisierungs-Besorgte um den halben Globus, um auf „Weltgipfeln" ihr Leid mit jenen zu teilen, die nichts besitzen. Dem Affekt ist es gleich, ob der Porsche oder der akademische Grad poliert nach außen dargestellt wird. Es ist nebensächlich, ob jemand sich über Designerklamotten oder scheinbar gelehrte Gespräche definiert. Es geht allein um den Eindruck, den man bei anderen hinterlässt. Auch uns interessiert hier nur, warum Menschen so etwas tun.

Wer intensiver darüber nachdenkt, der müsste dieses Verhalten angesichts der weit verbreiteten Ideologie der Gleichheit eigentlich höchst sonderbar finden. Denn wozu sollte es gut sein, sich deutlich von anderen zu unterscheiden, sich bewusst von anderen unterscheidbar zu machen, wenn die Idee der Gleichheit doch genau das Gegenteil gebietet?

Gleichheit ist eine soziale, eine kulturelle Konstruktion. Sie ist billiger Menschentand, ein modisches Statement, das mit der Realität wenig zu tun hat. Wie sonst wäre es erklärlich, dass sich, bei all den unentwegten Versuchen der Gleichmacherei, das menschliche Bedürfnis nach Unterscheidbarkeit nicht aus der Welt schaffen lässt?

Verschiedene Werte, verschiedene Güter – warum auch Gutmenschen und Weltretter totale Verschwender sind.

Die Illusion der Gleichheit.

Die Theorie der feinen Leute

Warum tun Menschen mehr,
als sie müssen? Was treibt sie an?
Fragen auf einem Bauerhof
in Wisconsin.

Etwa zu der Zeit, als Max Weber dem Geist des Kapitalismus auf den Zahn fühlte, begann in den USA ein junger Soziologe namens Thorstein Veblen mit der Arbeit an einer Studie, deren Ergebnisse den Urheber mehr als erschüttern mussten. Veblen war der Sohn norwegischer Einwanderer, die sich im agrarisch geprägten amerikanischen Bundesstaat Wisconsin eine Farm gekauft hatten. Neun Geschwister lebten mit Thorstein auf der kleinen Farm.

Was den Studenten Veblen von vielen seiner Kommilitonen unterschied, war das ausgeprägte Interesse an Wirtschaft, genauer: am Verhalten von Menschen, die Wirtschaft treiben. Die Zeitgenossen Weber und Veblen hatten, nahezu zeitgleich und relativ unabhängig voneinander, ein ganz ähnliches Thema gefunden. Sie wollten wissen, weshalb Menschen tatsächlich mehr tun, als sie tun müssten. In jeder Hinsicht.

Veblens 1899 erschienene Studie *The Theory of the Leisure Class (Theorie der feinen Leute)* entdeckte in diesem Dunkel ein Licht, das bis heute stärker strahlt als protestantisches Arbeitsethos, die zerfallende Größe des alten Zeitalters.

Veblen interessierte sich sehr dafür, wie reiche Bürger, vor allem an der wohlhabenden amerikanischen Ostküste, ihren Reichtum zur Schau stellten. Anders als in Europa gab es in den bürgerlichen USA keine harten ständischen Grenzen, durch die die Zugehörigkeit zum Adel oder zu einer durch Gesetze und Vorschriften privilegierten Gruppe (etwa Handwerker oder Kaufleute in europäischen Städten) bestimmt war.

Bis heute hält sich hartnäckig das Gerücht, dass die ganz „feinen Leute", etwa Angehörige von Adelshäusern, im Grunde genommen all die teuren und luxuriösen Dinge, die sie umgeben, einfach kraft ihres Status haben *müssten*. Nicht, dass sie besonders scharf auf sie wären: aber Repräsentation, beim Adel lässt sich das leichter als anderswo nachvollziehen, gehört zum Geschäft. Repräsentation impliziert, dass der Titelträger seine Pflicht tut. Er lebt im Schloss, fährt die vierspännige Kutsche, diniert beim Licht von tausend Kerzen nicht zu seinem

Vergnügen, sondern als Ausdruck seiner Verpflichtung gegenüber der sozialen Rolle, die er innehat. Die Regenbogenpresse bildet dieses Missverständnis bis heute gerne und oft. ab. Geld allein, heißt es dann regelmäßig, mache nicht glücklich, Besitz sei, auch das wird gern behauptet, vielfach eine Last.

Es fragt sich dann allerdings, warum in Gesellschaften wie etwa den USA des späten 19. Jahrhunderts wohlhabende Bürger, die sich alle materiell notwendigen und allgemein wünschenswerten Dinge leisten konnten, nicht irgendwann einmal die Feststellung hätten treffen sollen: Genug ist genug. Wäre Besitz nur soziales Pflichtprogramm, wie die Repräsentations-These nahe legt, wäre die Grenze des Erforderlichen rasch erreicht.

„Man kann nicht mehr als essen" – das ist ein im Kontext der protestantischen Ethik groß gewordenes, wenngleich wenig glaubwürdiges Diktum feiner Leute. Denn natürlich ist Grütze etwas anderes als ein Garnelenschwanz und der Genuss von Schildkrötensuppe serviert in chinesischem Porzellan keine existenzielle Angelegenheit.

Mehr zu gelten, mehr zu sein, mehr zu haben, so schlussfolgert Veblen, habe mit logischer und materieller Bedürfnisbefriedigung eben wenig zu tun. Vielmehr finde hier, wie Eltern von ihren halbwüchsigen Kindern und ihresgleichen jeden Tag aufs Neue lernen können, ein „Wettlauf um Reputation auf der Grundlage des individuellen Vergleichs" statt, und zwar jeden Tag, jede Minute. Es geht eben doch nicht letzten Endes nur um die Befriedigung grundlegender Bedürfnisse. Das war schon lange vor Veblen den meisten Beobachtern ihrer Gesellschaften klar. Doch herauszustellen, wie sehr Geltungssucht und Prestigedenken die Produktivität, die Kreativität und letztlich damit auch den Fortschritt, die Wirtschaft und die Leitbilder von Gesellschaften bestimmen, dazu bedurfte es dieser klärenden, reinigenden Studie des Thorstein Veblen.

Ist Besitz nur ein soziales Pflichtprogramm? Ist Geld nichts weiter als eine schwere Last?

Der Wettlauf um Reputation – Thorstein Veblen entdeckt das Prestige.

Nur Verschwendung bringt Prestige

Die Bedeutung, die Veblens Studie in den folgenden Jahrzehnten erlangen sollte, kann man gar nicht hoch genug veranschlagen. Zwar kennen nur wenige den Namen des Wissenschaftlers. Wenn aber irgendwo ein neues Produkt oder eine Dienstleistung erdacht werden, wenn Marketing- und Werbefachleute daran gehen, sie an die Kunden zu bringen, in Kaufhäusern, auf den Straßen und, unübersehbar und unüberhörbar, auf allen Kanälen der elektronischen Medien, dann wird – insgeheim – in den von Thorstein Veblen erörterten Kategorien gedacht: „Nur Verschwendung bringt Prestige" und: „Nur Prestige bringt Anerkennung". Nichts lieben Menschen mehr als das. Anerkennung, das bedeutet, andere zu überholen, über ihnen zu stehen, in aller Regel aber vor allem dies: anders zu sein, sich abzuheben. Zu den feinen Leuten, das ist Veblens Einsicht, will jeder gehören, und das war in der Geschichte der Menschheit nie anders. Die moderne Gesellschaft, die Veblen untersucht hat, ist seiner Auffassung nach eine Gesellschaft der Verschwendung, und sie gründet in dieser Hinsicht auf einer anthropologischen Konstante.

Prestige bringt Anerkennung – wer nicht verschwendet, wird nicht geschätzt.

Sind Nichtstuer Nichtsnutze?

Der Kampf gegen den Müßiggang – Sklavenhalter mit schlechter Laune.

Veblen untersucht nicht nur die Gesellschaft des reichen puritanischen Amerikas seiner Zeit, die Welt der WASPs – bis heute ein Synonym für die reiche Oberschicht, die sich vor allem an der amerikanischen Ostküste findet. Er setzt an bei den frühesten Verschwendungsaktionen der Menschheitsgeschichte, den antiken Herrschern, den Sklavenhaltern des Imperium Romanum, in dem es vorwiegend darum ging, reich zu sein – und möglichst nichts zu tun. Müßiggang war vor der industriellen Revolution alles andere als ein Verbrechen. Man hat zwar den tätigen Menschen immer geschätzt, denn ihm hatte man letztlich zu verdanken, wovon sich andere gut ernährten, aber wirklich „geschafft" hatten es die, die in ihrem Reichtum schlicht nichts zu tun hatten.

„Nichts" heißt natürlich nicht „nichts". Nichtstun bedeutet in jeder Gesellschaft etwas anderes. Die Frage ist, was eine Gesellschaft zur Erhaltung ihres Systems braucht. In einer agrarischen Gesellschaft ist ein Mönch, der in seiner Schreibstube Schriften kopiert oder die Evangelien studiert, ein Müßiggänger, ebenso ein Fürst, der sich an seinem Hof mit den schönen Künsten umgibt. Je einfacher ein gesellschaftliches oder wirtschaftliches System ist, desto klarer tritt Müßiggang zutage, und Verschwendung, also der Verbrauch von reichlich Energie, Geld, Vermögen, Zeit und Geist, der damit im Zusammenhang steht. Um den Erhalt des materiell Notwendigen müssen sich andere kümmern: Dienstleute, Hintersassen, Bauern, Unfreie, Arbeiter, Ministeriale, also Beamte, die den Staat verwalten, sie sind es, die die Arbeit tun. Lange Zeit waren übrigens auch Künstler keine Künstler im heutigen Sinn, nicht die modernen Müßiggänger, als die sie heute weithin gelten, sondern schlicht Handwerker, Werktätige.

Was es alles heißt, nichts zu tun – und wer nichts tut.

Der demonstrative Müßiggang

Den Verschwender, den Herrn des Prestiges, findet Thorstein Veblen in jenen, die „demonstrativen Müßiggang" *(conspicious leisure)* pflegen. Was bedeutet das?

Es meint, dass die Tätigkeit des wahren Verschwenders ausschließlich einer höheren Sache dient, oder, in den Augen des strengen protestantischen Arbeitsethikers, klar von produktiver Arbeit abgegrenzt ist. Eine Tätigkeit also, die keinen Mehrwert erzeugt, sondern im Gegenteil Mehrwert aufzehrt. Es geht um etwas, das niemand wirklich benötigt, das im Grunde keine Existenzberechtigung hat. Verrichtungen, die Zeit benötigen, aber nichts Nützliches schaffen, jedenfalls nicht unmittelbar.

An erster Stelle kommen bei Veblen damit die Priester als Meister der Verschwendung ins Visier. Sie beschäftigen sich ausschließlich mit Höherem. Doch genau wie sie taten nahezu alle Eliten, die es bis zur industriellen Revolution gab, nichts wesentlich anderes als „nichts". Sie erfinden den Dilettantismus, indem sie ein wenig malen, anderntags etwas musizieren oder ihren Gästen bei aufwändigen Banketten selbst verfasste Lyrik vorsetzen.

Wer es sich leisten kann, tut nichts – und das vor den Augen aller Welt.

Dieses „Nichts" ist pures Prestige. Denn wer es sich leisten kann, hat es geschafft. Er ist frei von ökonomischen Zwängen.

Der Glanz, den Prestige und Müßiggang ausstrahlen, schafft mehr Werte als alle ethischen Regeln, die in der Menschheitsgeschichte im Namen des Fortschritts und des Gemeinsinns ausgerufen wurden. Seine Kraft ist weit stärker als die der Moral. Der „demonstrative Müßiggang", das hat uns Thorstein Veblen gelehrt, mündet unmittelbar in den wichtigsten Faktor der neuen Wirtschaft: den Konsum.

Was ist „unnütz"? oder:
Warum Frauen Röcke tragen

Wenn die Verschwendung, die im „demonstrativen Müßiggang" offensichtlich ist, produktiv wirkt, dann bedeutet das, dass sie für die, die sie pflegen, mehr Macht und Möglichkeiten generiert, als diese ohnehin schon haben. Dem Angesehenen liegt die Welt zu Füßen – oder anders ausgedrückt: Geld sucht das Geld. Das ist eine ganz handfeste Sache. Denn sehr schnell ist die Außergewöhnlichkeit des demonstrativen Müßiggangs ausgereizt – und dann beginnt jene Phase, da die feinen Leute nicht mehr alles für sich vereinnahmen und allein konsumieren können, sondern sich eine Entourage suchen müssen, die ihren Ruhm weiter vermehrt. Je mehr Prestige, desto besser. Man kann, nochmals, einfach essen und trinken, aber, und das ist die reine Wahrheit, man kann auch essen und trinken lassen und dadurch sein Ansehen und seine Chancen auf Erfolg vermehren. Das ist dann stellvertretender Konsum, *conspicious consumption*, wie Veblen es nennt.

„Der demonstrative Konsument", schreibt die Soziologin Ludgera Vogt, Veblens Erkenntnisse paraphrasierend, „genießt frei und ungehemmt das Beste, was an Eßwaren, Getränken, Narkotika, Häusern, Bedienung, Schmuck, Bekleidung, Waffen, Vergnügen, Amuletten, Idolen und Gottheiten zu haben ist. Und da man gar nicht die Zeit hat, so vieles zu konsumieren, greift man auf stellvertretenden Konsum zurück: auf Diener, Ehefrauen, Freunde und Gäste, denen man kostspielige Geschenke macht und aufwendige Feste veranstaltet."

Konsumprodukte und warum wir ohne sie nicht auskommen können.

Die feinen Leute generieren Verschwendung und scheinbare Nutzlosigkeit. Die Herrschaften generieren Personal, das gar nicht arbeitet – jedenfalls nicht im Sinne der Schaffung von Mehrwert –, sondern Tätigkeiten weiter delegiert. Der livrierte Kellner kann unmöglich viel mehr tun, als steif ein silbernes Tablett herumzureichen. Schon die Kleidung ist verräterisch: Das Korsett der Mamsells ähnelt immer mehr Kleidungsstücken der feinen Damen aus der vorangegangenen Epoche. Immer weniger wird getan, immer mehr Prestige angezogen, und dass Frauen Röcke tragen, deutet Veblen dahingehend, dass dieses unpraktische Kleidungsstück seine Trägerin möglichst unproduktiv machen soll – also zur Müßiggängerin stempelt.

Der ganze Sermon humanistischer Bildung wird bei Veblen einer kritischen Analyse unterzogen: Verschwendung, so weit das Auge reicht. Er ist übrigens nicht der Einzige noch Erste, der die Attitüden des Bildungsbürgertums scharf aufs Korn nimmt. Schon Jahrzehnte vorher wetterte Alexander von Humboldt gegen die übertriebene Bildungssucht der Deutschen, die ihre Töchter und Söhne mit sinnlosen Beschäftigungen zu „gebildeten und wohlerzogenen" Menschen machen wollten. Lesen, Schreiben, Rechnen – das galt Humboldt als ausreichend, um seinen Weg zu machen, nützliche, nicht verschwenderische Grundtugenden also, eine Basisausstattung, die nach Bedarf erweitert werden konnte.

Wozu ist Bildung eigentlich nütze? Humboldt und die Prestigeträchtigen.

Egal was und wie: Um Prestige zu schaffen, den höchsten Wert der Menschheit, muss jede Unternehmung verschwenderisch sein – „in order to be reputable it must be wasteful".

Nur höchste Verschwendung ist angesehen – die Theorie der feinen Leute.

Das ist die Grundformel, der wir etwa auch bei Michael Braungart, dem klugen Querdenker der neuen Ökologie der Vielfalt, begegnen. Es ist die von Charles Darwin und vielen anderen, die die Kraft von Vielfalt und Verschwendung als wichtigste Konstante unseres Daseins erkannt haben. Die Praxis hinkt der Erkenntnis immer hinterher. Kunst und Wissenschaft des 20. Jahrhunderts sind beredte Kronzeugen der Verschwendung und der Vielfalt, auch in Bezug auf die Interpretation von Arbeitsergebnissen. Doch im Takt der Maschinen geht dieser neue Grundton noch unter.

Veblen wusste, dass die Logik der Verschwendung sich durch alle Kulturen und Zeiten zieht. Immer schon empfanden Menschen als schön und erstrebenswert, was ihnen zugleich besonders „unnütz", also durchaus auch unpraktisch, schien. Erst seit der Etablierung des Industriekapitalismus und seiner bis in die frühe Neuzeit zurückreichenden ideologischen Grundlagen galt das als unschicklich. Es war aber nicht aus der Welt zu kriegen. Veblen zeigt, dass Verschwendung „eine Universalie der sozialen Welt ist".

Verschwendung und Prestige – und schon wieder geht es nicht um mehr Geld.

Natürlich handelt jeder jeden Tag nach diesem Prinzip. Warum gibt es mehr als eine Automarke, Luxusuhren, Schmuck? Warum lassen sich Popstars in Stretch-Limousinen herumfahren, was bei ihren jugendlichen Fans für Begeisterung sorgt? Wie anders wäre die Pracht der Repräsentanzen von Unternehmen zu erklären, die bei offiziellen Anlässen zelebrierte Etikette, die Begeisterung, wenn sich ein Mitglied eines europäischen Königshauses vermählt? Was sonst würde uns dazu drängen, höhere und hohe Ränge im Beruf zu erreichen, Karriere zu machen? Den meisten geht es dabei nicht ums Geld. Politische Karrieren etwa führen nicht einmal zu materiellem Reichtum.

Unübersehbar ist, dass nur ein relativ kleiner Teil der Bürger unserer Gesellschaften je in eine Position kommt, die es ihm erlaubt, sich darüber Gedanken zu machen. Ist das nicht ungerecht? Denn wenn demonstrativer

Konsum, der Prestige fördert, gleichsam ein Menschenrecht ist, dann müssten doch möglichst viele, potenziell alle, zu demonstrativen Verschwendern werden? Das klingt seltsam. Und doch zielen die wichtigsten Soziallehren, die in den vergangenen einhundertfünfzig Jahren entwickelt wurden, genau darauf ab.

Die Automation – Verschwendung für alle!

Für Thorstein Veblen, den Theoretiker der feinen Leute, stand fest, dass im Problem seiner Zeit, dem Industrialismus, zugleich die Lösung der Gerechtigkeitsfrage bereits begründet liegen musste.

Der Wissenstand des frühen 20. Jahrhunderts war der:

Nur im Märchen, etwa in *Hans im Glück*, erhalten die Armen eine Chance, aber diese Chance ist stets volatil, wechselhaft also und risikoreich. Sie haben keine Macht. Tun sie, was die feinen Leute tun, nämlich Tag und Nacht nichts anderes, als gnadenlos ihre Macht zu demonstrieren, ihre Möglichkeiten zu nutzen und auf viele dieser Möglichkeiten gar zu verzichten, dann trifft sie das Schicksal hart. Der König lebt in Muße, der Bauer in ständiger Hoffnungslosigkeit.

Diesen Widerspruch verspricht der Industriekapitalismus aufzuheben. Selbst seine energischsten Kritiker, wie Karl Marx, glauben fest daran, dass der Industrialismus durch die Vereinheitlichung der Chancen, die so genannte Gleichheit, die ungerechte Verteilung von Macht-Fülle und Macht-Möglichkeiten beenden wird. Sie glauben, dass die Maschine letztlich für Gerechtigkeit sorgt.

Veblen denkt das auch.

Die protestantische Ethik sorgt für die Hintergrundmusik zu diesem Aufzug.

Es darf nicht verschwendet werden einfach nur deshalb, weil man die Chance dazu hat. Die reine Verschwendung wird abgeschafft. Nur wenn der Einsatz geringer ist als der Ertrag, also etwa einer opulenten Feier ein Geschäftsabschluss folgt, geht es gerecht zu. Bis dahin tätigte man Ausgaben für

Wie Maschinen für mehr Gerechtigkeit sorgen sollten – und die Abschaffung der reinen Verschwendung.

Repräsentation, ohne sich um den nächsten Tag zu kümmern. Auch im Industrialismus wird enorm viel für Repräsentation ausgegeben. Aber diese Ausgaben sind nichts weiter als Teil einer „größeren" Kalkulation: Sie müssen sich rechnen.

Wie lässt sich das auf alle umlegen? Durch Automation.

Automation – die Schlüsselfrage auf dem Weg zu mehr Verschwendung.

Die soll dafür sorgen, dass niemand mehr schuften muss – und gleichzeitig eine Gesellschaft entstehen lassen, in der sich alle rational verhalten, weil Maschinen Mehrwert ohne egoistisches Interesse erwirtschaften. Die Maschine sorgt so für Vernunft, davon träumt Veblen. Nutzlose Verschwendung treibt den Menschen, er aber, ganz Kind der Industriegesellschaft, will eine Welt bevölkert von Menschen, die Nutzen und nichts anderes stiften. Das Heil liegt für ihn in der Maschine, der totalen Automation. Hier entstehen Waren, die nicht das Leid unzähliger entrechteter Arbeiter in sich tragen.

Arbeit ist nicht mehr schwer. Jeder kann seine Möglichkeiten leben. Das ist letztlich der Nenner, auf den das Werk von Karl Marx gebracht werden kann. Automation ist Gerechtigkeit.

Beruf Verbraucher – die neue Rolle des Bürgers im Zeitalter der Verschwendung.

Führt das zum Müßiggang zurück? Keineswegs. Die ehemaligen Diener erhalten eine neue Rolle. Sie werden Verbraucher. Konsumenten. Konsum ersetzt Prestige. Man wird schwerlich an dieser Einsicht Veblens vorbeikommen, wenn man den Zustand der Gesellschaften nicht nur der Ersten Welt betrachtet. Konsum ist zum zentralen Identifikationsmerkmal der postindustriellen Kulturen geworden. Es geht darum, möglichst viel zu kaufen, ganz egal, ob man es benutzt oder nicht. Natürlich sind Handys für Jugendliche wesentliche Prestigeobjekte, die ihnen helfen, sich voneinander abzuheben; die Markenorientierung von Jugendlichen ist Gegenstand unzähliger Studien. Aber diese Haltung zu Marken und Prestigeobjekten ist unscharf, verschwenderisch im reinsten Sinn. Mit Nutzen hat das alles nichts zu tun.

Dennoch wäre es verfehlt, die naive Vorstellung von der Automation als Retter in der Not völlig aus dem Kalkül einer Welt der Vielfalt zu kippen. Nicht die Automation ist das Problem, sondern unsere Unfähigkeit, mit ihr umzugehen.

Das neue Proletariat oder: Videospielen ist gut für die Gemeinschaft

Veblen hat vorhergesagt, dass auf dieser Welt bald schon kein einziges Gut mehr produziert werden wird, das nicht der schieren Demonstration von Prestige und Verschwendung dient. Je weniger der Mensch noch als Produktionsfaktor gefragt ist, desto stärker drängt es ihn zum Konsum, er ist eine der letzten Sicherheiten, und zugleich eine neue, die sich allen Erfahrungen entzieht.

Schon seit fast einem halben Jahrhundert, das machen sich die wenigsten Menschen bewusst, leben in der Ersten Welt mehr Menschen von Dienstleistungen als von der Produktion, also der alten Industrie.

Die Wirtschaft funktioniert also – und mit ihr die Gesellschaft –, weil Menschen verbrauchen. Luxusverbrauch in den meisten Fällen, nicht einfach zur Deckung des notwendigen Bedarfs, wie die ewig gestrigen Industriegläubigen meinen. Armut definiert sich längst nicht mehr durch das Risiko, existenzieller Not ausgesetzt zu sein – Kälte, Durst und Hunger, Krankheit ohne Hilfe und Bildungsnotstand. Arm zu sein heißt in Deutschland, und anderswo, nicht regelmäßig einen neuen Gameboy oder die neueste DVD kaufen zu können. Selbst dieses Vermögen ist keineswegs ein Ausschlusskriterium. Sozialarbeiter wissen, was gemeint ist: In den Haushalten der so genannten Armen befinden sich in der Regel mehr *Consumer Goods*, vom DVD-Player bis zur Spielekonsole, als in den Haushalten der Bildungsbürger. Die klassische Stammkundschaft großer Elektronikmärkte ist sicher nicht elitär. Im Gegenteil: Gelernte Verbraucher, die von der Sozialhilfe leben, marodieren durch die Konsumpaläste.

Sie tun ihre Pflicht. Nichts anderes wird man behaupten können. Ihre Vorfahren schufteten in Fabriken, die heute niemand mehr braucht. Mit dem aus der Umverteilung stammenden Vermögen bedienen sich die, die man korrekterweise nicht mehr Arme und immer seltener „sozial Schwache", sondern halbherzig „bildungsferne Schichten" nennt, am Konsum.

Die so genannte Armut in den reichen Ländern – Konsumverzicht als Klassenfrage.

Wie man der Wirtschaft hilft, indem man nichts tut.

Das ist die – etwas weniger idealistische, aber relativ genaue – Erfüllung der Prophezeiung von Marx und Veblen. Die dachten wohl noch, dass die Nachfolger der Proletarier aus überirdischem Gutmenschentum auf Prestige und Verschwendung verzichten würden. Aber tatsächlich ist der neue Mensch, den sich die Revolutionäre des 19. Jahrhunderts erträumten, zum Inbegriff des Verschwenders geworden. Der Konsumist ist die massenhafte Reproduktion des demonstrativen Müßiggängers. Die Transformation hat ihre eigenen Gesetze. Eines der wichtigsten und ersten lautet: Der Müßiggang, die totalste Verschwendung, die der alte Geist des Kapitalismus kannte, ist zurück, präsenter als je zuvor.

Er ist ein globales Phänomen.

Lob des Müßiggangs

Wie man durch Verschwendung ganz gut leben kann. Warum wir alles dafür tun, nichts zu tun. Und ein paar Ideen, wie wir das noch besser machen könnten.

> *Jehova, der bärtige und sauertöpfische Gott,*
> *gibt seinen Verehrern das erhabenste Beispiel idealer Faulheit:*
> *nach sechs Tagen Arbeit ruht er auf alle Ewigkeit aus.*
> Paul Lafargue

Die Freuden des Ausgebens: Ashwini Gaur

In Indien hat sich eine derartige Klassenvielfalt entwickelt, dass kaum ein westlicher Beobachter mehr seine Schlüsse daraus ziehen kann, ohne die Statik seiner akademischen Bildung ernsthaft zu gefährden.

Junge Fachkräfte etwa verdienen dort zwar immer noch weniger als in Staaten wie den USA oder Deutschland, sie geben aber ihr Geld – ganz frei von Moral – vor allem für prestigeträchtige Konsumartikel aus. Der indische Wirtschaftswissenschaftler und Statistikexperte S. D. Brahmankar vom National Council of Applied Economic Research in New Delhi hat diesen Sprung der noch unlängst agrarisch bestimmten Kastengesellschaft Indiens über die Industriegesellschaft und ihre Werte hinweg zu einer neuen Konsumgesellschaft deutlich erkannt. Alle würden nur davon reden, sagt Brahmankar der Journalistin Kerstin Friemel, wie in Indien durch billigere IT-Dienstleistungen Geld verdient würde. Der Eindruck der Westler liefe darauf hinaus, dass Indien zu einer verlängerten Werkbank der Industrie Europas und der USA werde. Mehr und mehr, so die landläufige Auffassung, würde sich also die Industrie nach Indien (oder China oder in ähnliche Staaten) verabschieden und bei uns Industriearbeitsplätze vernichten. Das ist richtig, Tatsache ist aber auch, dass diese in Indien – oder auch in China – nicht

Was machen junge Menschen in Indien, die den neuen Wohlstand entdecken? Sie verprassen ihr Geld mit gutem Gewissen.

annähernd jene Rolle spielen, die ihnen im Westen zugeschrieben wird. Der Westen ist offenbar blind verbissen in sein altes, überholtes Wirtschaftssystem.

Man müsse sich vielmehr ansehen, sagt Brahmankar, wie diese Entwicklungen – etwa in der Informationstechnik – Indien wirklich verändert hätten. Davon rede fast niemand.

„Am Anfang gab es in Indien nur Jobs für Computer-Freaks. Doch seit ein paar Jahren haben viele ausländische Firmen auch Service-Abteilungen nach Indien ausgelagert, vor allem Call Center. Da finden heute auch Inder Arbeit, die keine Computer-Freaks sind, und verdienen Gehälter, von denen sie bis vor kurzem nur träumen konnten.

Wenn Arme reicher werden: Fast Food, Luxus-Kinos, Restaurants – die Dritte Welt entdeckt die Kraft der Verschwendung.

Dazu kommen Jobs in neuen Branchen wie etwa im Service-Sektor: Fastfood-Restaurants, Luxus-Kinos, die gesamte Freizeitindustrie, das gab es bisher kaum. Und das ist nur der Anfang. Diese Bereiche werden weiter boomen und eine neue Mittelschicht schaffen. Schon jetzt wächst sie jährlich um 15 Prozent. Zur Mittelklasse gehört, wer in einem Haushalt lebt, der mindestens 1274 Euro jährlich verdient. Das reicht, um in Indien Produkte wie Kühlschränke, Schwarz-Weiß-Fernseher oder Mopeds zu kaufen. Gleichzeitig steigt die Zahl derjenigen rasant, die sich Markenklamotten leisten, in teuren Restaurants essen und luxuriöse Pauschalurlaube buchen können. Das war bis vor kurzem nur einer hauchdünnen Schicht vorbehalten. Man schätzt, dass die neuen jungen Konsumenten rund zehn Milliarden Dollar zur Verfügung haben. Ihre Ausgaben steigen im Jahr um rund zwölf Prozent – mehr als das Doppelte des jährlichen Wirtschaftswachstums in Indien. Selbst die indische Regierung versucht inzwischen, das Wirtschaftswachstum über den Konsum der neuen Mittelschicht anzukurbeln. Die Kalkulation der Politiker ist einfach: Der Konsum hilft der wirtschaftlichen Entwicklung, das schafft neue Jobs, die Steuereinnahmen steigen, es gibt mehr Geld, um die großen Probleme des Landes – von der Bildung über die Gesundheitsversorgung bis zum Ausbau der Infrastruktur – zu lösen. Schlussendlich folgt die stufenweise Ausweitung des Wohlstands, auch wenn das nicht von heute auf morgen passieren wird." Die jungen Leute sähen die Zukunft positiv: „Sie wollen mehr erreichen, mehr verdienen, mehr konsumieren."

Der dreiundzwanzigjährige Ashwini Gaur ist einer dieser jungen Leute, die mehr konsumieren wollen. Er verdient einhundertneunzig Euro netto im Monat als Mitarbeiter eines Call Centers in Gurgaon, er hat freies Kantinenessen, dreißig Tage Urlaub jährlich, die Firma holt ihn morgens von der elterlichen Wohnung ab und bringt ihn auch wieder dorthin zurück. Alles, was er verdient, kann er nach eigener Aussage für sich selbst ausgeben. „Am meisten gebe ich für mein Handy aus [...]. Alle drei bis vier Monate kaufe ich mir ein neues. Das ist meine große Leidenschaft." Aus seinen Handy-Käufen hat er ziemlich hohe Schulden: „Ich spare kein Geld. Mein Motto lautet: Wie gewonnen, so zerronnen. Klar habe ich eine Kreditkarte. Fast jeden Tag rufen Banken an und wollen mir alles Mögliche unterjubeln, zum Beispiel noch mehr Kreditkarten oder Darlehen."

Das Handy – ein Motor für eine bessere Welt.

Konsumismus statt Kommunismus

Wodurch, das müssen wir uns ernsthaft fragen, unterscheidet sich Herr Gaur von einem x-beliebigen Deutschen seines Alters, wodurch von einem Amerikaner? Konsum ist die treibende Kraft der Welt geworden, und Konsum ist nichts anderes als pure, permanente Verschwendung.

Wenn wir uns im alten Europa (und den nicht viel frischeren USA) nur endlich frei machen könnten von alten ideologischen Barrieren und einer unerträglichen reaktionären Sozialromantik und die eigentliche Kraft dieses Prozesses erkennen könnten, würden sich die meisten Moralisten nicht mehr mit der Rettung der Ausnahme von der Regel, mit Industrialismus, Vollbeschäftigung und Sparwut beschäftigen, sondern mit der wirklichen Konstante, dem verschwenderischen, lustvollen Verbrauch. Was in Indien in vollem Gang ist, zeichnet sich auch in den dynamischen Wirtschaftszentren Chinas ab. Shanghai, das Zentrum des chinesischen Wirtschaftsbooms, erwirtschaftet bereits heute mehr als das Land Portugal. Die jungen Menschen, die die Stadt bevölkern, sind hun-

Kapitalismus und Prestigesucht – zwei Werkzeuge machen die Welt besser und kämpfen gegen die Armut.

dertprozentige Konsumisten. Nirgendwo sonst auf der Welt, so berichtete ein amerikanischer Musikjournalist nach einem zweiwöchigen Shanghai-Aufenthalt, werde „mit einer solchen Selbstverständlichkeit konsumiert und verschwendet wie in Shanghai".

Thomas Lange, Geschäftsführungsmitglied der Deutschen Bank, bestätigt in seinem Statement zu einer Veranstaltung der Evangelischen Akademie Berlin-Brandenburg zum Thema Kapitalismus diesen Eindruck: „Die Vorstellungen, die wir von China oder Vietnam haben, sind meist falsch. Hier herrscht ein geradezu brutaler Wettlauf ums Prestige, um Anerkennung, und ein rauer Kapitalismus, den wir nicht einmal aus den Erzählungen unserer Eltern kennen."

Die Praxis der Menschheit: Verschwende!

Das mag auch noch an einem anderen Beispiel deutlich werden. In den schnell wachsenden Wirtschaftsräumen Asiens schätzt man wie bei uns Handys als Statussymbol, allerdings nicht mit dem bescheidenen Design, das in den USA und Europa den Widerspruch zwischen protestantischer Ethik und Prestigedenken formuliert. In den alten Wirtschaftsmächten gilt als edel, was möglichst glatt ist. Am asiatischen Markt hingegen sind elektronische Produkte vielfach bunt, in Goldfarben bemalt, mit Schmucksteinen besetzt. Jeder soll sehen, was man hat. Das Prestige feiert seine Auferstehung dort, wo keine rückwärts gewandte, menschenfeindliche Dogmatik des Sparwahns herrscht. Die Theorie der feinen Leute ist die Praxis der Menschheit.

Konsum, Verschwendung und Müßiggang

Die Überwindung eines Sonderfalls: Wie Verschwendung und Müßiggang zurückkehren.

Alles deutet darauf hin, dass die nachwachsende Generation die alten Denkbarrieren nicht mehr so ernst nimmt wie ihre Väter. Konsumverweigerung war einst – vorübergehend – ein Merkmal der Achtundsechziger-Bewegung. Doch die meisten von ihnen haben Marx längst ad acta gelegt – und dafür den Manufaktum-Katalog zur Hand genommen. So schnell wie möglich raus aus dem

Produktionsprozess – das ist das Ziel zumindest all jener, die über einen hohen Bildungsgrad verfügen und damit auch über mehr Möglichkeiten, in relativ kurzer Zeit ausreichend Mittel für den eigenen Lebensunterhalt zu erwerben. Entsteht etwa auch hier eine Gesellschaft von „demonstrativen Müßiggängern"? Ist nach fast zwei Jahrhunderten Industrialismus der Sonderfall überwunden?

Mitten in dieser Ära des absonderlichen Scheinverzichts, der den Industrialismus kennzeichnet, gab es einen, der anders als die anderen dachte und dadurch zu einem noch viel größeren Außenseiter wurde, als Thorstein Veblen, der scharfe Beobachter und unbelehrbare Maschinenromantiker, es jemals sein konnte: Paul Lafargue. Obwohl er das Werk seines berühmten Schwiegervaters Karl Marx auf die Füße stellte und sich als herausragender Praktiker erwies, wurde Lafargues Beitrag zum Thema menschliche Produktivität, der 1886 unter dem Titel *Das Recht auf Faulheit* veröffentlicht wurde, wenig populär. Der Müßiggang galt ihm nicht als aller Laster Anfang. Im Gegenteil: Er war für ihn der eigentliche Sinn des Lebens.

Damit befand sich Lafargue in krassem Gegensatz zu seinem berühmten Verwandten. Zwar war Müßiggang auch für Marx die Blüte sozialistischer Entwicklung, der eigentliche Kommunismus, jedoch ganz nach dem Geschmack des Meisters: Der Proletarier, der nicht mehr schuften musste, wurde wie seine ehemaligen Unterdrücker, Klavier spielend und Gedichte lesend, ein vergeistigter *common man*, der die Traditionen adligen und bürgerlichen Müßiggangs einfach übernehmen sollte.

Was Marx als Müßiggang bezeichnete, war im Grunde harte Arbeit, und nicht zu knapp. Etikette und Prestige erforderten ziemlich hohe Aufwendungen. Natürlich war es besser, sich auf die genaue Tanzordnung eines Balls vorzubereiten, als achtzehn Stunden am Tag in einer Kohlengrube zu schuften. Doch völlig ohne Drill ging auch dieses „Vergnügen" nicht ab.

Zugleich aber war es immer dieses Bild, das dem deutschen Spießer, bei aller Ablehnung der anderen marxistischen Ziele, am ehesten behagte. Die Sozialdemokratie hat es zu ihrem Programm gemacht. Die von „ganz unten" sollten

Der Schwiegersohn des Karl Marx – ein Freund der faulen Säcke.

sich „nach oben lesen", wie das geflügelte Wort der Arbeiterbildungsvereine lautete. Noch heute wird umfassende Bildung als Grundvoraussetzung sozialen Aufstiegs beschworen. Diese Richtlinie funktioniert aber nur in einer weiterhin bestehenden Klassengesellschaft mit einheitlichen moralischen und ethischen Konzepten und klaren Abgrenzungen zwischen oben und unten. In einer vielfältigen Gemeinschaft verliert das Streben nach diszipliniertem Müßiggang seinen Sinn. Das ist wohl auch der Grund, weshalb heute Appelle an die allgemeine Bildungsbereitschaft wirkungslos verpuffen.

Das Recht auf Faulheit

Wie Charles Darwin Paul Lafargue inspirierte: Verschwendung ist natürlich, Arbeit nicht.

Paul Lafargue wurde 1842 in Santiago de Cuba geboren. Als er neun Jahre alt war, zog seine Familie nach Frankreich, hinein in die Nachwehen der bürgerlichen Revolution, hinein aber auch in eine finstere, neoabsolutistische Gewaltherrschaft, die der durch Putsch an die Macht gelangte Kaiser Napoléon III. führte. Als Student schloss sich Lafargue dem Widerstand an, studierte Medizin, musste aber am Ende des Jahrzehnts nach England flüchten. In London traf er auf den bereits berühmten Karl Marx, der eben in der Arbeit an seinem bedeutendsten Werk steckte, *Zur Kritik der Politischen Ökonomie*, dessen erster Band *Das Kapital* Weltruhm erlangen sollte. Lafargue suchte die Nähe des „Mohren", und Marx erwiderte wohl die Freundschaft des jungen Mannes. Vor allem teilten beide in diesen Tagen die Begeisterung für das umstrittenste Werk der letzten Jahre, Charles Darwins *The Origin of Species*. Hier fanden Marx und der von Darwin noch weitaus mehr begeisterte Friedrich Engels die Bestätigung ihrer Kritik am Vereinheitlichungsregime des Industriekapitalismus.

Lafargue teilte diese Begeisterung für die Gesetze der Evolution in hohem Maße. Und er konzentrierte sich, wesentlich intensiver noch als sein väterlicher Freund Marx, dessen Tochter Laura er im Jahr 1868 zur Frau nahm, auf die für all diejenigen, die das Privileg haben, diese Evolution bewusst zu erleben, einzige wirklich bedeutsame Frage: Was haben wir davon?

Im Laufe der nächsten Jahre wird Lafargue zu einem der wichtigsten Organisatoren der frühen Arbeiterbewegung. So geht etwa die Durchführung der Ersten Internationale, der Sammelbewegung der verschiedenen sozialistischen Parteien und Gruppen aus aller Welt, auf Lafargues geschicktes Organisationstalent zurück.

1880 veröffentlicht Lafargue seine Schrift *Das Recht auf Faulheit*. Sie wird zum heimlichen Bestseller unter den fortschrittlichen Sozialisten, die bereits zu diesem Zeitpunkt gegenüber den „pragmatischen Linken" ins Hintertreffen geraten sind. Schon jetzt haben diejenigen das Sagen, die die maximale Teilhabe am System des Industriekapitalismus propagieren, Mitbestimmung und mehr Wohlstand durch Arbeit und Umverteilung. Lafargue hält das für absurd.

Niemand hat die Absicht, auf der faulen Haut zu liegen.

> *„Die kapitalistische Moral, eine jämmerliche Kopie der christlichen Moral, belegt das Fleisch des Arbeiters mit einem Fluch; ihr Ideal besteht darin, die Bedürfnisse des Produzenten auf das geringste Minimum zu drücken, seine Freude und seine Leidenschaften zu ersticken und ihn zur Rolle einer Maschine zu verurteilen, aus der man pausenlos und gnadenlos Arbeit herausschindet. […] In der kapitalistischen Gesellschaft ist die Arbeit die Ursache des geistigen Verkommens und der körperlichen Verunstaltung. Man vergleiche die von einem menschlichen Dienerpack bedienten Vollblutpferde in den Ställen eines Rothschilds mit den schwerfälligen normannischen Gäulen, welche das Land beackern, den Mistwagen ziehen und die Ernte einfahren. Man betrachte den edlen Wilden, wenn ihn die Missionare des Handels und die Vertreter in Glaubensartikeln noch nicht durch Christentum, Syphilis und das Dogma der Arbeit verdorben haben, und dann vergleiche man mit ihm unsere elenden Maschinensklaven."*

Lafargue bemüht nicht nur die Natur und das Wesen jener, die bei Max Weber später „Traditionalisten" heißen werden, jene also, die sich dem protestantischen Arbeitsethos nicht willenlos überlassen. Er nimmt, wie üblich, Anleihen an der hochgehaltenen antiken Kultur: Die Griechen, weiß er, hatten auf dem Höhepunkt ihrer Kultur für Arbeit nur Verachtung übrig. Nur Sklaven mussten schuften, der freie Mann aber „kannte nur körperliche Übungen und Spiele des Geistes [...] Die Philosophen des Altertums lehrten die Verachtung der Arbeit, diese Herabwürdigung des freien Menschen; die Dichter besangen die Faulheit, diese Gabe der Götter".

Beispiel um Beispiel reiht Lafargue aneinander, um dem Recht auf Faulheit zum Durchbruch zu verhelfen und dabei, nie langweilig, den Stumpfsinn des Arbeitsethos auch den Reihen der eigenen Genossen klar zu machen. Er gibt denen, die in schwerster Arbeit ihre einzige Daseinsberechtigung sahen, kein Pardon:

Die 15-Stunden-Woche ist mehr als genug – bloß nicht arbeiten, es bringt nichts.

„[...] das Proletariat hat sich, seine Instinkte verleugnend und seine geschichtliche Aufgabe verkennend, von dem Dogma der Arbeit verführen lassen. Hart und schrecklich war seine Züchtigung. Alles individuelle und soziale Elend entstammt dieser Leidenschaft für die Arbeit [...] damit ihm seine Kraft bewußt wird, muß das Proletariat die Vorurteile der christlichen, ökonomischen und liberalistischen Moral mit Füßen treten; es muß zu seinen natürlichen Instinkten zurückkehren, die tausendfach edler und heiliger sind als die schwindsüchtigen Menschenrechte, die von den übersinnlichen Anwälten der bürgerlichen Revolution wiedergekäut werden; es muß sich zwingen, nicht mehr als drei Stunden täglich zu arbeiten, um den Rest des Tages und der Nacht müßig zu gehen und flott zu leben."

Und dann, nach all diesen feierlichen Ausführungen und energischen Appellen an die Vernunft seiner Zeitgenossen, macht Lafargue einen gewaltigen Sprung. Dies unterscheidet ihn von all seinen Zeitgenossen. Mit einem kurzen Absatz geht er über das damals für machbar und möglich Gehaltene weit hinaus. Er träumt nicht allein von einer Welt der automatisierten Fabriken, einer Maschinenwelt, die Mehrwert für alle gestaltet. In einem Text, der den Eliten und der Opposition seiner Zeit allein schon durch seinen Gegenstand, die Faulheit, zutiefst zuwider sein muss, formuliert Lafargue eine der wichtigsten Formeln, mit der sich das Phänomen der Verschwendung – als Konsum – auf einen Nenner bringen lässt. Angesichts „der modernen Produktionsmittel und ihrer unbegrenzten Vervielfältigungsmöglichkeiten" müsse „die übertriebene Leidenschaft der Arbeiter für die Arbeit gebändigt und es ihnen zur Pflicht gemacht werden, die Waren, die sie produzieren, auch zu verbrauchen".

Wer nicht arbeitet, soll mehr essen: Aus Proletariern werden Konsumenten.

Das ist die klarste und verständlichste Vorwegnahme dessen, was wir heute als Wesen der Konsumgesellschaft erahnen. Der Begriff allein jagt alten Industrialisten und moralinsauren Reaktionären eine Heidenangst ein. Denn die Konsumgesellschaft kommt ohne Zwang und Arbeitsneurose weiter als das totalitäre Arbeitslagerprogramm der Industrie, das heute von Nationalstaaten noch als höchstes Glück hochgehalten wird.

Der große britische Philosoph Bertrand Russell hat in seinem Essay *Lob des Müßiggangs* diese Defekte nochmals untersucht und dazu festgehalten:

Das Lob des Müßiggangs: Wann werden wir klüger?

> „Guten Mutes zu sein, ist die sittliche Eigenschaft, deren die Welt vor allem und am meisten bedarf, und Gutmütigkeit ist das Ergebnis von Wohlbehagen und Sicherheit, nicht von anstrengendem Lebenskampf. Mit den modernen Produktionsmethoden ist die Möglichkeit gegeben, daß alle Menschen behaglich und sicher leben können; wir haben es statt dessen vorgezogen, daß sich manche überanstrengen und die anderen verhungern. Bisher sind wir noch immer so energiegeladen arbeitsam wie zur Zeit, da es noch keine Maschinen gab, das war sehr töricht von uns, aber sollten wir nicht auch irgendwann mal gescheit werden?"

Die Verräter

Einige der zwölf Apostel Jesu verkörperten menschliche Charaktereigenschaften im Extrem: Judas, der unsichere, labile Verräter, Johannes, der selbstzerstörerische Masochist und Apokalyptiker, Paulus, der Bürokrat.

Ein Chefideologe bastelt eine Religion: Paulus und die Doktrin von der harten Arbeit.

Bis etwa zum Jahr 50 n. Chr. war die heute gängige Auffassung, Arbeit sei das ganze Leben, die Berufsausübung gleichsam der Sinn der biologischen Existenz, völlig unbekannt. Das eindeutige Ziel aller menschlichen Bestrebungen war der Müßiggang, oft verwechselt mit schierer Trägheit. Müßiggang aber ist die Möglichkeit an sich, der freie Wille umgesetzt in frei verfügbare Zeit.

Es bedurfte eines dogmatischen Kopfes, um diese Haltung zu ändern – nachhaltig, wie man heute sagen würde. Dieser Chefideologe hieß Paulus. Im Neuen Testament steht im zweiten Brief an die Thessalonicher sein denkwürdiger Leitsatz: „Wer nicht arbeitet, soll auch nicht essen." Das ist, auch wenn man nachsichtig sein will, die reine Blasphemie. Denn Paulus, der Lieblingsapostel Jesu, der Gralshüter der reinen Lehre der Menschenliebe, propagiert hier nach dem Ableben seines Meisters schnurstracks so ziemlich das genaue Gegenteil dessen, aufgetragen hat. Jesus sprach:

Schuften ist nicht nach dem Sinn der Schöpfung.

„Sehet die Lilien auf dem Felde, wie sie wachsen, sie arbeiten nicht, sie spinnen nicht, und doch sage ich euch, daß Salomo in all seiner Pracht nicht herrlicher gekleidet war."

Doch die von dem Apostel Matthäus aufgezeichnete Bergpredigt hatte weit weniger politische Folgen als der kurze Satz seines Kollegen Paulus. Jede Emanzipationsbewegung muss sich auf eine moralische Referenz berufen. Wer das Neue will, braucht immer alte Regeln als Kronzeugen. Die Doktrin der Arbeit wird in die neuen Soziallehren, die als Gegenreaktion zum Industrialismus entstehen, liebend gern aufgenommen. Man steht auf der Seite der Ausgebeuteten, der Nicht-Prestigeorientierten, Nicht-Verschwenderischen, der Armen eben, der Proletarier, der Arbeiter. Christentum, Kapitalist und Arbeiterführer sind sich in einem immer einig gewesen: Ohne Arbeit kein Lebensrecht. Dieser Wahn, der seit zweitausend Jahren andauert, findet in jenem schlimmsten aller zynischen Sätze seinen Höhepunkt, mit dem die Nazis die Tore ihrer Vernichtungslager überschrieben: „Arbeit macht frei".

Doch selbst das konnte nicht verhindern, dass bereits wenige Tage nach der Befreiung vom Joch des Nationalsozialismus Funktionäre in Ost und West die Arbeit schon wieder als den Sinn des Lebens feierten. Der „Held der Arbeit", die stalinistische Stachanow-Bewegung, die Arbeiterparteien und der – übrigens auch von den Nazis als Feiertag etablierte – „Tag der Arbeit" sind beredte Zeugen eines scheinbar unüberwindbaren Vorurteils: dass nur der Fleiß des Einzelnen für Wohlstand sorgen kann. Wohlstand und Wohlbefinden waren, mangels ausreichend menschenwürdiger Produktionsmöglichkeiten, lange Zeit getrennte Kategorien. Automation und Fortschritt aber heben diesen scheinbar unvereinbaren Widerspruch auf. Man kann gut leben, konsumieren, verschwenden sogar, ohne zu arbeiten oder andere für sich schuften zu lassen.

Vom Helden der Arbeit zum Treppenwitz der Geschichte: der Erwerbswahn.

Sicher: Karl Marx hat, insbesondere wo er wieder zum „Romantiker" wurde, heftig gegen das Arbeitsdogma gestritten. Um „persönlich zur Geltung zu kommen", müssten die „Proletarier ihre eigene bisherige Existenzbedingung, die zugleich die der ganzen Gesellschaft ist, die Arbeit, aufheben", schreibt der Vater des Kommunismus in *Die deutsche Ideologie*, und oft genug betonte er, dass die Arbeit als solche beseitigt werden müsse, um den Menschen zur Freiheit zu führen.

Wie im „realen" Sozialismus des 20. Jahrhunderts wurde der Weg dorthin zum eigentlichen Ziel – und zu einem katastrophalen, extremistischen Irrweg. Dafür ist Marx nicht zu schelten. Aber ohne Zweifel trugen die theoretischen Arbeiten des „*Kapitals*" dazu bei, dass der Methodik der Revolution mehr Aufmerksamkeit geschenkt wurde als ihren Zielen.

Verschwendung macht sich bezahlt

Bertrand Russell hatte natürlich recht. Schadenfroh stellt er die Bürger des 20. Jahrhunderts vor die Wahl, entweder weiterhin unter der Knute der industrialistischen Arbeitswut zu leiden – was neben allen anderen Nachteilen individuell auch zu „nervöser Gereiztheit, Übermüdung und schlechter Verdauung" führen könnte – oder aber den anderen Weg zu gehen: den des „Glücks und der Lebensfreude". Voraussetzung dafür aber ist natürlich der Bruch mit alten Dogmen, die bis heute gelten, Maßstäben, die, wie der Nobelpreisträger schreibt, „von älteren Pseudowissenschaftlern" aufgestellt wurden.

Das Ende der Ära der Zwangsarbeit und der Einstieg in die Gesellschaft der Vielfalt.

Vielleicht sind wir weiter, als wir glauben. Das 21. Jahrhundert setzt fort, was nach 1945 begann: das Zeitalter des Konsumismus. Es ist getrieben von Prestige, Luxus, Verschwendung und einer allmählichen Entdeckung der Vielfalt, verwirft dagegen Zwangsarbeit und Ausbeutung.

Sicher: Noch müssen viele für ihre Prestigesucht, ihre Verschwendungsfreude hart arbeiten; aber es tritt immer deutlicher zutage, dass dies kein Naturgesetz ist. Deckungsgleich waren stets Arbeit und Existenzberechtigung. Was aber, wenn Produktion und Verbrauch sich dergestalt voneinander entfernen, dass viele nur noch verbrauchen, aber kaum noch jemand direkt produziert? Wir denken immer noch in den Kategorien der alten Tauschwirtschaft, wo Arbeit gegen Arbeit und Gut gegen Gut möglichst gleichwertig gehandelt wurde. Diese Gesellschaft aber lebt in weiten Teilen bereits davon, dass viele viel verbrauchen und

Das Ende der Arbeitsgesellschaft – und die sehnsüchtigen Blicke zurück.

nichts produzieren. Im Sinne des alten Industrialismus sind das Verschwender und Schmarotzer, ganz gleich, auf welcher gesellschaftlichen Ebene sie sich befinden. Der reiche Erbe und der Sozialhilfeempfänger sind ihm zufolge zwar gesellschaftlich noch unterscheidbare Instanzen, letztlich aber beide für die Arbeitsgesellschaft unnütze Esser.

Doch es gibt keine *Arbeits*gesellschaft mehr.

Leben, ohne zu arbeiten: Das Grundeinkommen

Angefangen von dem ultraliberalen Marktökonomen Milton Friedman bis hin zu dem linken Apostel des Grundeinkommens, dem österreichisch-französischen Philosophen André Gorz, gilt die Auffassung, dass die moderne Wissens- und Dienstleistungsgesellschaft durch den immer höheren Grad an Automatisierung (und den damit verbundenen höheren Mehrwert) es sich leisten kann, immer mehr Bürger einfach nur zu Konsumenten werden zu lassen. Dazu gehören auch die Millionen Arbeitslosen, die der Industrialismus hinterlassen hat. Sie sind eigentlich keine Opfer: denn die Automation, die Möglichkeit, schwere und schwerste Arbeit Menschen abzunehmen und Maschinen und Systemen zu überantworten, ist gut – moralisch, menschlich, ökonomisch. Nicht Moral, sondern Vernunft aber ist gefragt, um mit diesem Erfolg fertig zu werden: denn solange Einkommen an Erwerbsarbeit gekoppelt ist, die ausgeht, weil sie sich erübrigt, ist auch die Kraft des Konsumismus bedroht. Es wäre schlicht Selbstmord, weiterhin Arbeit und Einkommen aneinander zu koppeln.

Die Arbeitslosen, zumal in Deutschland, sind nicht im eigentlichen Sinne „arm". Niemand von ihnen leidet materiell bittere Not. Und viele Millionen weitere Produktivkräfte sind gemessen an den alten Zuständen, die in der Industriegesellschaft und zuvor im agrarisch-feudalen System herrschten, keineswegs „Ausgebeutete". Sie erhalten an Zuschüssen und Lohnstützen so viel, dass sie im Grunde genommen der Allgemeinheit weniger Mühe machen würden, ließe man sie mit einem anständigen Grundeinkommen einfach nur konsumieren. Denn Verbrauch schafft Mehrwert, der von immer weniger für immer mehr auf dem Wege der natürlichen Umverteilung, die das System der Vielfalt entwickelt erzeugt wird. Die alte Vorstellung, dass „irgendjemand das erarbeiten muss, was wir verbrauchen", hat ausgedient – sie ist allerdings so fest in den Köpfen verankert, dass kaum Hoffnung besteht, in dieser Generation könnte noch ein Umdenken stattfinden.

Warum ein Grundeinkommen für alle ein tolles Geschäft ist – und was wir heute sinnlos vergeuden.

Der Sozialwissenschaftler Michael Opielka gehört hierzulande zu den Pionieren der Idee eines erwerbsunabhängigen Grundeinkommens. Sie ist im politischen Spektrum von liberal bis links zur Basisforderung geworden – durchaus zu Recht, weil so der Konsum auf die natürlichste und richtigste Art und Weise angekurbelt wird: über den Markt. Die Gründe, für dieses Grundeinkommen zu streiten, liegen für Opielka darin, „den Arbeitsmarkt nicht mehr als Zentralorgan der Einkommensverteilung zu verstehen. Durch ein Grundeinkommen soll das Beschäftigungsargument zugunsten gesellschaftlich schädlicher Produktion gelockert und das Problem der Arbeitslosigkeit an der Wurzel angegangen werden".

Vollbeschäftigung ist ein Sonderfall des Industrialismus – und sorgt, weil Arbeit an Einkommen gekoppelt ist, längst für mehr Ärger als Nutzen. Jede Idee des Grundeinkommens, ob großzügige Alimentierung oder Basiseinkommen, geht davon aus, dass die Arbeitsgesellschaft als Kombinationsmodell von Arbeit und Erwerb am Ende ist. Es ist übrigens bemerkenswert, dass entsprechende Konzepte schon seit nahezu vierzig Jahren angedacht werden. Der unaufhaltsame Abstieg der Vollbeschäftigungsgesellschaft ist nicht erst seit gestern offenbar – und, wir erinnern uns an Paul Lafargue, bereits auf dem Höhepunkt des Vollbeschäftigungswahns vorausgesehen worden. Auch der Physiker Albert Einstein war ein glühender Anhänger des voraussetzungslosen Grundeinkommens. Er verehrte die Schriften von Josef Popper-Lynkeus, der mit seinem Pamphlet *Die allgemeine Nährpflicht als Lösung der sozialen Frage* 1912 Intellektuelle in aller Welt für die Idee einer sorgenfreien, durch Fortschritt finanzierten Existenz begeisterte.

Doch nicht allein Moral, auch die Vernunft spricht für die Idee des Grundeinkommens.

Grundeinkommen sorgte vor allen Dingen für Konsum. Es verhinderte Arbeit keineswegs. Je nach gesellschaftspolitischer Sichtweise wäre es hilfreich als ein Instrument für mehr gemeinschaftliche Arbeit, aber auch als ein Werkzeug, um das Monstrum zu zähmen, das Max Weber als finale Aufführung des kapitalisti-

Grundeinkommen für alle ist vernünftig – nicht moralisch. Verschwendung statt Bürokratie schafft neue Werte.

schen Geistes erkannte: eine Bürokratie, in der die modernen Bürger, den Fellachen Ägyptens gleich, nur mehr um dieser Bürokratie willen existieren dürfen. Wer daran zweifelt, möge sich Kosten und Effizienz staatlicher Arbeitsvermittlungseinrichtungen – allen voran der Bundesagentur für Arbeit – in Erinnerung rufen.

Aber wäre, so würden Bedenkenträger sofort einwenden, ein Grundeinkommen in einem entwickelten Land wie Deutschland überhaupt finanzierbar? Und wodurch? Michael Opielka hat hierzu eine konzise Berechnung des Machbaren vorgelegt. Falls jeder Bürger eine pauschalierte Sozialsteuer von 17,5 Prozent bezahlen würde, so ließen sich damit sämtliche Geldleistungen ersetzen, die der Sozialstaat heute noch unter dem Vorwand der Wiederherstellung der Vollbeschäftigung für seine Bürger auf den verschiedensten Baustellen versikkern lässt. Diese Sozialsteuer würde, das ist wichtig, den unübersichtlichen Mix an Abgaben und Progressivsteuern ersetzen, die heute auf das Arbeitseinkommen entfallen.

Geld ohne Arbeit – billiger als der monströse Sozialstaat.

Eine noch effizientere Idee ist ein Verzicht der Besteuerung von Arbeit zugunsten weit höherer Steuern auf Vermögen und vor allem Konsum. Verbrauchssteuern sind gerechte Steuern, und, was noch viel wichtiger ist, sie können dort erhoben werden, wo Waren und Dienstleistungen verkauft werden. Das Schreckgespenst vom flüchtigen Kapital würde damit zum Volksmärchen.

Eine Welt ohne Globalisierungprobleme – und mehr Reichtum.

Der ehemalige SPD-Bundesgeschäftsführer Peter Glotz, einst ein erbitterter Gegner des Grundeinkommens, sah schließlich nur noch eine einzige Barriere, die die Einführung einer Grundsicherung ernsthaft behindern könnte: die Tatsache, dass Parteien und Verbände, die Institutionen des Einheitsstaates, davon nichts hätten außer einem gehörigen Machtverlust.

Schenk mir 80.000 Dollar

Der amerikanische Staatsrechtler Bruce Ackerman geht noch weit über solche Vorschläge, die ohne Zweifel Entbürokratisierung und mehr Überblick, weniger Zukunftsangst und größere Berechenbarkeit für die Gegenwart bedeuten würden, hinaus. Er schlägt vor, eine „Stakeholder-Gesellschaft" zu errichten. Dabei bekäme jeder Bürger mit der Vollendung seines achtzehnten Lebensjahres einen Betrag von achtzigtausend US-Dollar (oder achtzigtausend Euro) ausbezahlt. Damit verfügte, so Ackerman, jeder Bürger über die gleichen ökonomischen Chancen und zugleich über ein hohes Maß an Handlungsfreiheit, das sich im gegenwärtigen Alimentierungssystem nicht abzeichnet. Alimentierung ist eine nie endende Notpolitik. Man gibt kleine Happen, statt einmal eine richtige Mahlzeit anzubieten. Sie nützt ganz klar all jenen, die im Sozialstaat für sie arbeiten, der Bürokratie, ganz zuoberst aber der Politik, die dadurch ihre einzige noch verbliebene Legitimation aufrechterhält: die des Gatekeepers, des Schleusenwarts, des Umverteilers. Ackerman will demgegenüber „keine Hilfe in einer Notlage, sondern eine faire und gerechte Ausgangsposition".

Das Modell der Bürger-Erbschaft: Echte Chancen statt Gießkannenprinzip.

In den USA würde ein solches Programm nach Berechnungen von Ackerman jährlich zweihundertfünfundfünfzig Milliarden Dollar kosten. Das ist weniger, als für Bildung ausgegeben wird, und deutlich weniger als das Verteidigungsbudget. Die Finanzierung würde durch eine sehr moderate Steueranhebung bei der Vermögenssteuer gesichert – und durch eine goldene Regel dieser Teilhabegesellschaft: Vermögen, das die Gemeinschaft ihren Bürgern zur Verfügung stellt, bleibt im Grunde nur geliehenes Geld. Stirbt der Teilhaber, dann fällt der Rest – oder, was durchaus wahrscheinlich ist, das gemehrte Vermögen – bis zu einer Höhe von zweihundertfünfzigtausend Dollar an die Verwalter der Fonds zurück, damit neue Lebens-Darlehen vergeben werden können.

Dieses Modell nennt Ackerman die Bürger-Erbschaft: „Heute verlassen wir uns immer noch auf private Erbschaften, um Vermögen von einer Generation an die nächste weiterzugeben, aber dieser Mechanismus ist überholt. Früher starben Eltern mit 50 oder 60 und gaben ihr Erspartes an Kinder um die 20 oder 30 weiter. Heute beerben 60-Jährige ihre 90-jährigen Eltern! Das ist lachhaft. Wie wohlhabend etwa ein Deutscher ist, hat wenig mit den eigenen Fähigkeiten oder denen der Eltern zu tun, sondern damit, ob man zwischen 1949 und 2000 in Dresden oder Hamburg lebte. Das ist keine Folge harter Arbeit, sondern von Unwägbarkeiten der Politik. Ich möchte Erbschaften demokratisieren.“

Alles Illusionen, geträumt vor dem Hintergrund eines unausweichlichen Crashs der Vollbeschäftigungsgesellschaft? Kann so Konsum gefördert werden, der dafür sorgt, dass die Wirtschaft nicht kollabiert? Konsum, der dafür sorgt, dass Mehrwert entsteht, der wiederum der Umverteilung nutzt? Auf jeden Fall, meint Ackerman. Und verweist auf funktionierende Modelle.

Warum es Geld bringt, Geld zu verschenken – und was Tony Blair darüber weiß.

Im England Tony Blairs sorgen Trusts dafür, dass Kinder mit einer finanziellen Starthilfe ausgestattet werden. Nach den Vorstellungen der undogmatischen britischen Sozialdemokratie sollen die Ideen Ackermans sukzessive verwirklicht werden. Ackermann selbst geht davon aus, dass die meisten Menschen ohnehin auf seiner Seite wären. Denn unverdiente Erbschaften sind wenig produktiv. „Wir müssen darüber diskutieren, was soziale Gerechtigkeit im neuen Jahrhundert bedeutet.“ Von Workaholics abgesehen, meint Ackerman, wird Arbeit für die Menschen im 21. Jahrhundert eine immer geringere Rolle spielen. Wichtig ist also, die Fürsorge von der Pflicht zur Arbeit zu entkoppeln – so ziemlich genau das Gegenteil dessen also, was die arbeitswütige deutsche Politik heute im Zuge der Sozialreformen verordnet, bei der die Empfänger staatlicher Unterstützung zu jeder Beschäftigung gezwungen werden können.

Kein Wachstum ohne Zwang?

Gegner dieser Ideen führen immer wieder das gleiche Argument gegen Grundeinkommen und Teilhabegesellschaft in Feld: Ohne Zwang seien die Menschen nicht produktiv. Doch das ist völliger Unsinn. Auch Veblens „feine Leute" schufen jede Menge Mehrwert. Sie waren genau genommen die Gründerväter der Dienstleistungsgesellschaft, denn ihr verschämtes Nichtstun unter dem Tarnmantel protestantischer Ethik sorgte für eine wahre Explosion an Dienstleistungen, wie sie zuvor kein Mensch für möglich gehalten hätte. Der Leipziger Soziologe Georg Vobruba glaubt das auch, und er hat ein schlagendes Argument: Mit einem Grundeinkommen würden sich die Arbeitsanbieter endlich in Waffengleichheit mit den Arbeitgebern befinden. Das würde zunächst die Arbeitgeber dazu bewegen, der Verknappung durch eine Verbesserung ihrer Leistung entgegenzuwirken. Im schlimmsten Fall würden die Unternehmer den Automationsgrad erhöhen, was in einem System, in dem zumal Wertschöpfungsabgaben und Konsumsteuern die alten Steuern auf Arbeit ersetzten, zu höherer Wertschöpfung führen würde. Selbst die Variante, bei der es nicht mehr Beschäftigung geben würde, wäre somit ein Erfolg.

Warum unterlässt man dies dann?

Es ist ein gewolltes Manöver. Martin Walser verwies auf den Zusammenhang zwischen Arbeit und Würde: „Solange man arbeiten muss, muss man sich beleidigen lassen!" Es ist also eine Frage der Macht, der Kontrolle, des Zwangs. Wer daher „Die Arbeit hoch!" ruft, dessen Verstand befindet sich längst im Keller. Nicht Erwerbsarbeit, organisierte Zwangsarbeit also, sondern freie Tätigkeit hilft, die Konkurrenz zu beleben. Früher hieß es: Niemand tut, was er nicht muss. Heute gilt: Jeder tut, was er für richtig hält. Die Menschen werden nicht aufhören, tätig zu sein, wenn sie der elementarsten Zwangslage entwachsen sind. Es gibt keinen Beweis dafür, dass Menschen unter Zwang produktiver wären als unter freieren Bedingungen. Natürlich gibt es Leute, die der Meinung sind, Zwangsarbeit hebe die Moral. Man vergisst leicht, worauf Nazismus und Stalinismus bauten.

Arbeitsbesitzer und Arbeitslose – die Geschichte einer endlosen Erniedrigung auf Kosten der Allgemeinheit.

Die alte Arbeit ist ein Popanz, eine Erfindung des Einheitszeitalters. „Unsere Epoche", schrieb Paul Lafargue, „sollte das Zeitalter der Fälschungen genannt werden, wie die ersten Epochen der Menschheit die Namen Steinzeit, Bronzezeit nach dem Charakter ihrer Produktion erhielten."

Es ist die Fälschung der Realität, die Lafargue meinte. Sie ist eine Erfindung des Industrialismus, die den Blick auf das Nützliche und Mögliche verstellt. Arbeit macht nicht frei. Sie macht dumm. Und sie macht, wo man an der Einheitsarbeit festhält, auch arm, weil sie Automation und Fortschritt hemmt. Wo krampfhaft – und natürlich staatlich gefördert – nach Produktionsstandorten gesucht wird, entsteht nichts weiter als das Museumsdorf einer abgelaufenen Epoche. Doch das Zeitalter der Fälschungen, das auf sein Ende zugeht, hat einen grausam schnellen Zeittakt. Wenn heute eine neue staatlich geförderte Fabrik errichtet wird, geht sie oftmals nicht einmal mehr in Betrieb – wie sich an dramatischen Beispielen aus dem offenen Experimentierfeld der reaktionären Industrialisten, den so genannten Neuen Bundesländern, zeigt.

Es reicht nicht mehr, künstliche Vollbeschäftigung zu predigen. Statt Roboter einzusetzen, werden Fließbänder aufgebaut. Statt intelligente Reproduktionstechniken zu fördern, geht es darum, möglichst viele Leute „von der Straße zu holen". All das, so wird behauptet, sichere die Existenz des Staates, obwohl es im Gegenteil alle Ansätze blockiert, aus weniger Arbeit mehr Profit zu schlagen. Das ist möglich, wenn alle Kräfte an weitestgehende Automation und technischen Fortschritt glauben. Paul Lafargue:

> *„Arbeiten wir, arbeiten wir, um den Nationalreichtum zu vermehren! Ach, ihr Idioten! Eben weil ihr zuviel arbeitet, entwickelt sich die industrielle Technik zu langsam."*

Konsequenter als je muss man zumal in unseren technikkritischen Zeiten Industrialismus und Kapitalismus auseinander halten. Kapitalismus ist ein von Prestige und Verschwendung gesteuertes Prinzip, Marktwirtschaft ein höchst

Kein Fortschritt ohne gewollte Verschwendung – warum Innovationen nicht greifen, wo man die Arbeit liebt.

Noch mehr Automation für eine bessere Welt.

Das Ende des Industriekapitalismus und ein neuer Anfang.

natürlicher, grundlegend sozialer Vorgang. Doch unser Bild von Wirtschaft entspricht einer keineswegs natürlichen Gemengelage aus überlebtem Ethos, wie ihn Weber beschreibt, Größenwahn, wie er sich in endlosen Wachstumskurven ausdrückt, und Ideenlosigkeit hinsichtlich Systemstabilisierungen, an denen man sich seit den siebziger Jahren des 20. Jahrhunderts immer wieder verzweifelt versucht, ohne retten zu können, was nicht zu retten ist. Der Industriekapitalismus ist keine zwingende evolutionäre Größe. Der Kapitalismus entstand aus ganz anderen Motiven: aus der Liebe zum Prestige, zur Vielfalt, zur Kraft des Neuen. Kurz: aus dem Wesen der Verschwendung.

TEIL 2

DIE GESCHICHTE DER VERSCHWENDUNG

Der ewige Widersacher der Gleichheit

Versuch einer kleinen Geschichte der Verschwendung (und was wir aus ihr lernen können).

Ohne ungeheueren Überfluss
Hält sich jeder Stand für verblendet
Jean François de Saint-Lambert

Die Blume des Bösen

Am 8. Oktober des Jahres 1669 vergraben Friedhofswärter in der niederländischen Westerkerk den Leichnam des Malers Rembrandt Harmensz van Rijn. Es ist ein Armengrab, es trägt keinen Namen, es gibt keinen Hinweis auf die schillernde Existenz des Mannes, der vier Tage zuvor in Amsterdam im Alter von dreiundsechzig Jahren gestorben und dessen Leichnam von Verwandten auf den Armenfriedhof gebracht worden ist. Der, der hier liegt, war zu seinen Lebzeiten keineswegs ein armer Mann. Im Gegenteil. Rembrandt van Rijn war ein weitgehend geschickter Kaufmann, ein Kunst- und Kulturmanager, ein gewiefter Agent seiner eigenen Talente, die er in einer der bedeutendsten Malmanufakturen seiner Zeit zu Geld machte. Die reichen Niederlande gierten nach Kunst in Öl in dicken goldenen Rahmen. „In den ca. 230.000 holländischen Haushalten sollen sich zu Ende des 17. Jahrhunderts nicht weniger als 3,15 Millionen Gemälde befunden haben“, schreibt der Wirtschaftshistoriker Wolfgang Reinhard. In Rembrandts Werkstätten, wo seine Schüler und Mitarbeiter Tag und Nacht Auftragsarbeiten für reiche Adelige und Kaufleute abarbeiteten, entstanden wenigstens sechshundert größere Werke. Sie alle trugen, eine Novität, die Signatur „Rembrandt“, und zwar zum Zwecke des Urheberschutzes. Die Marke Rembrandt war etwas wert. Nachdem sich der Maler durch Heirat mit der Nichte des mächtigen Amsterdamer Kunsthändlers Hendrick van Uylenburgh, Saskia, auch die Vertriebskanäle für

Wie Rembrandt über ein paar Tulpenzwiebeln stolperte.

seine im Fließbandverfahren erzeugten Gemälde gesichert hatte, stieg ihr Markt-
wert in höchste Höhen. Rembrandt besaß mehrere Häuser und eine der bemerkens-
wertesten Kunstsammlungen der Niederlande.

Wie kommt dieser Mann ins Armengrab? Zumal er bis kurz vor seinem Tod noch
durchaus ansehnliche Aufträge erhalten hat? Wo ist sein Vermögen geblieben?
Rembrandt hat es verspekuliert. Den größten Teil verlor er in der Tulpenbaisse, dem
Ende der ersten Orgie der Verschwendung, die der frühe Kapitalismus gefeiert hat.
Der Mann, der Rembrandt ins Armengrab brachte, landete – von Konstantinopel
kommend – im Sommer 1593 im Hafen von Rotterdam. Es ist der Botaniker
Charles de l'Ecluse, bekannt unter seinem latinisierten Namen Carolus Clusius.

Spekulation aus Übersee –
aus der neuen Welt
kommt eine Pflanze, die alle
Fantasien sprengt.

Als er an diesem Tag den Hafen von Rotterdam betritt, ist Clusius siebenundsech-
zig Jahre alt, für damalige Verhältnisse sehr alt. Clusius ist eine Berühmtheit.
Am Wiener Kaiserhof wurde der Franzose aus Arras zum Hofbotaniker des Kaisers
Maximilian II. bestallt. Er entdeckte und klassifizierte unter anderem die Primel
und den Enzian, brachte die Kastanie an den Wiener Hof und legte die ersten
Kräutergärten an. Aus Südamerika ließ er, der schönen und zierlichen Blüten
wegen, die ersten Kartoffelknollen nach Europa bringen. Doch heute, im Hafen
von Rotterdam, hat der berühmte Botaniker etwas Besonderes an Bord. In mehreren kleinen Korbbehältnissen lagern Blumenzwiebeln aus der Türkei: Tulpen. Die
Blume ist in Europa völlig unbekannt. Die kompakte und widerstandsfähige
Zwiebel wird aber, davon ist Clusius überzeugt, auch dem zuweilen rauen niederländischen Klima trotzen. Die Fracht ist Gold wert. Im Jahr nach seiner Landung
blüht die erste Tulpe im königlichen botanischen Garten „Hortus Botanicus" in
Leiden, dessen Präfekt Clusius ist.

Wall Street
im alten Amsterdam.

Die Herrschaften und das Volk sind entzückt. Und bald schon beginnen die niederländischen Züchter die roten, weißen und gelben Blüten zu neuen Varianten zu
kreuzen. Immer ausgefallenere Farbmischungen entstehen.
Zu Anfang des 17. Jahrhunderts begannen die ersten Blumenhändler, besonders
hübsche Tulpen über handgemalte Kataloge zu vertreiben. Noch bevor eine Blume
blühte, wurde sie verkauft – der Käufer erwarb eine Option auf eine bestimmte

Menge Zwiebeln. Der Preis einer normalen Tulpenzwiebel lag zunächst bei einem Gulden, eine ansehnliche Menge Geldes. Doch je mehr ausgefallene Mischungen entstanden, desto begehrter wurden die Objekte. Die Händler hielten die Einfuhr von Tulpenzwiebeln längst unter Kontrolle, sie beschränkten das Angebot, um Preise von zunächst tausend, bald noch weit mehr Gulden für eine einzige Zwiebel zu erzielen. Betrüger verkauften Optionen auf Tulpenzwiebel-Mischungen, die auf teuerstem Papier gemalt ihre Käufer fanden, dann aber nie oder nicht in den versprochenen ausgefallensten Farbmischungen blühten. Bald gab es auf Tulpenhandel- und Tulpenzwiebelbetrug spezialisierte Notare, und zum Schutz der ehrlichen Anleger wurden Gesetze erlassen, die es bei hoher Gefängnisstrafe verboten, Tulpenzwiebeln unzulänglich zu lagern.

An den niederländischen Börsen wurden Aktien auf Tulpen ausgegeben. Der Tulpenwahnsinn steigerte sich in den ersten vier Jahrzehnten des 17. Jahrhunderts zu immer verschrobeneren Formen. Wer Tulpen oder die Aussicht auf künftigen Tulpenbesitz vorweisen konnte, war in den puritanischen, kaufmännischen, so pragmatischen und so realitätsverbundenen Niederlanden ein gemachter Mann. Optionsscheine und Vorkaufsrechte wurden gehandelt, die Spekulationsgewinne betrugen das Fünfzig-, bald das Hundertfache des Einsatzes.

In den Jahren 1636 und 1637 hatte die Tulpenhausse ihren Höhepunkt erreicht. Niemand kaufte mehr einfach eine Tulpenzwiebel in Holland, allein um sich an ihrer Blüte zu erfreuen. Die Zwiebeln waren zur solidesten, begehrtesten und profitträchtigsten Währung geworden. Und nicht allein der Adel oder reiche Kaufleute waren mit nichts als Tulpenhandel beschäftigt. Ehrbare Handwerker versetzten ihre Werkzeuge und Häuser, Bauern verkauften ihr Vieh und Land, Dienstboten stahlen in den Haushalten, wo immer es sich ergab. Mitte der zwanziger Jahre jenes Jahrhunderts kostete eine Tulpenzwiebel der Sorte „Semper Augustus" etwas mehr als eintausend niederländische Gulden, bereits das ein Vermögen, um das man einen ansehnlichen Bauernhof erwerben konnte. Im verrücktesten, dem letzten, Jahr des Tulpenwahns 1637 tauschte ein Kaufmann drei Tulpenzwiebeln einer besonders seltenen Sorte gegen seinen gesamten Besitz, der vom Notar mit dreißig-

Drei Tulpenzwiebeln gegen ein Vermögen – ein guter Tausch.

tausend Gulden veranschlagt worden war. Für diese Summe Geldes hätte der Kaufmann drei der schönsten Häuser Amsterdams erwerben können. Zuvor war, wie die Chronisten staunend festhielten, eine wertvolle Zwiebel für „24 Wagenladungen Korn, acht Mastschweine, vier Kühe, vier Fässer Bier, 1000 Pfund Butter und einige Tonnen Käse" getauscht worden.

Die Börse rutscht – die Blase platzt. Und Holland hat ein Problem.

Im Jahr 1637 stürzte die Blase gewaltig in sich zusammen. Die niederländische Ökonomie, die bis dahin glänzendste der ganzen Epoche, sollte sich auf Jahrzehnte nicht mehr von diesem Schlag erholen. Bis weit ins 18. Jahrhundert hinein waren die Folgen spürbar: Hatten die Niederlande vor dem Tulpenwahn als aussichtsreichster Kandidat im Wettrennen um die wertvollsten Handelsbeziehungen und Kolonien gegolten, so waren sie danach nur mehr ein Akteur unter vielen. Es war die erste Spekulationswelle der Geschichte, die diesen Namen auch verdient, und auf eine eigentümliche Art und Weise eine frühe Wendung der Verhältnisse. Ihr folgten zahllose Spekulationen, die von den Massen getragen wurden und keineswegs nur auf einige wenige Machthaber beschränkt blieben.

Spekulation im großen Stil: John Law, der Vordenker des modernen Finanzkapitalismus.

Achtzig Jahre nach dem holländischen Tulpenwahn reißt ein aus Schottland stammender Spekulant, der sich in Paris Monsieur Quincampoix nennt und mit bürgerlichem Namen John Law heißt, mit seinen Mississippi-Spekulationen als Folge der Gier des französischen Königs und seines Adels die Finanzstrukturen des Ancien Régime nieder. Mit der Vernichtung der königlichen französischen Reichtümer beschädigt der schottische Großspekulant den Absolutismus nachhaltiger als der Wohlfahrtsausschuss der Französischen Revolution weitere siebzig Jahre später. Seine internationalen Spekulationen hatten zwei Wirkungen: Sie verursachten das größte bekannte finanzielle Desaster einer bestehenden Ordnung. Und sie führten zu der Einsicht, dass sich die Methode der Spekulation als bedeutende Grundlage der modernen Ökonomie etablierte. Die Tulpenzwiebeln des Clusius zerstörten Rembrandts Vermögen. Ohne die Gier des französischen Königs und seines Adels hätte Monsieur Quincampoix nichts bewirkt. Seine Spekulationen ruinierten die alte Ordnung.

Von hier führt ein direkter Weg in den Industrialismus, das Zeitalter der Extreme, und weiter in unsere Gegenwart, in der sich Verschwendung und Vielfalt neue Bahn brechen. Natürlich ist Geschichte nicht wiederholbar. Natürlich wäre es falsch, historische Entwicklungen als Maßstab neuer Perspektiven misszuverstehen. Aber: Es gibt durchaus historische Konstanten. Das zu übersehen würde bedeuten, den für das Zeitalter der Einheit typischen Fehler zu begehen: Vielfalt nicht zu erkennen. Das gilt nicht nur für die vielen möglichen Zukünfte, die Vielfalt für uns bereithält, sondern auch für den kreativen Reichtum, den wir den Menschen vor unserer Zeit verdanken.

Dieser Teil des Buches ist zugleich der Versuch einer kleinen Geschichte des Kapitalismus.

Die geschichtliche Dimension der Verschwendung – die Triebkraft des Kapitals.

Luxus und Verschwendung

In der 1751 begründeten französischen *Encyclopédie*, deren Herausgabe durch Denis Diderot und Jean-Baptiste d'Alembert eine erste große Sternstunde der aufgeklärten Menschheit darstellte, schreibt der Dichter Jean François de Saint-Lambert über ein Phänomen, für dessen Erkennen er sich bei seinen Lesern entschuldigt. Wie Autoren späterer Zeiten muss er das tun, denn seine Ausführungen betreffen einen Gegenstand, der längst zum Mittelpunkt heftiger ideologischer und moralischer Auseinandersetzungen geworden ist, hinter denen der Gehalt der Sache zurücktritt. So bittet Saint-Lambert den Leser, „sich von den Vorurteilen über Sparta frei zu machen wie von den Vorurteilen über Sybaris. Bei der Anwendung, die sie in bezug auf ihr Jahrhundert & ihre Nationen wohl von einigen Stellen in diesem Werk machen können, mögen sie ihre Nation & ihr Jahrhundert betrachten wie ich, ohne vorgefaßte – gute oder schlechte – Meinung & ohne Begeisterung, aber auch ohne Mißmut".

Saint-Lambert schreibt über den Luxus.

Im 17. und 18. Jahrhundert verändert sich die Welt. Wo Bürger in Wohlstand leben, in den Niederlanden, in England, in dessen wohlhabenden Kolonien an der amerikanischen Ostküste und in der schillernden französischen Hauptstadt Paris, wird die Konsumgesellschaft geboren. Es ist eine Konsumrevolution, schreibt Wolfgang Reinhard, „die darauf beruht, dass eine relativ breite Mittelschicht existierte, die offenbar die Nähe zur absoluten Armut hinter sich gelassen hatte". Diese Middle Class kauft ein: Uhren, Schmuck, Möbel, Gold, Silber, Kleidung. Ein Viertel der Bevölkerung konnte sich in diesen reichen Konsummetropolen bereits Luxusgüter wie Zucker und Tabak, Kaffee und Gewürze leisten. Die Massenproduktion beginnt sich zu lohnen.

Wie bei Bienen, so bei Menschen. Nicht Fleiß, sondern Konsum macht den Honig.

Bernard de Mandeville schreibt 1714 seine *Bienenfabel*. In ihr ist die neue Konsumgesellschaft, die Gemeinschaft der Verschwender, bereits als wichtigste Kraft des Fortschritts erkannt. Der Bienenstock ist ein Ort, in dem alle Laster herrschen, mit dem Ergebnis, dass es allen gut geht. Genährt wird der Wohlstand durch schieren Eigennutz. Doch dann geschieht etwas Seltsames: Die Mitglieder des Bienenstocks wollen an sich gut sein. Die Erfindung der Moral hat katastrophale Folgen:

Da man auf Luxus nun verzichtet,
So ist der Handel bald vernichtet,
Manch Handwerk mehr und mehr verfällt
Betriebe werden eingestellt
Darnieder liegt Kunst und Gewerb
Sie, aller Strebsamkeit Verderb
Zufriedenheit lässt sie genießen
Ihr Weniges und nichts vermissen.

Klarer lässt sich das Moralproblem moderner Gesellschaften kaum darstellen.

Das Frankreich des 18. Jahrhunderts, das Saint-Lamberts Heimat ist, kennt bereits den Kalten Krieg zwischen dem Adel und dem Bürgertum. Aber noch ist man weit von 1789 entfernt. Noch ist es ein Krieg der Ideologien, des materiellen und moralischen Wettrüstens, ganz ähnlich wie in jener Epoche zwischen 1949 und 1989, da die moderne Welt in zwei Lager, den kapitalistischen Westen und den sozialistischen Osten, geteilt war. Die Kriegsparteien der Ära des Saint-Lambert rüsten mit Gütern und Festen hoch, mit berauschender Verschwendung. Das Bürgertum imitiert immer aufwändiger den verschwenderischen Adel. Es holt auf. Der Adel aber will um keinen Preis seine Distanz zu den niederen Schichten verlieren. Deshalb müssen auch die Aufwendungen des Hofes und seiner vielen lokalen und regionalen, von Adel und Klerus betriebenen Ableger erkennbar steigen. Der Kampf ums Gleichgewicht führt zu exorbitanten Ausgaben. Als Ludwig XVI. 1793 als Bürger Louis Capet seinen Kopf verliert, ist er Europas größter Schuldner und der Luxus bereits eine Sache der Republik.

Saint-Lambert ahnt davon noch nichts: „Der Luxus war jederzeit ein Gegenstand der Klagen der Moralisten, die ihn eher mürrisch als einsichtig kritisierten, & seit einiger Zeit ist er auch ein Gegenstand des Lobes für einige Politiker, die hauptsächlich als Kaufleute oder Angestellte, weniger aber als Philosophen & Staatsmänner über ihn gesprochen haben."

Schon zu jenen Zeiten meinen viele Gutmenschen, dass der Luxus die Schere zwischen Arm und Reich weiter öffnen müsse. Saint-Lambert legt dar, weshalb diese Ansicht falsch ist. Denn nicht in den Ländern mit dem „höchsten Überfluss", notiert der Enzyklopädist, wäre die Ungleichheit am größten. Wo der Luxus, wie in Frankreich, regiere, wo er, wie in den reichen Regionen Genfs oder Berns, das Volk in Überfluss leben ließe, sei er überall spürbar. Tyrannische Staaten aber, in denen das Volk hungere, kennten keine offene Zurschaustellung des Luxus. Verschämt verberge der Tyrann seinen Wohlstand (ein Satz, der an die hermetisch vor der Öffentlichkeit verborgenen Reichtümer Stalins und seiner Epigonen denken lässt, an Maos heimlichen Hang zum Luxus, an Hitlers gewaltiges Vermögen, von dem die Deutschen zur Zeit seiner Diktatur freilich nichts ahnen wollten). In einer guten Gesellschaft ist der Luxus öffentlich. Zur Schande wird er in der Diktatur.

Ohne Luxus keine Rettung der Armen – die Aufklärer und die Vernunft der Verschwendung.

Luxus schafft neues Vermögen, und dieses Vermögen verteilt sich wiederum, es sucht sich den Weg von einem zu mehreren Nutzern. Der Luxus sorgt für Gerechtigkeit. Er ist eine demokratische Einrichtung.

Konsum, Konsum, Konsum

Konsum, der stagniert, Konsum, der befriedigt ist – Symptome der Planwirtschaft im Tarnmantel des Marktes.

Seit einigen Jahren registrieren Konsumforscher ein eigenartiges Phänomen. Der Absatz an Waren und Dienstleistungen, die der Grundversorgung dienen oder zu den massenhaft verbreiteten „Durchschnittsgütern" gehören, stagniert, geht zurück oder wächst nur mehr in schneckenhaftem Tempo. Auf der Grundlage der industriellen Logik ist das nur klar: Sie bietet simple, simplifizierende Erklärungen hierfür an. Eine Wirtschaftskrise sorgt dafür, dass die Leute ihr Geld zusammenhalten. Und außerdem sind die Bedürfnisse der Bewohner der Ersten Welt, für die ja die meisten Konsumgüter hergestellt werden, zunehmend „befriedigt". Mit diesen Antworten geben wir uns leicht zufrieden. Doch es gibt drei wichtige ergänzende, teils diesen Beobachtungen zuwiderlaufende Aspekte.

Konsum ist die treibende Kraft der neuen postindustriellen Wirtschaft. Die Konsumgesellschaft steht aber im moralischen Wettstreit mit der nach wie vor existierenden Produktionsgesellschaft. Die Forderung, dass nur essen – oder verbrauchen – soll, wer auch arbeitet – also produziert –, generiert ein Dilemma. Denn im Stadium der Transformation von der Arbeits- zur Konsumwelt kann das eine nur die Voraussetzung für das andere sein. Damit wird aus der Krise der Vollbeschäftigung und des Sozialstaates – systemgemacht und keineswegs natürlich – die Stagnation des Konsums.

Die Phrase „der Bedarf ist befriedigt" oder „der Bedarf ist gedeckt" herrscht dort, wo bald die Wirtschaft *perdu* ist: in der Planwirtschaft. Sie gehört aber auch zum heimlichen Evangelium der Produktionsgesellschaft. Natürlich ist der Bedarf niemals ausreichend gedeckt – dazu muss man sich nicht Schumpeters

Theorie der „kreativen Zerstörung" als Voraussetzung für das permanente Erneuern von Ideen, Produkten und Unternehmen erinnern. Es gab und gibt beständig Verbesserungen an Produkten und Ideen. Und es wird sie auch künftig geben. Nichts ist von Dauer. Verschwendung im Sinne von Erneuerung und Ausdifferenzierung ist geradezu die Voraussetzung für den Fortbestand von Gesellschaften. Wer von rundum befriedigten Bedürfnissen redet, meint meist sich und seine Langeweile. Diese Leute haben früher gerne auch vom nahenden Weltuntergang geredet. Man sollte sie nicht so ernst nehmen.

Die größte Merkwürdigkeit der so genannten Konsumkrise liegt in der Tatsache, dass zugleich der Absatz an Luxusgütern auffällig angestiegen ist. Angesichts der erschwerenden Rahmenbedingungen mutet es seltsam an, dass exklusive Waren, von Schmuck über teure Uhren und Autos bis hin zu kostspieligen Reisen und Schönheitsoperationen, sich nicht bloß ungebrochener Beliebtheit erfreuen, sondern sogar zu den wenigen Wachstumsbereichen gehören, die die globale Ökonomie – samt der bundesdeutschen – seit der Jahrtausendwende vorzuweisen hat. Man könnte annehmen: je schlechter die Zeiten, desto mehr Luxus. Doch so abwegig ist das Phänomen nicht. Immerhin verfügen viele Bürger der ehemaligen Industriestaaten noch über große finanzielle Reserven. Und als Konsequenz der Konsumgesellschaft öffnet sich die Schere zwischen durchschnittlichen und sehr hohen Einkommen weiter. Warum in aller Welt aber geben die noch Wohlhabenden ihr Geld offenbar mit vollen Händen aus?

Thorstein Veblen hat uns eine mögliche Antwort darauf gegeben: Prestige, die Sehnsucht, vom Recht auf Vielfalt und Verschiedenartigkeit Gebrauch zu machen. Es ist ziemlich menschlich, dass in Zeiten mangelnden gesellschaftlichen und wirtschaftlichen Erfolgs der Einzelne einen Ausgleich für sein angekratztes Selbstwertgefühl sucht. Fast jeder Kauf wird heute als „Belohnung", als Gratifikation, betrachtet. Die Dinge werden nicht um ihrer selbst willen erworben, sondern etwa als selbst gewählter Lohn für eine Tätigkeit, die man ungern ausübt. Das liegt natürlich daran, dass die Entfremdung, von der weiter vorne die Rede war, auch in Zeiten des Wandels noch eine noch enorme Rolle spielt.

Wirtschaftskrise, miese Laune – und Luxusgüter gehen wie warme Semmeln weg.

Die Kraft des Prestiges, gemessen in guten Ergebnissen: Luxus-Leben.

Die wenigsten arbeiten gern, und darin liegt ein Dilemma verborgen: denn die meisten Menschen mögen ihre Arbeit, nicht aber die Bedingungen, unter denen sie arbeiten müssen. Sie sollen etwas wollen, was menschlichen Interessen – etwa dem Streben nach Prestige und Unterscheidbarkeit – vollkommen widerspricht.

Verschwenderische Ökonomie funktioniert nur unter guten Arbeitsbedingungen.

Der Unternehmensberater Reinhard K. Sprenger hat beispielsweise die Erfahrung gemacht, dass die meisten seiner Seminarteilnehmer „eine hohe Loyalität gegenüber ihrer eigentlichen Tätigkeit haben", zugleich aber Hierarchien und Respektlosigkeit in den Unternehmen als enorme Belastung erleben. Es fehlt ihnen an Anerkennung im System, und sie haben nicht gelernt, sich selbst als Maßeinheit zu finden.

Doch auch diese These vom kompensativen Kaufrausch, vom Konsum als Droge, bleibt hinter der Praxis der Verschwendung zurück. Der Sinn einer Droge besteht ohne Zweifel darin, die Wahrnehmung der Realität zu verändern. Was aber, wenn es ganz natürlich wäre, zu konsumieren?

Luxus *oder* Verschwendung

Einer der scharfsinnigsten und undogmatischsten deutschen Denker der Nachkriegszeit, der Schriftsteller Hans Magnus Enzensberger, räumt in einem kurzen, aber eindrucksvollen Essay mit populären Missverständnissen und Irrtümern auf, die das Wort Luxus und seine Sinnverwandten, die Verschwendung, den Reichtum und die Armut, umgeben. Luxus und Verschwendung – „sind das nicht zwei Paar Stiefel, die gar nicht zueinander passen?", fragt Enzensberger in der von ihm herausgegebenen *Welt der Encyclopédie* und antwortet deutlich:

„Können wir uns nicht damit abfinden, dass die Verschwendung eine Natur- und Himmelsmacht ist, gegen die anzukämpfen ebenso wohlgemeint wie aussichtslos ist? Menschen, die sich mit dem Notwendigen begnügen und das Überflüssige verschmähen, gibt es nicht. Gleichgültig, auf wen man sein Augenmerk richtet, auf die australischen Aborigines oder die Bewohner von Silicon Valley, auf die Indianer des Amazonas oder die Spekulanten von Shanghai, die Verschwendung gehört zu den anthropologischen Konstanten, und ihre Wurzeln sind wahrscheinlich in der Biologie zu suchen, die ja ebenfalls mit einer Ökonomie des Überflusses zu Werke geht."

Verschwendung ist natürlich. Luxus hingegen ist eine soziale Konstruktion, die von den „vorherrschenden Standes- und Klassenverhältnissen abhängt". So interessiert auch weit mehr die Funktion des Luxus als soziale, menschengemachte Erfindung: seine Vorbildfunktion etwa für die aufstrebenden Unterschichten, deren Orientierungspunkt zu Zeiten der Enzyklopädisten die schillernden spätbarocken Höfe waren, während heute der Fokus auf jene dubiose, sozial so schwer fassliche, aber so bedeutende Mittelschicht gerichtet ist: Die Middle Class ist das soziale Ideal aller Gesellschaften geworden. Sie ist das Synonym für ausreichende Grundversorgung plus Möglichkeiten zu verschwenderischem Konsum. Es ist das Idealbild des Wirtschaftswunders der Adenauer- und Erhard-Zeit. In China, Indien, den USA ist es dieses soziale Amalgam, das die meisten Menschen anzieht.

Verschwendung ist natürlich, Luxus vergänglich – ein weiterer kleiner Unterschied.

Holzfällen in der Kompaktklasse

Die Mittelschicht, als schwer fassliche soziale Konstruktion, ist in stärkerem Maße Projektionsfläche für die Ideologie der Gleichheit geworden, als das noch vor einigen Jahrzehnten möglich schien. Im ausgehenden Industrialismus verdichtet sich das Dogma von der Gleichheit nochmals. Es extremisiert sich im Faschismus und Stalinismus, es zähmt sich scheinbar in der unhinterfragt als wünschenswert geltenden „einheitlich wohlhabenden" Mittelschicht. Doch allmählich wird diese Auffassung von Gleichheit dubios, nahezu lächerlich.

In den siebziger Jahren rettete der Volkswagen-Konzern sich durch die geschickte Nutzung der Erkenntnis, dass die meisten Menschen „von unten" zur Mitte strebten, die Eliten aber auch nicht mehr Eliten sein wollten, sondern sich im Gleichheitsfanatismus nach unten anpassen mussten. Volkswagen schuf den Golf, ein Auto, dessen Fahrer nicht mehr einer bestimmten Klasse oder Einkommensschicht zuzuordnen waren. Jeder konnte Golf fahren, und viele taten das auch. Der Erfolg des kantigen Universalautos dieser Zeit entsprang dem tiefen Bedürfnis nach sozialer Adaption.

Der hohe Preis der Gleichmacherei:
Dummheit wird salonfähig.

Der Preis dieser Art sozialer Einheit war relativ gering, die Gesamtkosten der Gleichmacherei aber sind enorm. Durch nichts anderes ist es zu erklären, dass Deutschland nicht nur im Bereich der Kernkompetenzen des Industrialismus abgestiegen ist – und weiter absteigt. Auch überall dort, wo Wissensökonomie, Forschung, Bildung und Dienstleistungskultur neue Dynamiken entfaltet haben, ist das Land weit abgeschlagen. Eliten mögen sich nicht als Eliten verstehen. Wissen gilt als nachrangig. „Auf einer Party kann man immer noch volle Zustimmung dafür ernten, wenn man sagt, wie schlecht man in der Schule war", sagt der Statistikprofessor und Autor Walter Krämer. Mit Nichtwissen ist Prestige zu erringen, allerdings nur über den Widerspruch, dass man es „trotzdem zu etwas gebracht hat". Darin liegt eine verbreitete Fundamentalkritik an den ehernen Grundlagen universeller Bildung. Die befähigt dazu, das darf nicht vergessen werden, möglichst vielfältig zu handeln und zu entscheiden. Mitzureden auch dort, wo sich der eigene Lebensvollzug ganz deutlich auf etwas anderes ausrichtet. Demonstrativer Müßiggang ist demnach verpönt. Wer Mathematik nicht braucht, um ein erfolgreicher Industrieller zu sein, der macht sich über sie lustig. Der Spott ist in diesem Fall die letzte Stufe der Einfalt.

Dieses Leitbild fordert nicht mehr Leistungsverweigerung, wie dies noch die Achtundsechziger zunächst postulierten (und sich, karrierebedingt, bei erstbester Gelegenheit davon ablenken ließen), es besteht in der zunehmenden Fixierung auf jenes dubiose Durchschnittsniveau, das niemanden mehr düpiert. Wer sich dem nicht beugt, gilt als Nerd, als Streber, als Asozialer. Es muss der herrschenden sozialen Ordnung nach so sein, dass sich die Hochgebildeten und gut Ausgestatteten ihrer Möglichkeiten keinesfalls versichern dürfen. Eine Regel, die in der Praxis zu schweren Selbstwertstörungen oder, noch viel häufiger, zu Heuchelei führen muss.

Dabei zeigen aufstrebende Unterschichten, wie die Wirklichkeit verfasst ist. Wenn die *Frankfurter Allgemeine Zeitung* die „Armen zur neuen Avantgarde" erklärt, dann hat das durchaus eine solide Grundlage. In Bräunungsstudios, beim Müßiggang am Ballermann und als kurzlebige „Star"-Prominenz trifft sich heute das konsumistische Rebellionsgefühl einer Generation, die auf die Knappheitsethik des untergehenden Industrialismus pfeift. Sie ist global, keineswegs also nur dort anzutreffen, wo der Industrialismus immer schon Gegenkulturen erzeugte, die wir Subkulturen nennen. Diese neue Kultur der Unterschichten ist von der Lust am Luxus getragen. Sie schwört auf Statussymbole, Prestigeobjekte, Aufstiegsriten. Rapper behängen sich mit Schmuck. Die farbige Undergroundkultur ist im ersten Establishment angekommen, hier, wo der ursächliche Zusammenhang zwischen dicker Brieftasche und dicker Hose noch reichlich ungeniert demonstriert werden kann.

So fing es immer an.

Der Durchschnitt – ein Garantiefall für Einfalt und miese gesellschaftliche Entwicklung.

Sind die Armen die neue Avantgarde? Schamlose Verbraucher mit leeren Taschen.

Lada oder BMW

Die Triebkräfte des Marktes sind, jeder Marketing-Trainee weiß das, Prestige und Eitelkeit, der Wille, sich abzuheben. Deshalb produzieren hunderte Unternehmen tausende Produkte, die einander technisch extrem ähnlich sind, sich aber in Form und Gestalt – und damit Wahrnehmbarkeit – unterscheiden. Jedes Schuldkind weiß heute – und will es zugleich nicht wissen – um die schwierige Unterscheidbarkeit von Autos in der so genannten Kompaktklasse. Fast alle Modelle sind technisch gleich oder so ähnlich, dass es sich eigentlich nicht lohnt, eine Marktanalyse vorzunehmen, bevor man sich entscheidet. Die Entscheidung wird aber ausschließlich, und bei Autos ganz besonders, anhand des Prestigewertes getroffen.

Warum es vernünftig ist,
ein teures Auto zu fahren oder:
Freude am Konsum.

Die Produzenten teurer Autos wissen das gut. Zum Beispiel begnügt sich der bayerische Luxuswagenhersteller BMW mit dem spartanischen Slogan „Freude am Fahren". Im Grunde genommen ist dieser Spruch, der weltweit für eine einheitliche Wahrnehmung der Limousinen aus München sorgt, die gelebte Antithese zur industriellen Revolution. Freude am Fahren ist etwas, was die alte Managerkaste leugnet (sie fahren die Luxusklasse aus „Vernunftgründen"). Doch sogar im planwirtschaftlichen „Ostblock" gab es – trotz minimalistischer Auswahl und immer zu geringem Angebot – gehörige Prestigeunterschiede in Bezug auf Autos. Sie brachten auch den Genossen nicht einfach nur von A nach B. Die einen fuhren Trabant, die Unterklasse, andere einen Wartburg, was schon deutlich besser war, und die Spitzen realsozialistischer Freude am Fahren waren erreicht, wenn ein solider Lada oder eine Wolga-Limousine verfügbar waren.

Wir erinnern uns an den jungen indischen Call-Center-Mitarbeiter, der sein Geld nach dem Motto „Wie gewonnen, so zerronnen" ausgibt. Er tut es, weil ihm Konsum an sich Freude macht. Je stärker die Menschen in ein zwanghaftes Erwerbssystem integriert sind, desto schwieriger ist das für sie nachzuvollziehen. Der Konflikt zwischen den Generationen ist hierdurch bereits vorprogrammiert: Ältere Menschen sind so nachhaltig im lustfeindlichen Mäßigungsethos des Industrialismus befangen, dass ihnen die Verschwendungs- und Prestigelust ihrer Kinder völlig unverständlich scheint.

Natürlich hört sich niemand Beethoven oder Eminem aus „Vernunftgründen" an. Man hört diese Musik, weil man sie, ganz zweckfrei, gerne hört, aber auch, weil sie Image-, Zugehörigkeits- und Abgrenzungswünsche gleichermaßen befriedigen kann.Luxus ist eine Lust.

Was es bringt, Beethoven zu hören, oder der Profit, der keine Vernunft kennt.

Luxus und Religion

Das lateinische Wort *luxuria* bedeutet ursprünglich so viel wie „üppige Fruchtbarkeit". Man machte sich damit bewusst, dass aus dem Luxus, als Synonym für Prestige und Verschwendung, immer etwas erwuchs. Aus dem, was der Luxus übrig lässt, wird etwas Nützliches. Das Wegwerfen, das generöse Ausgeben lohnt sich, mittelbar und, je stärker die Welt des Konsums die Ökonomie bestimmt, desto eher auch unmittelbar.

Das Christentum – gemeint sind hier immer die katholische Kirche und ihre Führung – konnte sich mit dem römischen Luxus zunächst durchaus anfreunden. Was den einfachen Leuten versagt blieb, war für die Machthaber nur günstig. Aber der Luxus der Kirche war lange Zeit nicht erkennbar. Es gelang der katholischen Kirche über Jahrhunderte, den natürlichsten Drang rigoros zu unterdrücken, den nach Prestige und Zurschaustellung wirtschaftlicher Macht, nach Luxus und Verschwendung also. Viele weltliche Herrscher des frühen und selbst noch des Hochmittelalters taten es ihr gleich. Nicht selten lebten diese Fürsten direkt neben dem Schweinestall. Lesen und Schreiben war eine Tugend, auf die viele Herrscher verzichteten. Der Feudalismus ist die pure Besitzstandswahrung. Neues spielt keine Rolle.

Regieren neben dem Schweinestall – Szenen aus einer nicht komplexen Welt.

Das frühe Mittelalter ist nicht komplex. Kleinste wirtschaftliche Einheiten, ein Gutshof, der zugleich auch das Zentrum politischer Macht sein kann, bündeln einige Dutzend, im besten Fall einige hundert Menschen. Und, ganz entscheidend, Geldwirtschaft, die noch im antiken Rom für eine Öffnung der Märkte sorgte, gibt es nicht. Eben weil Geld ein universelles Medium der Bedürfnisbefriedigung ist, sorgt es prinzipiell ständig für neue Ideen und Innovation. Als Schmiermittel aller Sehnsüchte erweist sich das Geld als vitalster Motor menschlichen Erfindungsgeistes. Wo aber, wie im feudalen Mittelalter, allseits enge Grenzen gesetzt sind, werden Komplexität, Vielfältigkeit und Verschiedenartigkeit, die das Geld befördern könnte, ausgemerzt. Es macht keinen Sinn, sich über den Tag hinaus etwas zu wünschen. Deshalb beschränken sich die Menschen im Mittelalter auf primitivste Tauschwirtschaft. Die Lehensherren wollen kein Silber, kein Gold, kein Geld, das irgendwann einmal für die Erfüllung eines Wunsches eingesetzt werden kann, sondern Getreide und Fleisch. Im Mittelalter lebt jeder in den Tag hinein. Die Römer haben das Marktsystem entwickelt, das Mittelalter schaffte es aus der Welt. Bis heute ist Menschen, deren Verstand und Hoffnung nicht ausreichen, dem Neuen begegnen zu wollen, diese Zeit ein Vorbild für die Gestaltung von Gesellschaft. Sie vergessen dabei, dass diese Romantik, wie Thomas Hobbes schrieb, den Preis eines „kurzen, brutalen Lebens" hatte.

Das finstere Mittelalter – der Name ist Programm: Verschwendung und Vielfalt sind verboten.

Es ist das eigentlich „finstere" Mittelalter, voller Aberglaube und Angst, weitab von Vernunft und Aufklärung, und es ist die Zeit der großen Beschränktheit in Kunst, Technologie und Politik, die oft mit Bescheidenheit und Demut verwechselt wird. Diese Zeit kennt kaum Zeugnisse von Prestige und Verschwendung. Vom 6. bis zum 11. Jahrhundert, dem Zeitalter der Kathedralen, spielt die Vielfalt keine Rolle.

Nach wie vor werden die Ursachen für diesen gewaltigen kulturellen Verfall, der in manchen europäischen Regionen bis zu tausend Jahre währt, den Wirren der Völkerwanderung zugeschrieben, die ein chaotisches politisches System erzeugt habe. Das ist, wenn überhaupt, nur die halbe Wahrheit, denn die meisten Stämme, die in dieser Zeit nach Europa drängten, adaptierten nützliche Entwicklungen sehr rasch.

Doch etwas hatte sich im Laufe des 4. und 5. Jahrhunderts nachhaltig verändert: die Einstellung zur Arbeit und zur Gemeinschaft. Das Christentum ist vor allem deshalb so revolutionär, weil es „die negative Einschätzung von Arbeit und Arbeitenden [...] radikal, das heißt von der Wurzel her, ändert", schreibt der Historiker Dieter Hägermann. Die Gründerväter des Christentums waren selbst „kleine Leute", Fischer und Handwerker, und naturgemäß, so argumentiert Hägermann, hätte eine Religion, die sich nicht dieser Abkunft ihrer wichtigsten Protagonisten ehrenvoll erinnert hätte, wenig Chancen gehabt, eine derart starke Verankerung in der „Basis" zu finden. Der Gott der Christen wird zum arbeitenden Gott, die Schöpfung das Werk eines *Creator mundi*, der Adam und Eva mit den Worten „Im Schweiße deines Angesichts sollst du dein Brot essen!" aus dem Paradies verstößt.

Die Erfindung der schlechten Arbeit und die Geburt des Untertanenstaats.

Chefideologen der Christenheit

Zum frühesten Motor dieser Ideologie, noch tief in der verschwenderischen römischen Antike wirkend, wird der Apostel Paulus, der Mann, der niemanden essen sehen will, der nicht arbeitet. Zu fanatischen Anhängern der Arbeit werden die Kirchenväter des 4. und 5. Jahrhunderts, allen voran Hieronymus und Augustinus, der Mann also, der Gut und Böse erfand (Faulheit war natürlich böse). Augustinus ist der Chefideologe des finsteren Mittelalters, das nur Arbeit und Pflicht kennt.

Arbeit muss wehtun.

Dies ist die Strafe für den Sündenfall. Gott musste für die Schöpfung schuften. Da wäre es nun nur recht und billig, wenn die Nachfolger des sündhaften Adam noch härter und leidvoller schuften müssten. *Ora et labora* gab Benedikt von Nursia um 500 n. Chr. seinen Mönchen, die als Benediktinerorden die auf Jahrhunderte hinaus mächtigste katholische Kaderorganisation aufbauten, als

Pflicht und Motto mit auf den Weg: „Bete und arbeite". Diese *Regula Sancti Benedicti* hat das finstere Mittelalter überlebt und wurde, als die Ordensbrüder des Heiligen Benedikt schon längst nicht mehr in demütiger Arbeit, sondern in verschwenderischer Vielfalt ihr Leben begingen, vom Protestantismus übernommen. Martin Luther baute auf die einigende Kraft der Handarbeit im Kampf gegen die Herrschaft, repräsentiert durch die unglaubliche Prestigesucht der katholischen Kirche des 15. und 16. Jahrhunderts.

Beten, Arbeiten und Ruhe geben – die Doktrin der neuen Zeiten.

Müßiggang und das Lob der Verschwendung waren nicht mehr gesellschaftsfähig. Das bedeutete aber nicht, dass nicht das finstere Dahinbrüten der Menschheit in Fronarbeit und Demut immer wieder durch Kreativität und Vielfalt durchbrochen worden wäre. Bis zum heutigen Tag ist Widerstand erkennbar – „Traditionalisten" gab es immer. Sie definierten Arbeit nicht als Zwang, nicht als biblische Strafe, sondern als Möglichkeit, eben diesem Schicksal zu entrinnen.

Die große Schlacht gegen die Vielfalt oder:
Nieder mit der Lust!

Geld ist der Mensch

Alkaios

Jedes Lebewesen erstrebt, sobald es geboren ist, die Lust und freut sich an
ihr als an dem höchsten Gute und flieht den Schmerz als das größte Übel.
Und zwar tut es dies, während es noch nicht verdorben ist und während
die Natur selbst noch unverdorben und unverfälscht urteilt.

Epikur

Der Fall Epikur

Die Ideologen der Einfalt, die im Christentum schon bald nach dem Konzil von
Nicäa im dritten nachchristlichen Jahrhundert die Macht übernommen hatten,
begannen, nachdem sie sich mit der weltlichen Macht des Römischen Kaisertums
arrangiert hatten, mit der rigorosen Bekämpfung ihrer politischen Gegner. Das
einzig Gute, das sich darüber sagen lässt, ist, dass anders als bei den späteren blu-
tigen Kreuzzügen die Opfer dieser Säuberungsaktion bereits einige Zeit unter der
Erde waren. Ein den frühchristlichen Dogmatikern besonders verhasster
Philosoph war der griechische Denker Epikur (341–270 v. Chr.), der als einer der
Väter des philosophischen Materialismus gilt.

Er vertrat den Kerngedanken dessen, was zweitausend Jahre später von den fran-
zösischen Aufklärern „Vernunft" genannt wurde. Eine Welt, die sich von religiösen
und metaphysischen Vorstellungen getrennt hat, die versucht, Mensch und Gesell-
schaft am Sein zu orientieren, nicht am Glauben.

Eine Religion, die sich durch das schmerzvolle Martyrium ihres Messias definierte,
konnte damit nichts anfangen. Diese Idee taugte nicht, um sie an der Macht zu
halten. Das Christentum war von der römischen Staatsmacht ins Boot geholt wor-
den, um den zu Beginn des 4. Jahrhunderts bereits allgegenwärtigen Zerfallspro-

Verschwendung und Vielfalt
sind gut – das wusste man schon
im alten Griechenland.
Bis die christliche Zensur kam.

zess des Imperiums aufzuhalten. Es war der „kleine Mann", der in den Provinzen die Autorität Roms herausforderte. Und dieser „kleine Mann" erhielt nun statt ferner Götter eine homogene Glaubenslehre, in der von wenn schon nicht diesseitiger, so doch wenigstens posthumer Gerechtigkeit die Rede war. Das beruhigte, und es hat mit großer Sicherheit dazu beigetragen, dass sich der Zerfall des Imperiums noch um fast zweihundert Jahre verzögern ließ.

Lust war in dieser Lehre verboten, nicht nur, weil sie als Inbegriff der alten römischen Ordnung galt, von der sich das neue, gemischt geistlich-weltliche Regime deutlich abgrenzen musste. Damit stellte das Gedankengebäude Epikurs, der in den Denkstuben der Antike eine so große Rolle gespielt hatte, eine der größten Bedrohungen für das Dogma dieser neuen Macht dar: „Ursprung und Wurzel alles Guten ist die Lust des Bauches, denn selbst das Weise und Feine beziehen sich darauf zurück", hinterließ Epikur seinen Nachfolgern. Alles, so lehrte er, sei letztlich dem Egoismus zu verdanken, der den Menschen zu noch mehr Lustgewinn führen sollte. Die meisten Philosophen der Antike sahen das ganz anders. Das Lustvolle und Verschwenderische, das nun beim besten Willen gerade in ihren Kreisen kaum zu übersehen war, galt als ordinär und schäbig, als billige Vergnügung. Man strebte nach Höherem. So waren viele Meisterdenker der Antike der Heuchelei der protestantischen Ethik sehr nah. Die, die das Maßhalten vertraten, genehmigten sich an der Seite der Machthaber wie selbstverständlich Ausschweifungen und Lustrationen.

Epikur verhöhnte diese Haltung: „Ich spucke auf das Edle", ließ er die Knauserer wissen. Um des Lustgewinns willen, wusste er, ist Menschen alles recht. Nur für ihn, also etwa um noch mehr Prestige via Ämter und Posten zu erhalten, würden sie bisweilen auch Entbehrungen hinnehmen. Um auf dem Weg das Ziel nicht aus den Augen zu verlieren, erkannte Epikur, wäre ein ständiges „Beruhigen" des Grundbedürfnisses der Lust nötig: mittels gezielter Verschwendung und Konsumismus, die also keineswegs Erfindungen der Neuzeit sind. Hier, und nur hier, mahnt Epikur zur Vorsicht: denn wenn dies mit allzu großer Rastlosigkeit einhergehe, könne es passieren, dass man, mitten im Leben vom Schlag getroffen, sein Ziel nie-

Weisheit ist die Kunst im Aufsuchen der Lust – Epikurs Universalformel für ein besseres Leben.

mals erreiche. Und doch: „Wir sind nur einmal geboren [...] Das Leben verrinnt, während wir zaudern." Die Weisheit, so schließt der Meister, besitze der „Künstler im Aufsuchen und Erwerben der Lust".

Daran sollten sich zwei Jahrtausende später die großen Revolutionäre und Philosophen erwärmen, Denis Diderot etwa oder Karl Marx, nicht aber die Mutter Kirche. Leben? Hier und jetzt? Lust und Verschwendung als Meister? Systematisch wurden in den folgenden Jahrhunderten die Schriften Epikurs vernichtet, seine Anhänger verfolgt, jede Querverbindung, deren man im christlichen Machtbereich habhaft werden konnte, rücksichtslos ausgemerzt. Die Lust musste verschwinden. Es ist erstaunlich, dass angesichts des Wütens der christlichen Ideologien überhaupt Fragmente vom Schaffen Epikurs übrig blieben.

Das Pogrom gegen die Verschwendung.

Quadratisch, praktisch, gut

Viel mehr konnten die Christenfunktionäre mit den staatstragenden Einheitsdenkern Platon und Aristoteles anfangen. Bis weit in die Neuzeit hinein – und vielfach noch heute – ist der Einfluss ihrer zu Plattitüden normierten Aussagen Musik in den Ohren von Einheits-Herrschern aller Couleurs. Das aristotelische Weltbild, quadratisch, praktisch, gut, wurde im 16. und 17. Jahrhundert zum heiß umkämpften ideologischen Schlachtfeld zwischen Alt und Neu, der Katholischen Kirche und ihren weltlich-bürgerlichen Herausforderern.

Platon hasste den Markt, das Vehikel der Vielfalt, so sehr, dass er in seinem Werk *Nomoi (Gesetze)* dazu aufrief, Edelmetalle und Fremdwährungen zu verbieten. Er wollte die Bürger Athens dazu zwingen, nicht öfter als einmal im Monat auf dem Markt einzukaufen, und auch nur das, was der Weise für nötig hielt. Die sprichwörtliche Lustfeindlichkeit Platons vermengt sich, hier noch in Reinform erkennbar, mit der Sehnsucht aller Einheits-Denker nach geplanter Wirtschaft, Zwang, letztlich Terror, um die Wahnidee umfassender Kontrolle mit aller Gewalt durchzusetzen.

Vorbilder der Einheitsgesellschaft: Platon, der Griesgram aus Griechenland.

Aristoteles wiederum war erstaunlich misanthropisch. Das christliche „Arbeit muss wehtun" nahm er vorweg. Jede menschliche Regung war seiner Ansicht nach anstrengend. Vor allem der Zuwachs an Wissen, die Entwicklung des Intellekts: „Lernen tut weh", schrieb er.

All das stand in krassem Widerspruch zu den praktischen Ideen Epikurs, der die Realität der Menschen, wie sie schon vor zweitausenddreihundert Jahren war, klar und, wie wir heute sagen würden, „down to earth" beschrieb.

Kathedralen: Die Türme der Verschwendung

Um die erste nachchristliche Jahrtausendwende geschieht etwas scheinbar Unerklärliches: Aus den geduckten, an den bescheidensten Baustandards der römischen Antike orientierten Sakralbauten werden innerhalb weniger Jahrzehnte gigantomanische Gebilde, die sich höher in den Himmel recken als alles, was Menschen bisher gesehen haben. Es sind gewaltige, meist aus gut bearbeitbarem Sandstein geformte Türme, architektonische Superlative, die heute noch jedem Vergleich standhalten. Jede dieser Kathedralen ist auch ein gewaltiges ökonomisches Vorhaben, das auf viele Jahrzehnte hinaus alle wirtschaftlichen Anstrengungen der Bürger und der Bauträger, der Bischofe, vereinnahmt. Auf den Baustellen arbeiten nicht unterprivilegierte Zwangsarbeiter, sondern vertraglich gut abgesicherte Facharbeiter.

Nach der Unterdrückung: Türme – bis zum Himmel und weiter.

„Kathedrale", ein Wort griechisch-lateinischer Herkunft, bedeutet nichts weiter als Bischofsstuhl – angesichts der verschwenderischen Pracht dieser Bauwerke ein Understatement, das in der Architekturgeschichte seinesgleichen sucht. Die Bezeichnung, die zu Beginn der Gotik gewählt wurde, also am Ende des 11. Jahrhunderts nach Christi Geburt, ist noch erfüllt von urchristlicher Bescheidenheit. Die Taten sind es nicht. Kathedralen entstehen in Spanien, in England, in Deutschland und anderen entwickelten Staaten des Hochmittelalters.

Nirgendwo aber entfalten sie solche Pracht und Verschwendung wie in Frankreich.

Mehr als achtzig Kathedralen werden dort im 12. und 13. Jahrhundert errichtet. Was die französischen Kathedralenbauer von ihren deutschen und englischen Kollegen unterscheidet, ist ein geradezu fanatischer Drang nach Rekorden. Alles strebt nach oben. Um die hunderte Tonnen schweren Gewölbes zu tragen, werden völlig neue Konstruktionsverfahren entwickelt.

Das Ende des finsteren Mittelalters – die Kathedralen überwinden die Angst.

Der französische Historiker Jacques Le Goff nennt die Kathedrale „das bedeutendste Monument der Stadt" und „sichtbares Zeichen ihres Ruhms" und, das ist entscheidend, eines neuen Reichtums und der unbändigen Lust daran, diesen Reichtum zu zeigen. Wie konnte es scheinbar mitten im finsteren Mittelalter dazu kommen?

Um die Jahrtausendwende ist das Mittelalter nicht mehr jene dunkle Zeit, die es etwa noch zur Zeit der Karolinger war, also in den Jahren zwischen 700 und 1000 nach Christus. Damals waren Hungersnöte an der Tagesordnung gewesen, und die Agrartechniken waren vielfach hinter jene der römischen Antike zurückgefallen. Noch im 11. Jahrhundert kommt es infolge des Hungers zu Fällen von Kannibalismus.

Die Rettung des christlichen Abendlandes erfolgte durch das, was man heute Globalisierung nennt. Die slawischen Völker benutzten bessere Wagenpflüge, mit denen sich der schwere Boden leichter umbrechen ließ. Aus dem asiatischen Raum stammte das Stirnjoch, mit dem die bei der Landarbeit eingesetzten Ochsen vier- bis fünfmal so viel leisten konnten wie zuvor. Ein neuerlicher Qualitätssprung erfolgte, als man mittels eines steifen Zuggeschirrs, des Kummets, auch Pferde für die Feldarbeit nutzen konnte: Die Performance dieser Zugtiere übertraf die der bis dahin verwendeten Ochsen nochmals um fünfzig Prozent. Dies erlaubte zudem eine massive Ausdehnung der bewirtschafteten Flächen. Die Dreifelderwirtschaft reduzierte die Gefahr von Hungersnöten, weil nun durch Frühlings- und Herbstsaat die Auswirkungen von Missernten reduziert werden konnten.

Vielfalt schafft Innovation – wie wenige Jahre genügten, um die Welt in einem großen Schritt besser zu machen.

Verschwendung statt Weltuntergang

Ein weiterer heute vor dem Hintergrund aktueller ideologischer Debatten gern übersehener Faktor war, dass sich das Klima in dieser Zeit veränderte – in den Augen der meisten Zeitgenossen zum Positiven: Um die Jahrtausendwende wurde es weltweit um ein bis zwei Grad wärmer, was bessere Ernten zur Folge hatte. In diese Zeit fällt übrigens auch die Besiedlung einer riesigen Insel im nördlichen Atlantik: Grönland – Grön wie Grün.

Zwischen 900 und 1300 verdoppelte sich der landwirtschaftliche Output, und bereits Mitte des 11. Jahrhunderts erzeugte die agrarische Produktion mehr, als für den Verbrauch nötig war.

Dass sich ausgerechnet um die erste Jahrtausendwende die Lage der Bevölkerung besserte, widersprach allerdings allen Erwartungen. Im Gegenteil: Christen waren auf das Schlimmste gefasst. Interpretationen neutestamentarischer Texte, insbesondere des Johannes-Evangeliums, liefen darauf hinaus, dass tausend Jahre nach der Geburt Christi eine globale Katastrophe, die allgemein als Weltuntergang verstanden wurde, eintreten müsste. Dementsprechend abgeklärt verhielten sich große Teile der kirchlichen Führung angesichts des nahenden Datums. Dass nicht nur die Apokalypse nicht eintrat, sondern sich sogar eine Verbesserung in nahezu allen Lebenslagen einstellte, schuf ein Glückspotenzial, das aus heutiger Sicht schwer vorstellbar ist. Man hatte nicht nur den bereits festgesetzten Weltuntergang überlebt, sondern auch endlich die Grundlagen eines bescheidenen materiellen Wohlstands geschaffen.

Und nun geschah, was in jeder Überflussgesellschaft passiert: Das Abweichen vom Pfad des nackten Überlebens führte zu einer explosionsartigen Weiterentwicklung von Technik und Gesellschaft. Nicht alle verfügbaren Arbeitskräfte mussten nun mehr in der Landwirtschaft eingesetzt werden. Kunst und Kunsthandwerk machen Sprünge, die bis heute unglaublich anmuten: Aus den simplen, zweidimensionalen Darstellungen der romanischen Zeit entstehen in wenigen Jahren die plastischen, überaus feinen Kunstwerke, die die Gotik ausmachen.

Konsumismus statt Weltuntergang – was man nach dem Beten sonst noch unternehmen kann.

Die Erfindung des Geldes – die neue Vielfalt erhält ein wirksames Werkzeug, das sich rasch verbreitet.

Geld, das im bisherigen Mittelalter nur eine untergeordnete Rolle gespielt hatte, wurde zunehmend zu einem wesentlichen wirtschaftlichen Tauschmittel. Nun konnten auf einer standardisierten Grundlage Waren und Dienstleistungen den Besitzer wechseln. Man konnte in Städten als Handwerker oder Händler tätig sein und davon leben. Die Möglichkeiten vervielfältigten sich.

Der Aufstieg des Bürgertums und des Handwerks, der neuen Stadtbevölkerung, war natürlich von den weltlichen und geistlichen Herrschern bestenfalls geduldet. Das „Heilige Römische Reich", das Otto I. im Jahr 962 durch einen geschickten Deal mit dem geschwächten Vatikan errichtet hatte, war Mitte des 13. Jahrhunderts von zahlreichen Streitigkeiten um die Macht so geschwächt, dass es nicht mehr möglich war, überhaupt noch einen Kaiser zu nominieren. Nach dem Tod des letzten Staufers Friedrich II. im Jahr 1250 war das Reich mehr als zwanzig Jahre lang ohne weltlichen Führer. Auch danach blieben die Machtverhältnisse wage. Die Habsburger waren die nächsten zwei Jahrhunderte über keineswegs souveräne Fürsten.

Die Kirche hatte es kaum besser getroffen. Seit dem Schisma von 1054, in dem sich die Ostkirche von Rom abspaltete, befand sich die Zentralmacht des Vatikans in einem ständigen Sinkflug, den wechselnden Begehrlichkeiten weltlicher Herrscher ausgesetzt, die immer wieder auch ihre Soldateska in die Hauptstadt des katholischen Glaubens schickten, wenn sich ihre und des Papstes Ansprüche nicht trafen. Im wirtschaftlich prosperierenden 13. Jahrhundert gab es hingegen kaum größere Kriege. Der Einfluss der französischen Könige aber wuchs stark und führte dazu, dass zu Beginn des 14. Jahrhunderts der Papstsitz von Rom nach Avignon verlegt wurde.

Die Kirche kriselt – die alten Dogmen werden nicht mehr geglaubt. Es droht Insolvenz.

Der große Sprung

Um die immer aufwändigeren Kriege und den immer verschwenderischeren Lebensstil des Königs und der Kurie zu finanzieren, entledigte sich Philipp IV. von Frankreich eines der ausgeklügeltsten Systeme seiner Zeit: des Ordens der Templer. Die Tempelritter waren eine verschworene intellektuelle Gemeinschaft, die zu Beginn des 12. Jahrhunderts von Kreuzfahrern als Militärorden gegründet worden war. Allerdings wurde der Geschäftszweck der Templer sehr bald ein anderer: Auf Kriegszügen in die Levante lernten sie den Fernhandel nutzen. Der Templerorden häufte eine Menge Geld an und wurde „für fast zweihundert Jahre zu einer großen internationalen Aktienbank", wie der amerikanische Anthropologe Jack Weatherford schreibt. Am 12. Mai 1310 ließ Philipp die Quelle seines Reichtums, zugleich seine wichtigsten Gläubiger, in Paris und überall sonst in seinem Königreich verhaften und auf dem Scheiterhaufen öffentlich hinrichten. Vier Jahre zuvor hatte Seine „allerkatholischste Majestät" bereits mit einem ähnlichen Überfall die im Königreich Frankreich lebenden Juden ausgeplündert. Mit dem Schlag gegen seine Gläubiger wollte der König, der wichtigste Verbündete der Kirche, auch davon ablenken, dass sein Versuch, eine eigene Währung zu etablieren, gescheitert war. Zu dünn war das Silber und Gold, das der König seinen Münzen beigab, zu schnell entwickelte sich in diesem ersten dramatischen Fall von mittelalterlicher staatlicher Misswirtschaft eine Inflation.

Im luxuriösen Hausarrest der Päpste: Avignon und genug Zeit, über mehr nachzudenken.

Nach dem Schlag gegen die Templer verfügte der französische König über die Mittel, die mal verbündete, mal heftig befehdete katholische Kirche unter Kontrolle zu bringen. Die Geschäfte der Templer waren vom Vatikan stets gebilligt worden. So durften die Tempelritter grundsätzlich das Hab und Gut von Muslimen ihrem Finanzimperium zuführen. Zu diesem Zeitpunkt aber war der Finanzbedarf der Luxusindustrie in Oberitalien und Frankreich bereits enorm – und die Banken der Templer fehlten.

Nur zu klar war auch, dass die Stellvertreter Christi sich in den Jahren bis 1377, dem Jahr, in dem der Papst nach Rom zurückkehrte, von den französischen

Königen unter Kuratel stellen ließen. Avignon gehörte dem Papst, aber sein Recht und sein Einfluss überwanden nicht die Mauern der Stadt. Dogmatische Katholiken empfanden es wie eine Gefangenschaft, tatsächlich war es vielleicht eher ein sehr luxuriöser Hausarrest. Der hatte auch einen großen Vorteil: Der Pontifex Maximus hatte Zeit, viel Zeit. Denn die Aufgabe, die bisher ohne Zweifel den größten Teil der Zeit der Päpste beansprucht hatte, die Politik in weltlichen Angelegenheiten, entfiel durch die Einbindung des Papsttums in den direkten Verfügungsbereich des französischen Königs. Frankreich, das Land der Kathedralen, war reich.

Hier beginnt einer der spannendsten Abschnitte in der Geschichte der Verschwendung.

Der Hof

Neben seinem Freund und Kollegen Max Weber war der deutsche Wirtschaftshistoriker Werner Sombart einer der gründlichsten Analytiker des Wesens des Kapitalismus. Während Weber ihn allein auf die Faktoren Pflicht und Ethos zurückführt, ergänzt Sombart diese Sicht durch die elementare Kraft der Verschwendung. Seit dem Jahr 1900 ist Luxus sein großes Thema. Sein Werk *Luxus und Kapitalismus*, das erstmals 1913 erscheint, handelt, so der Untertitel, „Über die Entstehung der modernen Welt aus dem Geist der Verschwendung". Avignon ist für Sombart der erste wirklich verschwenderische Hof, ein „moderner Hof", an dem Repräsentation, Geld und Müßiggang eine hochbrisante Mischung stiften: den modernen Kapitalismus. Und hier entdeckt Werner Sombart den Geist der Verschwendung als dessen wichtigste Triebkraft.

Der Geist der Verschwendung – der Kapitalismus wird geboren.

In Avignon stand ein politisch entmachteter Papst, Johann XII., an der Spitze einer Organisation, die nach langem absolutem Machtanspruch im Grunde nur mehr eines zu tun hatte: den Glauben zu repräsentieren, und zwar im Sinne des französischen Königs. Die Bedeutung der Avignoner Episode, schreibt Sombart, „lag vor allem darin, dass sich hier zum ersten Male um das Oberhaupt der Kirche die geistlichen Grand Seigneurs fast ganz Europas versammelten". Für den französischen und italienischen Adel war das Leben am Hof des Papstes das Leitbild schlechthin, das es zu übertreffen galt. Vor allem die reichen italienischen Stadtstaaten, die – ein wesentlicher Vorteil gegenüber Frankreich – keinem König Rechenschaft schuldeten und sich dementsprechend selbstbewusst benahmen, imitierten den Avignoner Hof. Der Papst und seine Entourage waren keineswegs zölibatfest; die schönsten Frauen der Epoche sollen am Avignoner Hof gelebt haben. Und diese Frauen waren es auch, die der Produktion von Schmuck und Seidenkleidern einen bis nach Oberitalien wirkenden Impuls gaben. Die Mode ist der deutlichste Verbündete der Verschwendung, ein lebendiger Beweis für ihr Prinzip der prestigegesteuerten, lustvollen Erneuerung.

Frauen treiben den Luxus voran.

Die Mütter des Kapitalismus.

Die Frauen der italienischen Städte orientierten sich an ihren Vorbildern in Avignon. Die zu dieser Zeit führenden Webereien und Seidenspinnereien befanden sich in Venedig, Genua, Lucca, Florenz und Mailand. Sie waren bis zum Jahr 1310 ganz wesentlich von den Fernhandelsbanken der Templer finanziert worden. In den ersten Jahrzehnten des 14. Jahrhunderts gab es, ausgelöst durch die „Gefangenschaft des Papstes", das, was Wirtschaftsjournalisten heute einen Boom nennen würden. Die Nachfrage nach Kleidern, Schmuck, Stoffen, aber auch Kunstgegenständen und Kunsthandwerk war, so berichtet Sombart, derart groß, dass einfache Handwerksbetriebe damit schlicht überfordert waren. So entstand eine „Luxusindustrie" im norditalienischen Raum, und dieser Begriff ist keineswegs eine Zuspitzung. Im Laufe des 14. Jahrhunderts wurden in Bologna, dem Zentrum der Seidenspinnerei und Verarbeitung edelster Stoffe, bereits Webstühle betrieben, die die Arbeitskraft von viertausend Spinnerinnen leisten konnten. Es waren gewaltige Maschinen, deren Konstruktionspläne streng geheim gehalten wurden. Sie lieferten die höchste verfügbare Qualität. Handwerker hingegen beschränkten sich auf die Anfertigung einfacherer Produkte. Wo immer es ging, wurde die italienische Mode kopiert.

Keine der Manufakturen, die sich unter anderem auch auf die massenhafte Herstellung von Kunstgegenständen verlegten, wurde zur Deckung des täglichen Bedarfs betrieben. Es war tatsächlich eine reine, den reichsten Kunden vorbehaltene „Luxusindustrie". Der demonstrative Müßiggang des Hofes, vervielfältigt in den reichen italienischen Städten, führte zu einem enormen Aufschwung der Künste und der Literatur. Es wurde üblich, dass an den Höfen Musiker auftraten. Jedes Mittel war recht, um sich so teuer wie möglich die Zeit zu vertreiben.

Noch etwas kennzeichnet diese Jahrzehnte um die Wende vom 13. zum 14. Jahrhundert. Weil immer teurere Waren gekauft und durch die halbe damals bekannte Welt verfrachtet werden, benötigt man dringend ein Zahlungssystem, das sicherer und stabiler ist als die bekannten Gold- und Silbermünzen. Das Problem stellt sich sehr einfach dar: Bereits ein Sack mit einhundert Gold- oder Silbermünzen hat ein beträchtliches Gewicht, und um Stoffe und teure Luxuswaren, die in Frankreich bestellt, aber in italienischen Manufakturen produziert werden, bezahlen zu können, müssen sich auf gefährlichen Landstraßen ganze Wagen-Konvois Richtung Italien aufmachen. Statt ihrer werden nun die ersten Wechsel eingesetzt, ein Papier, das dem Lieferanten die Bezahlung des vereinbarten Betrages zusichert. Wird ein Wechsel gestohlen, ist nichts verloren, denn gegen Münzgeld einlösen kann ihn immer nur der Empfangsberechtigte. Die Wechselgebühren von bis zu zwölf Prozent mehrten das Vermögen der Banken wie der Kaufleute rapide. „Obwohl lediglich 100 Goldmünzen vorhanden waren", erläutert Weatherford, „hatte das Wunder der Bankeinlage und der Darlehen sie in hunderte von Gulden verwandelt, die von unterschiedlichen Personen in verschiedenen Städten zur selben Zeit benutzt werden konnten. Dieses neue Buchgeld eröffnete Kaufleuten, Betreibern von Manufakturen und Investoren breitgefächerte Optionen. Jeder hatte mehr Geld; es war wie Zauberei."

Die pure, ungezügelte Verschwendung bricht aus. Italienische Banken übernehmen das System ebenso zügig wie französische und englische Geldhäuser. Florentinische Bankiers wie die Peruzzis und Bardis perfektionieren das Wechselgeschäft. Es liegt auch in ihrem Interesse, dass viele Waren produziert und

Die ersten Luxusindustrien entstehen – und jedes Mittel ist recht, um sich teuer die Zeit zu vertreiben.

Boom im Mittelalter – Banken, Kredite und ein langes Wachstum.

gehandelt werden, denn ihr Vermögen steigt durch Darlehen, Kredite und Wechselgebühren. Mehr als ein halbes Jahrhundert, bis 1349, erfährt dieses mittelalterliche *Anything goes* immer neue Steigerungen.

Es ist die Geburtsstunde des Kapitalismus, des Systems der Vielfalt.

Die Große Verbündete der Verschwendung

Die Menschen, in der Erkenntnis, dass sie wenige und durch Erbschaften und irdischer Dinge reich geworden waren, und der Vergangenheit vergessend, als wäre sie nie gewesen, trieben es zügelloser und erbärmlicher als jemals zuvor. Sie ergaben sich dem Müßiggang, und ihre Zerrüttung führte sie in die Sünde der Völlerei, in Gelage, in Wirtshäuser, zu köstlichen Speisen und zum Glücksspiel. Bedenkenlos warfen sie sich der Lust in die Arme.

Der florentinische Chronist Matteo Villani über die große Pest

Die Pest

Die Pest holt sich alle – mitten im schönsten Wirtschaftswunder einer eben erwachenden Welt.

Zunächst bemerkt keiner der hemmungslosen Frühkapitalisten, deren Treiben wir im Decamerone *von Boccaccio nachlesen können, was auf sie zurollt.*

Weit weg von der Prasserei, auf der Halbinsel Krim, belagern mongolische Truppen die Festung Kaffa, einen der wichtigsten Handelsstützpunkte der mächtigen Stadt Genua, einer Metropole des Luxus. Die Goldenen Horde aber hat einen blinden, geradezu blindwütigen Passagier aus den tiefen Steppen des Ostens mit sich gebracht. Dort, im weithin menschenleeren Raum Asiens, konnte er sich nicht entfalten, sein Schaden blieb lange begrenzt. Doch nun stößt der blinde Passagier auf Städte, deren Einwohnerzahlen einhunderttausend und mehr betragen. Dicht an dicht leben hier die prassenden Bürger. Sie trifft nun die Pest.

Unter den Belagerern von Kaffa bricht die Seuche zuerst aus. Sie binden Pesttote auf Katapulte und schleudern die Leichname in die Stadt. Dort verbreitet sich die tödliche Krankheit wie ein Lauffeuer. Doch Kaffa ist nicht vollständig umzingelt, die Genueser versuchen kostbare Ware auf dem Seeweg zu evakuieren, und leider gelingt ihnen das auch. Die Schiffe nehmen im Jahr 1347 Kurs auf Kairo, Konstantinopel und Messina. Es sind die wichtigsten Verkehrsknotenpunkte der bekannten Welt. Die Pest springt von Schiff zu Schiff. Ratten, die sich längst in den vollen Getreidebunkern der Kaufleute eingenistet haben, tragen die Seuche in jedes Haus. Von Genua aus, der nächsten betroffenen Stadt, pflanzt sich die Pest nach Marseille weiter fort. Die Seehäfen sind gleichzeitig Umladestation für die Waren, die über Schiffe in die Metropolen innerhalb des Kontinents gebracht werden. So erreicht die Pest das Herzstück des reichen Frankreichs, ist ein Jahr nach der Belagerung von Kaffa bereits im Languedoc, in Bordeaux und Avignon, Toulouse und Paris.

Die Venezianer erfanden in ihrer Not für Schiffe die Quarantäne (quaranta giorni, vierzig Tage). Doch das nutzte wenig. Die Hansestädte des Nordens, die englischen Städte, sie alle fielen. Eine hinterhältige Ruhe lag über ihnen. Zuerst starben die Ratten, dann Hunde und Katzen, die die Ratten gejagt hatten, schließlich die Menschen. Hatte man die Toten anfangs noch begraben, so war bald schon niemand mehr kräftig genug, die Leichen fortzuschaffen. Dann senkte sich das letzte Kapitel des Todes über die Stadt. Was die Pest nicht vermochte, erledigten Feuer, die sich der Kontrolle der Menschen entzogen, angefacht vielleicht von der niederfallenden Hand eines Sterbenden, dem ein brennender Span entglitt. Der Tod holte sich bei allen sein Teil, das Leben der Opfer und die Seele der Überlebenden, die nie wieder so wurde, wie sie vor dem großen Sterben, das in Kaffa aufbrach, um die Welt zu verändern, gewesen war. Nach sechs Jahren war das große Sterben beendet, vor allem deshalb, weil die Dichte der Bevölkerung so weit abgenommen hatte, dass eine weitere Verbreitung schlicht nicht mehr möglich war. Es hatte die reichsten und wohlhabendsten europäischen Territorien getroffen. Bei der Großen Pest starben mindestens fünfundzwanzig Millionen Menschen, möglicherweise

Es gibt kein Entrinnen – und das führt zu neuen Einsichten: Die Pest entfesselt die Menschheit.

auch doppelt so viele. Die einfache Mortalitätsraten-Berechnung: je reicher eine Region oder Stadt, desto mehr Tote.

Die Pest hatte nicht nur den Ausbruch einer bis dahin nicht gekannten Welle religiösen Fanatismus zur Folge. Sie legte auch die Basis für die Entwicklung Europas in den folgenden Jahrhunderten. Der Tod war eine Seite, seine Konsequenzen eine andere. Damals „konnte sich jeder erlauben, was immer er wollte", schreibt Boccaccio im Decamerone. Die große Pest entfesselte alles. Und im Untergang schüttelten die Todgeweihten die letzten Fesseln des Mittelalters ab. Was sie hinterließen, war Freiheit. Und Reichtum.

Die Wiedergeburt der Verschwendung

Die enorme Not, das vollständige Chaos, war auf eine Welt gefallen, die sich in kurzer Zeit aus finsterstem Aberglauben ein neues Selbstbewusstsein – und vor allem enormen Reichtum – geschaffen hatte. Es waren die Reichen, die starben. Nun beginnt, wie der Historiker Bernd Roeck, Professor für neuzeitliche Geschichte der Universität Zürich, sagt, die risikofreudigste Epoche der Geschichte. „Was da passierte, lässt sich schwer beschreiben und vergleichen. Um eine Vorstellung zu bekommen, was 1348 geschah, müsste man sich überlegen, welche Folgen ein flächendeckender Angriff mit Neutronenbomben auf Europa haben würde." Die Pest, so Roeck, traf auf ein Europa, das an den technischen Standards seiner Zeit gemessen am Rande der Überbevölkerung stand. Sie tötete wahrscheinlich zwei Drittel der gesamten europäischen Bevölkerung. Aber sie ließ Hab und Gut völlig intakt zurück.

Die Neutronenbombe des Mittelalters. Was die Pest verschonte und wer das nutzen konnte. Roecks Vergleich ist zielgenau. Neutronenbomben zerstören organisches Leben. Aber sie verschonen Güter. Die Pest verschonte Maschinen, Werkzeuge, Gebäude. Landwirtschaften, Villen, Kunstgegenstände. Sie verschonte auch das Wissen über Verfahren zur massenhaften Herstellung von Luxusgütern, das in den frühen Manufakturen gehütet wurde wie der eigene Augapfel. Und es gab Menschen, die das Wüten der Pest überlebten. Die Erben.

Nach dem Grauen blieb vor allem ungeheuer viel Kapital, das ganze Geld, der ganze Besitz der Pesttoten. Das führte zu einer der größten Vermögensumschichtungen der Menschheit. Die Katastrophe ermöglicht es, dass die Nachfahren aus dem Vollen schöpfen können – so grausam das klingt, in der zweiten Hälfte des 14. Jahrhunderts ist das Realität. Diese Realität wird die Welt verändern wie nichts vor ihr. In dieser Welt des Horrors werden die Grundlagen der Moderne gelegt.

Die ordnende Kraft der Verschwendung

Viel Geld, viel Güter, wenig Menschen. Das ist die Situation im ehemals blühenden Europa nach der Pest. Es ist die klassische Situation einer Sonderkonjunktur – jedenfalls würden wir das heute so nennen. Der kurzen Zeit des großen Sterbens von 1347 bis 1353 folgt eine wirre Phase, in der Wiedertäufer, Seelenhändler, Selbstgeißler und politisches Chaos Mitteleuropa bestimmen. Ein halbes Jahrhundert lang dauert es, die Schäden der seelischen Verwüstung, die zugleich das Weltbild des Mittelalters zertrümmerte, zu beseitigen.

Nach dem großen Sterben: ein Wirtschaftswunder, geschaffen von der Pest.

Überfluss und Not existieren nebeneinander. Die Überlebenden, die vor allem auf dem Land zu finden sind, leiden unter den ausgedünnten Absatzmärkten, die vor der Pest auf die großen Städte, die Großverbraucher des Spätmittelalters, konzentriert waren. Land ist in Massen vorhanden. Allerdings steht die Agrartechnologie noch auf dem Stand der Jahrtausendwende. Es war nach den großen Erfolgen der Dreifelderwirtschaft und des Einsatzes von Pferden als Nutztieren schlicht nicht nötig, sich um Innovationen zu kümmern.

Die Neuordnung des Reichtums – und die ersten Regeln des Kapitalismus.

In den Städten erholt sich das Zunftwesen, die Grundlage des Technologie treibenden Handwerks, nur langsam. Märkte und Produzenten finden nicht zueinander, die Pest hat die wichtigsten Knoten des bereits bestehenden Netzwerks des frühen Kapitalismus durchtrennt.

Worum es jetzt geht, steht für einige Innovatoren fest: Zum einen muss der Reichtum neu geordnet, zugänglich, nutzbar gemacht werden. Zum anderen braucht man ein Wirtschaftsmedium, das effektiver ist als der nach den Pestjahren wieder aufblühende Tauschhandel. Bisher wurde die Welt durch ein klares hierarchisches System strukturiert, das regelte, wer welche Arbeit zu tun hatte, um Mehrwert zu schaffen, und wer diesen Mehrwert konsumierte. Da gab es kein Vertun. Nun aber fehlen vor allem die Herren.

Neues Geld

Wenn Geld stillsteht, ist es kein Geld mehr.

Georg Simmel

Arm und reich: Die Stadt Jachymov

Reisende, die über die Höhen des Erzgebirges in die Tschechische Republik kommen, kennen die verkommenen Straßendörfer, die sich in dunklen, dicht bewaldeten Tälern entlang der Verbindungsstraßen nach Prag und Bayreuth an die Hänge drücken. Nachts drängeln sich hier Prostituierte dicht an dicht um Freier, und tagsüber scheinen die Dörfer und Städte entlang der schlechten Straße noch kläglicher und trauriger. Diese gottverlassene Gegend drängt zu höchster Eile. Wo sich die Täler wieder öffnen, die Dörfer und Straßen heller und sauberer werden, wo auch tagsüber Menschen zu sehen sind, ist das Tor zu Welt wieder erreicht. Dann liegt Jachymov hinter einem.

Ein kleiner Ort im Erzgebirge wird zum Mittelpunkt des neuen Geldes.

Die kleine Stadt am Rande der Welt wird übersehen. In den letzten Jahren haben sich die Gemeindeväter sehr darum bemüht, es wieder Tag werden zu lassen in Jachymov. Sie haben einige der alten Gründerzeithotels restauriert, einige wenig-

stens, und sie laden wie die erfolgreicheren und bekannteren Städte im Süden, Karlsbad und Marienbad, die neuen Reichen aus ganz Europa zum Kuren. Jachymov heißt auf Deutsch Joachimsthal. Ein Ort, vielleicht dreitausend Einwohner klein, und dennoch historisches Konzentrat. Unter dem Erzgebirge hindurch hat die Natur zwei Adern geführt, die in Jachymov zusammenlaufen, die eine Pech- blende, natürliches Uran, Silber die andere. Als 1945 die Tschechoslowakei von der Roten Armee besetzt wird, wird der Ort zum Sperrgebiet erklärt. Die Russen holen sich dort, wo sich fünfzig Jahre zuvor Marie Curie bediente, um die Welt der Physik zu verändern, das Uran für ihre erste Atombombe. Sie finden die Pechblenden- Minen so vor, wie sie von Deutschen, die vom Physiker Werner Heisenberg dorthin gesandt wurden, wenige Tage zuvor verlassen worden waren.

In Jachymov fällt die Geschichte zu einem einzigen, konzentrierten Punkt zusam- men. Sie beginnt zu Anfang des 16. Jahrhunderts. Der Stadtherr, Graf Hieronimus Schlick, beginnt die Silberminen von Jachymov auszubeuten. In Böhmen ist das üblich. Das Land ist die Silbermine des Heiligen Römischen Reiches Deutscher Nation, das zu Beginn des 16. Jahrhunderts infolge einer komplexen Heirats- und Paktpolitik zu ungeheurer Größe anschwillt und das Mittelalter endlich abwirft. In diesem Reich geht die Sonne niemals unter, heißt es. Karl V. herrscht über dieses Reich und das neu entdeckte Amerika.

Vom Schimmer der Madrider Residenz und der kaiserlichen Paläste in Wien und Prag fällt nur ein schwacher Abglanz aufs dunkle Jachymov. Doch hier entsteht das Treibmittel für den Kapitalismus, die weltverändernde Kraft der permanenten Verschwendung. 1519 prägt Schlick mit dem Silber aus den Minen Jachymovs eine Münze, die er Groschen nennt. Es ist eine starke Silbermünze. Sie verbreitet sich in den folgenden Jahrzehnten in atemberaubendem Tempo im ganzen Reich, zwölf Millionen Stück bis zum Ende des Jahrhunderts. Der Joachimsthaler Groschen gibt dem Geld der neuen Zeit den Namen: Thaler. Die Amerikaner werden ihn Dollar nennen. Damit beginnt das Geld das Gold allmählich zu ersetzen. Die neue Ordnung greift die an, die sich bisher durch Besitz und Gewalt definierten, die alten Herren.

Groschen, Taler, Dollar – ein neuer Standard, der das Gold in Rente schickt.

Die Herren des Karl Marx

Karl Marx und die Sehnsucht
nach dem Mittelalter.

Dreieinhalb Jahrhunderte später sinnt Karl Marx in der Pariser Rue Vaneau über diese elementare Veränderung in der Gesellschaft nach. Er stellt sich die Frage, inwieweit die das Mittelalter so tief verändernde Kraft der Geldwirtschaft die Freiheit des Individuums beschränkt hat. Er findet den „Gegensatz zwischen der auf persönlichen Knechtschafts- und Herrschaftsverhältnissen beruhenden Macht des Grundeigentums und der unpersönlichen Macht des Geldes" klar pointiert in zwei französischen Sprichwörtern. James Buchan führt dies aus: „Das mittelalterliche Sprichwort *nulle terre sans seigneur* (kein Land ohne Herr) wird daher durch jenes andere: *l'argent n'a pas de maitre* (Geld kennt keinen Herrn) ersetzt, das auf die vollständige Beherrschung des Menschen durch die tote Materie setzt."

Wem gehört das Geld?
Und zu wem gehört es?
Das herrenlose Medium.

Im späten Mittelalter, schreibt Buchan in *Unsere gefrorenen Begierden*, „wird beinahe alles in Geld bewertet: Länder, ein gefangen genommener König, selbst das Heilige Römische Reich, das die Fugger für Karl V. kauften; sogar die Erlösung im kommenden Leben. Gesegnet sind, die Geld haben; denn ihrer ist die römische Kurie".

Bereits im späten 14. Jahrhundert wird der Charakter des Geldes im Sinne von „Geld kennt keinen Herrn" erkannt. Buchan berichtet von Bischof Oresme, der, obwohl als Bischof und Grundherr der alten Nomenklatura verpflichtet, „sich entschieden auf die Seite des harten Geldes stellt. Geld sei nicht Eigentum des Fürsten, sagt er, sondern der Gemeinschaft, die es verwendet; und drohend erklärt er, Fürsten, die ihr Geld missbrauchten, würden ihre Reiche einbüßen".

Fest steht, dass es ab dem späten 14. Jahrhundert nicht mehr genügt, nur Fürst zu sein – oder nur geistliches Oberhaupt. Fakt ist, dass nun alles und jedes, was zuvor zur ganz natürlichen Grundausstattung der weltlichen Macht gehörte, Höfe, Soldaten, Beamte, Geld kostet. Die Hinterlassenschaft der großen Pest wird nun in Geld umgerechnet, um langfristig damit planen zu können. Es ist ein Prozess, der die alten Vorrechte radikal zurechtstutzt. Mangels Masse an beherrschbarem Volk kann sich kein Herrscher mehr als reiner, von Gott eingesetzter Lehensherr darstellen. Das heißt: Er kann es formal. Der Niedergang der geldfreien alten Herrschaft spiegelt sich im Rittertum: einst der Inbegriff der weltlichen Ordnung, nach der Pest ein trauriger Rest der alten Zeit, mittel- und einflusslos.

Was Bischof Oresme vertritt, erzeugt nicht nur eine neues Bewusstsein unter denen, die mit dem Transfermedium Geld die neue Gesellschaft und Wirtschaftsordnung schaffen, sondern auch unter jenen, die künftig ihre Arbeitskraft gegen das universelle Tauschmittel Geld zur Verfügung stellen. Ohne Geld folgt kein Soldat seinem König mehr in die Schlacht. Es ist – und bleibt bis zur Bildung der Nationalstaaten mit fest angestelltem Berufsheer – normal, dass Söldner gegen Bares gegen jeden Feind in die Schlacht ziehen, der von ihren Auftraggebern genannt wird.

Honorarforderungen statt Heldenmut – Geld verändert die Welt.

Viel später, zu Beginn des 19. Jahrhunderts, wird man diese Zeit Renaissance nennen, was so viel heißt wie Wiedergeburt. Einen präziseren Begriff für den Zustand einer Gesellschaft und ihrer Grundlagen wird man in der Geschichte nicht finden. Alles ist Wiedergeburt, im Sinne von: neu ordnen, neu regeln, neu denken.

Obwohl die Wiedergeburt im späten 14. Jahrhundert – unübersehbar für die Überlebenden der großen oberitalienischen Städte Florenz, Mailand, Genua und Bologna, Verona und Piacenza – ihren Ausgang nimmt, ist ihr großer historischer Start auf die Mitte und zweite Hälfte des 15. Jahrhunderts fixierbar. Hier treten die „großen Veränderer" auf den Plan, die auf den Methoden und Kenntnissen der Kaufleute aufbauen, die ein Jahrhundert zuvor den Wechsel und die Bank als Transmissionsriemen des Kapitalismus entdeckten. In dieser Zeit manifestieren sich die entscheidendsten Veränderungen, wird der Kapitalismus voll etabliert, werden die Naturwissenschaften auf der Grundlage des verstaubten antiken Wissens akzeptiert und radikal aktualisiert, Welten entdeckt und andere Welten zerstört.

Die Grundlagen der Massenproduktion und des Überflusses.

Die Conquista, die nach der Entdeckung der Neuen Welt die präkolumbianische Kultur Mittel- und Lateinamerikas zerstört, wird auch die alten Mächte in Europa zerstören, wenngleich allmählicher als in Südamerika. ebenso in Europa gegen die alten Mächte. Im 15. Jahrhundert regiert der Unternehmer und Bürger, und er schafft, was ihm noch zwei Jahrhunderte zuvor nur im Bannkreis der Unterwerfung unter die weltliche und geistliche Macht gestattet war: Konsum, Überfluss, Massenproduktion.

Wirtschaftsvisionen

Mir hat auch keiner gesagt, wie man Kapitalist wird.

Dagobert Duck

Der erste Kapitalist: Aldus Pius Manutius

Aldus Pius Manutius wurde 1449 in Italien geboren. Er war Buchdrucker und Verleger, unter anderem der Göttlichen Komödie *von Dante Alighieri. Als Drucker verwendete er um 1500 zum ersten Mal eine Kursive, die in den englischsprachigen Ländern seither* Italics, *die Italienische, genannt wird. Aber diese Meriten sind nur die Restbestände eines weit bedeutenderen Unternehmens. Manutius war Wissensunternehmer im reinsten Sinn des Wortes, ein Kapitalist, der durch die Verfeinerung und Verbesserung bestehender Produktionsmethoden das Grundprinzip der Vielfalt, die Verdrängung des Alten durch den verschwenderischen Einsatz des Neuen, durchsetzte.*

Manutius orientierte sich in seinen ersten vier Lebensjahrzehnten an dem Bestand an Wissen und Technologie, den seine Zeit bot. Er unternahm ausgedehnte Studienreisen durch die oberitalienischen Städte, die noch das Vermächtnis der Zeit vor der Pest in sich trugen. Er kannte alle technischen Innovatoren auf seinem Gebiet, und er sicherte sich die besten Typografen und Drucker seiner Zeit für sein Vorhaben: einen Verlag zu betreiben, der massenhaft Bücher herstellen wird. Manutius lässt sich zunächst in Venedig nieder. Er lässt Schreibmanufakturen ausstatten, in denen drei bis vier Dutzend hervorragende Schreiber massenhaft Werke der Antike reproduzieren, die an die Neureichen in den europäischen Städten verkauft werden. Die sind, nach Völlerei und Modetreiben, längst gierig nach dem Wissen der Antike, nach dem, was später einen bildungsbürgerlichen Haushalt ausstatten wird – auch wenn die teuren Reproduktionen zunächst nur als Zierde gelten. Manutius versorgt aber nicht nur die Reichen: Er schafft ein neues Format, Kleindrucke im handlichen Oktav-Format, Aldinen genannt, die preiswert angeboten werden und den ersten Massenmarkt für Druckmedien begründen. Er importiert

Zuerst wird gevöllt, dann werden Moden ausgelebt, dann kommt die Wissbegierde – Stationen auf dem Weg zum Kapitalismus.

die von Gutenberg in Mainz entwickelte Technologie der beweglichen Lettern, die die Deutschen kalt lässt, nach Italien, wo der Markt für Druckerzeugnisse ständig wächst. Bücher aus beweglichen Bleilettern zu setzen ist zunächst teuer. Der Historiker Bernd Roeck nennt die Gutenberg-Bibel „den Rolls-Royce unter den Büchern seiner Zeit – deutlich teurer als Handschriften, eine sehr teure neue Technologie, die sich nur die Superreichen leisten konnten". Aber Manutius erkennt das Potenzial der Technologie. Das Neue bietet er zunächst eben nur den Superreichen an. Sie kaufen das Besondere, Prestige!

Manutius verkauft ihnen kein Buch, sondern eine Vision, nach der das ganze Zeitalter giert – das Neue, das Bessere, schieren Luxus also. „Er hat erkannt, dass Luxus die notwendige Voraussetzung für die Bildung kapitalistischer Strukturen ist. Man gibt mehr aus, als man ausgeben müsste", erläutert Roeck. Und nur das hilft dem Neuen auf die Sprünge.

Mehr ausgeben, als man ausgeben müsste – die neue Weltordnung.

Ein Mechanismus, der unweigerlich an mediale Revolutionen späterer Zeiten gemahnt – betrachten wir in einem kleinen Exkurs die Revolution der Homecomputer, die Ende der siebziger Jahre begann. Wir stellen fest, dass lange Jahre keinerlei greifbarer ökonomischer Nutzen mit dem Besitz dieser Systeme verbunden war. Es war eine Vision, dass diese meist fehleranfälligen und klobigen Geräte effizientere Arbeitsbedingungen schaffen würden als die vorhandenen mechanischen Geräte wie etwa Buchungs- oder Schreibmaschinen. Lange Zeit imitierten die Wunderwerke nur, was man mit konventioneller Technologie weit besser konnte, etwa das Setzen von Büchern. Erst zehn bis fünfzehn Jahre nach der Markteinführung waren sie den älteren Produkten gleichwertig, die sie aber zu diesem Zeitpunkt praktisch schon vom Markt verdrängt hatten. Dieser Markt besteht aus nichts anderem als der Hoffnung von Menschen, durch Innovation voranzukommen, also aus nichts anderes als Visionen. Es war enorm prestigeträchtig, in den achtziger Jahren einen Computer zu besitzen, selbst dann, wenn sich der Nutzen des Geräts kaum erschloss. Und diese Vision war so stark, dass die hervorragend funktionierenden Großrechner dieser Pionierzeit schlagartig ins Hintertreffen gerieten, obwohl sie konnten, was die kleinen Rechner nur versprachen: effizient Arbeit erledigen.

Wie Visionen Technologien treiben, die scheinbar niemand braucht.

Effizienz ist eine Konstruktion, Effektivität, die in der Veränderung liegt, nicht. Zurück zu Manutius. Mit Gutenbergs Technologie in der Tasche und von riesigen Geldsummen investitionsfreudiger Renaissance-Bürger gestützt, wird er die Technologie der beweglichen Lettern kombiniert mit dem Konzept der preiswerten Aldinen nach Deutschland zurückexportieren. Er bedient sich dabei der Lizenz, der Vergabe wirtschaftlicher Nutzungsrechte, ganz genauso, wie das heute Softwareunternehmen mit ihren Betriebssystemen und Anwendungsprogrammen machen. Manutius rationalisiert. Bald werden auch an anderen wichtigen oberitalienischen Standorten Schreibfabriken die Auflagen der noch handgeschriebenen Erzeugnisse in die Höhe treiben. Die Produkte werden bald nicht mehr in der filigranen gotischen Schrift angeboten, sondern in einer vergleichsweise glatten Type, die Antiqua genannt wird. Manutius weiß, dass Wissen Macht ist, weil es neue Verfahren generiert, also Innovation schafft. Er fördert die großen Denker seiner Zeit, etwa Erasmus von Rotterdam. Es ist ein komplexes Universum, das der Innovator schafft: Es vereint die besten Köpfe mit den besten Technologien und einem Markt, der das Neue, den Luxus, die Verschwendung braucht, auch, um die finsteren alten Zeiten zu vergessen. Die Welt wird verschwenderisch bis in ihre Grundfesten, und sie wird dabei unübersehbar heller und besser. Es gibt nur eine Kraft, die diese Entwicklung verhindern kann: die Dummheit. Aber sie ist mächtig.

**Licht in der Finsternis –
Verschwendung treibt das Neue an.**

Die Verschwendung wird auf Kurs gebracht

Zum Pionier der neuen Herrschaft des Geldes wird der 1459 in Augsburg geborene Jakob Fugger. Sein Geld wird aus dem formal wichtigen, aber materiell und politisch bedeutungslosen Geschlecht der Habsburger innerhalb von nur einer Generation die mächtigsten Herrscher machen. Sein Wirken wird dem Geld endgültig und unwiderruflich die entscheidende Rolle in der Ökonomie und der weltlichen Macht zuweisen.

Jakob Fugger, der Reiche, entstammt einer etablierten Augsburger Handelsfamilie. Er organisiert den Fernhandel in Europa bis zur Perfektion. Die Fugger kooperieren mit den Medici, dem mächtigsten Bürgergeschlecht Italiens. Im Jahr 1495 kauft Fugger Silberbergwerke und Schmelzöfen in Salzburg, Tirol und Nordungarn. Dort fördern die Fugger den Rohstoff für das Geld, prägen es zu Münzen und machen es zur Norm. 1509 steht Maximilian I. bei ihm unter Kredit, ebenso wie die wichtigsten Fürsten Europas. Jakob Fuggers Macht ist grenzenlos. Sein Revier aber ist vor allem die weltliche Macht: Die Fürsten gehören ihm.

Wie ein Bankier mächtiger wird als ein Kaiser und jeder weiß, warum.

Im Jahr 1519 kauft Fugger die Kurfürsten des Heiligen Römischen Reiches, um den Habsburger Kandidaten Karl durchzusetzen, der als Karl V. neben Spanien auch die Herrschaft über die Besitzungen in der Neuen Welt beansprucht. Er gibt mehr als achthunderttausend Gulden dafür aus, ein rundes Drittel seines Vermögens. Das rechnet sich, denn der neue Herr der Welt steht bis über beide Ohren bei Fugger in der Kreide.

In Italien sind es die Medici, die diese Rolle innehaben. Wie die Fugger haben sie sich im 13. und 14. Jahrhundert mit dem einträglichen Weberei- und Textilgeschäft die Grundlage ihres Reichtums geschaffen. Was Fugger einige Jahrzehnte später mit den weltlichen Herrschern macht – sie kaufen, um sich umfassende Vorrechte im Handel zu schaffen –, vollzieht Giovanni di Bicci de Medici zu Beginn des 15. Jahrhunderts unter der zweiten Säule der alten Macht, der Kirche. Er wird Bankier des Papstes und, mindestens ebenso wichtig, zum „Coach" des alten Stadtadels, der Albizzi. Denen bringt er Geldwirtschaft bei, was den Reichtum der Familie Medici enorm steigert. Denn jedes Geldgeschäft läuft natürlich über sie. Im Jahr 1422, sieben Jahre vor dem Tod des ersten Medici-Bankiers, gibt es in Florenz zweiundsiebzig Banken, die ihre Geschäfte in der gesamten damals bekannten Welt abwickeln. Giovannis Sohn Cosimo dehnt die Macht seines Vaters noch weiter aus. Die Medici kontrollieren die wichtigsten Finanz- und Marktplätze Europas, damit auch die zentralen Märkte, die wichtigsten Zentren der Produktion: Rom, Pisa, Venedig, Mailand, Genf, Brügge, London und Avignon.

Noch ein Bankier, der alle Macht in sich vereint.

Ein Jahrhundert später sitzt ein Medici als Leo X. auf dem Papststuhl. Die Kurie ist tief verschuldet. Es geschieht, was auch heute noch üblich ist: Der Schuldner wird übernommen. Das Medici-Prinzip unterscheidet sich von dem der Fugger insofern, als die Florentiner das Machtvakuum füllen mussten, das die Pest hinterlassen hatte, die in Italien weit stärker als in Süddeutschland gewütet hatte und deren Auswirkungen im 15. Jahrhundert noch umfassend spürbar waren. Der Stadtadel wurde sozusagen auf Kurs gebracht.

Unter den Medici wächst das, was wir bis heute unter wirtschaftlichem Bewusstsein verstehen. Geldwirtschaft hatte die römische Antike bestimmt, staatliche Interventionen waren unter Augustus bis hin zu den letzten Imperatoren Westroms gebräuchlich (und vielfach gescheitert). Doch Geldgeschäfte blieben bis zu den Medici immer Mittel zum Zweck, etwa des Erhalts von Macht oder des Wohlwollens bestimmter wichtiger Bevölkerungsgruppen. Profit um des Profits willen, also die Erzeugung von Überfluss, ist eine Erfindung der Renaissance. Auch Intellektuelle nehmen sich des Themas schnell an: Ende des 16. Jahrhunderts schreibt der französische Essayist Michel de Montaigne in seinen *Essais* über das Thema „Der Profit des einen ist der Verlust des anderen".

Im Laufe des Jahrhunderts der Entdeckungen und Veränderungen haben die Medici die wichtigsten Familien Oberitaliens und die Würdenträger des Vatikans als Schuldner unter sich. Sie organisieren systematisch den Wiederaufbau der Landwirtschaft. Sie fördern gezielt Technologie. Dass die Medici, nicht nur in Florenz, der Renaissance die Gestalt des Neuen aufdrückten, in Palästen, Kirchen, öffentlichen Bauten, ist weithin bekannt. Ihre wirkliche und herausragende Leistung aber ist die Etablierung der neuen Macht des Geldes und des Konsums, der Grundlage der Verschwendung. Zur Zeit der Medici und der Fugger verfügten geschätzte zehn Prozent der Gesamtbevölkerung Europas über die Mittel, am neuen Konsum teilzunehmen. Das mag nicht viel scheinen, entsprach aber doch etwa fünf bis zehn Millionen ausgiebig konsumierender Bürger. Wenigen stand viel zur Verfügung, und sie gaben das Geld hemmungslos für neue Häuser, Paläste, Landsitze, Stoffe, Feste, Musik, Literatur, Skulpturen

Was die Renaissance als Treibmittel benutzte – genug ist nicht genug. Paläste, Landsitze, Stoffe, Technologie, Luxus. Es geht voran.

aus. Die Prestigesucht der Renaissance wird nicht einmal im Barock übertroffen. Sie ist fundamentaler Bestandteil des gesellschaftlichen Lebens. Mehr Waren, mehr Angebot im Zusammenhang mit Geldwirtschaft begründen ein sich selbst prozessierendes System, nahezu ein Perpetuum mobile, wie Werner Sombart in *Luxus und Kapitalismus* erkennt: Die Erfolge der großen Handelshäuser im 15. Jahrhundert sind ohne ein parallel laufendes, breites Innovationsprogramm nicht vorstellbar. Neue Waren und Bedürfnisse müssen geschaffen werden, die Güter müssen exklusiv sein und sich vom Bestehenden abheben. Nahezu alles, was in Italien in der Renaissance produziert wurde, Seide und Seidenwaren, feinste Tücher und Glaswaren, edle Waffen, Weine, der Handel mit orientalischen Spezereien, diente der Erfüllung von Luxusbedürfnissen. Der angeworfene Kreislauf wird mit dem von der Conquista geraubten Gold Südamerikas befeuert. Damit ist, schlussfolgert Sombart, die alte agrarische Ordnung praktisch erledigt. Es kommt nicht mehr darauf an, viel Grundbesitz mit möglichst viel abhängigem Personal „zu besitzen", sondern darauf, zu den *noveaux riches*, den Neureichen der Geld- und Handelswirtschaft, zu gehören. Diese Maschinerie, gespeist aus Prestige- und Geltungssucht, hält sich stabiler am Leben als eine Wirtschaftspolitik, die sich nur mit der Frage des Notwendigen beschäftigt. Nicht Sparsamkeit, nicht protestantische Ethik, nicht Geiz und nicht Vernunft steuern dieses System, sondern der Lebensstil derer, die vom großen Rest der Bevölkerung als Leitbilder akzeptiert und bewundert werden, mal der Neureichen, mal anderer Meinungsführer der Gesellschaft. Dieser große Rest strebt unbedingt danach, die Verschwendung von „denen da oben" zu teilen, selbst an der Prasserei teilhaben zu können.

Die Geschichte des Kapitalismus ist längst nicht mehr die eines unerfüllten Traums: Im 20. Jahrhundert hat sich die Teilhabe des „Volkes" an dem, was verschwendet werden kann, so dramatisch erhöht, dass von einer neuen Umverteilung die Rede ist. Tatsächlich steckt hinter vielen Debatten über die Frage nach neuen Leitbildern und Eliten die Erkenntnis, dass durch die sozialen Errungenschaften des 19. und 20. Jahrhunderts eines der wichtigsten Treibmittel

Die Neureichen übernehmen die Macht und lassen die Höfe hinter sich.

Wie heizt man den Hunger nach Verschwendung neu an? Die wichtigste Frage des 21. Jahrhunderts.

für anhaltenden Erfolg verloren gegangen ist: die Sehnsucht, es auch zu schaffen. Diese Entwicklung lässt sich nicht zurückdrehen. Die große, offene Frage der nächsten Phase des Kapitalismus ist es also, wie der Hunger nach Verschwendung neu angeregt werden kann, wo ihm heute ständiges Nivellieren die Basis entzieht.

Was ist Fortschritt?

Dem stets angespannten Verhältnis zwischen Haben und Wollen entspricht das dringende Bedürfnis, ein Problem zu lösen. Das Mittel zum Zweck heißt Innovation. Seine Gesamtheit wird Fortschritt genannt.

Die fundamentalen Veränderungen, die sich in den Entscheidungen der Familien Fugger und Medici spiegeln, sind nicht vorstellbar ohne den technologischen Wandel, den unbedingten Fortschrittsglauben der Renaissance. An den Fortschritt zu glauben bedeutet, an das Neue zu glauben. Betrachten wir das einmal näher, um zu verstehen, warum der Kapitalismus tatsächlich die treibende Kraft des Neuen ist.

Was Fortschritt eigentlich kann und warum wir stetigen Fortschritt brauchen. Kein Weg zurück.

Technologie ist längst nicht mehr allein ein Werkzeug des unbedingt Notwendigen, dient also nicht nur dem Überleben und als grundlegendste Anpassungsleistung der Menschen. Werkzeuge, Methoden und Maschinen werden nun konsequent zur Schaffung des Neuen und zur Zerstörung des Alten eingesetzt. Das Alte muss verschwinden, damit das Neue seinen Platz, seine Berechtigung hat.

In den vergangenen Jahren, in denen der Schock der Veränderung die alten industrialistischen Regime voll traf, gab es mehrere Wellen von Nostalgie. Nostalgie bezeichnet eine kulturelle Konstruktion, bei der, ähnlich wie in der Romantik, die das Mittelalter als positives Gegenmodell zur Komplexität verkannte, einem als unerträglich empfundenen Alltag eine vereinfachte Rückschau entgegengesetzt wird. Wo immer Nostalgie geübt wird, hat sie einen hohen

Unterhaltungswert. Millionen Fernsehzuschauer verfolgten die hilflosen Versuche etablierter Bürger, in einem schwäbischen Bauernhaus unter ländlichen Lebensbedingungen des frühen 20. Jahrhunderts zurechtzukommen. Im Jahr 2005 wurde diese Übung mit einem Dutzend Menschen, die in einem Segelschiff wie anno 1855 den Atlantik überqueren sollten, wiederholt. Das Szenario war grandios: Überforderung durch das vermeintliche „einfache Leben" allerorten. Eine kleine Flaute stürzte die Passagiere auf der Suche nach dem Einfachen in tiefste Verzweiflung. Denn sie hatten sich natürlich genau ausgerechnet, wie lang die Passage von Bremerhaven nach New York dauern dürfte. Dass der Wind nicht mitspielen könnte, hatten sie nicht im Kalkül. Da mochten naive Bürger von naturbelassenen Lebensmitteln geträumt haben. Was sie vorfanden, war eine schwer verdauliche Kost, eintönig und alles andere als gesund. So wurde aus dem Versuch, der Anpassung an das Neue ein Schnippchen zu schlagen, eine gewaltige Ohrfeige der technologischen Evolution für jene, die meinten, durch das Rückwärtsdrehen des Rades eine übersichtlichere Welt zu erreichen – eine Welt, die sie dann aber mit viel mehr Problemen konfrontierte als die unsere. Fortschritt besteht darin, Probleme zu lösen – Innovationen sind Anpassungsleistungen. Die Vergangenheit erscheint nur deshalb als weniger komplex, weil die meisten Menschen nichts von ihr wissen.

Aus alt mach neu oder: Es gibt nicht viel Neues, aber eine Menge zu entdecken. Die Logik der Veränderung.

Die Angst vor einer ungewissen Zukunft hingegen ist eine weitaus geringere Gefahr. Sie zwingt zur Ablösung vorhandener Methoden und Denkschulen durch neue, zuweilen durch radikale Zerstörung des Alten. Diese radikale Zerstörung ist keine Bilderstürmerei. Sie nutzt die vorhandenen Fortschritte zur Entwicklung neuer. Diese Eigenschaft, Innovationen als Problemlöser zu akzeptieren, die die Anpassung von Einzelnen wie ganzer Gesellschaften garantieren, hat einen Namen: Unternehmertum.

Der Ökonom Joseph Schumpeter hat diesen Prozess als „kreative Zerstörung" definiert. Mit dem Vorhandenen und Bewährten muss reiner Tisch gemacht werden, damit neue Waren, Methoden und Verfahren sich entwickeln und verkaufen können. Dieser Kreislauf zwingt kapitalistische Unternehmer zur Innovation, zum ständigen Fortschritt, und er ist die wichtigste Quelle nicht nur des Wohlstands, sondern auch der Qualität. Denn nur die Verbesserung und Verfeinerung kann sich gegen das Bestehende durchsetzen. Das schönere und/oder bessere Auto fegt die alte Mühle vom Markt. Was man seit den fünfziger Jahren des 20. Jahrhunderts Produktlebenszyklen nennt, war bereits im 14. und 15. Jahrhundert die Grundlage der neuen Ordnung.

Dies beschränkt sich nicht nur auf das Materielle. Eines der Grundprobleme, die ein adäquates Verständnis des Prozesses des Kapitalismus immer noch behindert, ist, dass wir eine einseitig materialistische Vorstellung davon haben. Kapitalismus ist ein intellektueller Prozess. Die Geldwirtschaft, der Motor des Kapitalismus, ist, wie der Soziologe Georg Simmel schrieb, untrennbar mit der geistigen Entwicklung einer Kultur, mit der Fähigkeit zur Abstraktion verbunden: „Die Vorstellung, daß das Leben hauptsächlich auf dem Intellekt gründet und dass er im praktischen Leben als die wertvollste unserer geistigen Energien gilt, [geht] Hand in Hand mit dem Wachstum der Geldwirtschaft."

Der Industrialismus aber suggeriert etwas anderes, so, wie es auch die Nostalgie tut: Er ist „handfest", materiell. Er vergöttert das Sichtbare.

Stahl und Kohle, Produkte und Waren sind handfest, Dienstleistungen und Wissensprodukte nicht. Sie unterliegen aber noch mehr den Gesetzen der Verschwendungsökonomie als die durch – immer begrenzte – Rohstoffe erzeugten Waren und Produkte. Man kann sie schneller und noch schneller produzieren. Es gibt Tausende sich widersprechender Annahmen, wann der Produktionsgesellschaft die Rohstoffe ausgehen. Es gibt aber keine analoge Theorie, wann der Menschheit die letzten Ideen ausgehen.

„Wissensgesellschaft" bedeutet, die Masse an Waren und Gegenständlichem durch neue Möglichkeiten zu ersetzen. Dies schließt auch die Wiederverwertung alter Produkte ein, sofern dadurch etwas Neues, also wiederum Mehrwert, entsteht. Es meint eben nicht den Ausschluss einer produzierenden Ökonomie, sondern ihre weitere Verbesserung, Innovation, Verfeinerung – als die Grundlage weiterer Verschwendung.

Geldwirtschaft und Geistesleben – die eineiigen Zwillinge der Geschichte, die niemand trennen kann.

Der große Sprung zurück

Deutschland, jedenfalls große Teile davon, verweigert sich seit jeher hartnäckig der Einsicht, dass das Neue zu besseren Chancen für alle führt. Der Ursprung dieses Phänomens lässt sich historisch nicht genau orten. Aber er ist, viel wichtiger, allgegenwärtig. Er besteht in einer fundamentalen Abneigung gegen Veränderung, einem starrsinnigen Widerstand gegen den Wandel, der sich selbst zur intellektuellen Disziplin erhebt.

Die Stimme des Starrsinns gehört im 16. Jahrhundert Martin Luther. Die Kapitalisierung der Kurie ist ihm ein Gräuel. Der Ablasshandel, der nichts anderem dient als der Finanzierung kirchlicher Verschwendung und der Schaffung einer gigantischen neuen Infrastruktur im Einflussbereich der katholischen Kirche, ist ein formeller Anlass für die Kirchenspaltung. Aber Geld ist dem biederen Pfarrer schon an sich zuwider. Luthers Wirken ist deshalb ein Treppenwitz. Denn alles, wogegen er kämpft, werden seine Erben mit den von Luther aufgebrachten Argumenten erhöhen: Sie werden die Pflicht und Verbissenheit ihres neuen Messias nachahmen und dabei den Kapitalismus auf seine bisher höchste Effizienzstufe trimmen. Das Ethos Luthers, dass Geld den Charakter verdirbt, wird zum Treibmittel des emsigen Geldvermehrers, der darin Gottes Zuneigung zu finden sucht. Anstatt die verhasste Verschwendung zu beseitigen, verleiht ihr Luther ein stabiles Wertekorsett.

Die unmittelbare Folge der Reformation ist Krieg, die des jungen Kapitalismus ein langer Friede. Die von den Medici und den Fuggern angestoßene und organisierte neue Ordnung sorgt zwischen 1555 und 1618 für eine lange Phase des Friedens. Eine enorme Kapitalvermehrung findet statt. Kontinuität entsteht, sowohl in der weltlichen Macht, die sich stabilisiert, als auch im Einflussbereich der Kirche, die das Geld längst als Grundlage ihrer Macht erkannt hat und sich mit dem Petersdom in Rom das prestigeträchtigste Bauwerk dieser Epoche gönnt.

Die Situation in Deutschland wird stabil, aber der Variante des Kapitalismus nördlich der Alpen fehlt es an einer entscheidenden Kraft, die in Italien stets die

Wie Martin Luther alles gründlich missversteht und sich daraus was ganz Neues entwickelt.

Die Reformation bringt Krieg. Der Kapitalismus Friede.

Entwicklung vorantrieb: Innovation, der feste Glaube an die Notwendigkeit der Erneuerung. Die Kräfte des Protestantismus saugen die vorhandenen Innovationswünsche der Eliten auf, die allerdings mehr von einer Unabhängigkeit des wieder erstarkten Duos Kaiser und Kirche träumen als von einer neuen, offeneren und vom Geld unabhängigen Religion. Es fehlt an Ideen, an Visionen, wie Bernd Roeck weiß: „Der Visionsmangel findet in einer Generation statt, die eine lange Friedensphase als normal erkennt. Sie findet in der Gesellschaft statt, die keine Inflation kennt und für die die Weitergabe des Erworbenen an die Erben ‚normal‘ ist." Am Übergang vom 16. zum 17. Jahrhundert entsteht ein gigantischer Reformstau. Die Deutschen investieren nicht. Sie versuchen, noch ganz den alten Mustern des Adels verpflichtet, ihren Besitz bloß zu erhalten. Im Zeitalter der Geldwirtschaft aber sind mangelndes Risikobewusstsein und Investitionsangst Todsünden. Nichts Neues kann entstehen. Die Blockade greift zuerst die Handelsstädte des reichen deutschen Südens an, die allmählich an Einfluss verlieren. Als Stellvertreterkonflikt suchen sich die Deutschen ihr Ventil im schwelenden ideologischen Konflikt zwischen Katholizismus und Lutheranischen Reformkräften. Der Friede ist 1618 dahin. Vier Jahre später bricht das Währungssystem im Reich in einer Hyperinflation zusammen. Die Werte sind vernichtet, der Kapitalismus an der Trägheit und Ideenlosigkeit der rückwärtsgewandten Deutschen gescheitert.

Der Krieg währt dreißig Jahre, und er lähmt die gesellschaftliche und wirtschaftliche Entwicklung noch nachhaltiger als die Pest dreihundert Jahre zuvor.

Sicherheit statt Verschwendung – wie die Deutschen die Geschichte zurückdrehten und ins Hintertreffen gerieten.

Der Bruch mit der Vielfalt

Im Dreißigjährigen Krieg, dem ersten, der die Bezeichnung Weltkrieg verdient, stirbt ein Drittel der gesamten europäischen Bevölkerung. Es gibt Tausende Gründe für diesen Krieg der ständig wechselnden Allianzen. Die vom neuen Kapitalismus gestärkte Macht der Habsburger, die die einzige weitere europäische Großmacht Frankreich in die Zange nehmen. Die unterschiedlichen Machtansprüche der Fürsten im neuen, kapitalistisch gestärkten „Heiligen Römischen Reich", das am Ende des Krieges nur mehr ein Fetzen Papier ist, bis es Napoléon 1806 formell beenden lässt. Es gibt territoriale und zahlreiche religiöse Meinungsverschiedenheiten. Aber Anlass und Ergebnis des Krieges ist letztlich der Widerspruch zwischen der neuen Macht des Geldes und der Dynamik der Verschwendung, also dem Neuen und den noch tief verankerten alten Machtansprüchen. Am Ende ist Deutschland ein verwüstetes Land. Mehr als zweihundert Jahre werden nutzlos verstreichen, bis die Deutschen das Niveau erreichen, das Frankreich und England im 17. Jahrhundert mit der Etablierung eines politischen und gesellschaftlichen Handlungsrahmens für die Geldwirtschaft, die man in dieser Phase als Nation und Staat definiert, vorgeben.

Zweihundert Jahre Rückstand, die sich im 20. Jahrhundert in weiteren Katastrophen entladen werden. In diesen zweihundert Jahren holen sich der Kapitalismus und sein Träger, das Bürgertum, den Schwung, der sie im Industrialismus für weitere zwei Jahrhunderte an der Macht halten wird. In Deutschland gibt es keinen Schwung. Es gibt Kleinstaaterei. Es bildet sich im Gegensatz zu anderen Staaten kein liberales Bürgertum heraus. Der Untertan formiert sich. Bald landet er in den Zuchtanstalten des frühen Industrialismus.

Von der Leibeigenschaft in die Fabrik. Deutsche Lebensläufe als Folge des Kampfs gegen die Vielfalt.

Die Herrschaft der Indolenten und Faulen

Schon die Bedingungen vor dem Ausbruch des Dreißigjährigen Krieges erinnerten Historiker, wie Bernd Roeck, „fatal an die heutige Entwicklung: Rückwärtsgewandtheit und Investitionsangst, Zukunftsangst schlechthin". Aber das Ergebnis des Dreißigjährigen Krieges ist nochmals verblüffend analog zur aktuellen Geistesverfassung des verstockten Landes: Die alte Mächte werden beschworen, die Schäden des Krieges zu beseitigen. Die Obrigkeit, die politisch in Europa ihren Kredit verspielt hat, weil sie die Zeichen der Zeit nicht erkennen wollte, soll nun mit einem Aufbauprogramm dafür sorgen, dass die Wirtschaft in Schwung kommt. Statt das Perpetuum mobile wie anderswo seine Arbeit tun zu lassen, statt die handelnden Personen, Bürger und Verbraucher, seine Kraft regeln zu lassen, greift der Staat ein.

Indolenz und Faulheit – die Bremsen der kapitalistischen Vielfalt. Verschwendung unter Druck.

In den Jahrzehnten nach dem Dreißigjährigen Krieg investieren Kirche und Adel in eine staatlich gelenkte Wiederaufbaupolitik, die im Spätbarock enorme Ausmaße annimmt. Allein das Barockkloster Ottobeuren bei Memmingen kostet die unvorstellbare Summe von einer Million Gulden. Das entspricht nach heutiger Kaufkraft etwa 1,2 Milliarden Euro. Der katholische Süden baut wie verrückt an Barockschlössern und Abteien, Klöstern und Kirchen. Tausende Großprojekte entstehen, die bis heute dem Land seine trostlose Behäbigkeit verleihen. Es ist der Probefall für das, was man im 20. Jahrhundert Keynianismus nennen wird: staatliche Wirtschaftspolitik. Das Muster hat sich tief eingeprägt. Trotz der Unsummen, die für die Bauten ausgegeben werden, ändert sich die Situation der Gesellschaft nur allmählich. Die Verschwendung des deutschen Barocks ist eine reine Formalie. Sie ist das Werk von Traditionalisten – diejenigen, die Weber als die Beharrungskräfte gegen den Kapitalismus ausmachte und die bei Werner Sombart als Menschen gekennzeichnet werden, die sich durch einen „Mangel an kalkulatorischem Sinn", „gering entwickelten Individualismus", „Indolenz und Faulheit", kurz: durch eine vorkapitalistische Gesinnung auszeichneten.

TEIL 3

DIE ZUKUNFT DER VERSCHWENDUNG

Das Ende des Dauerhaften

Was uns in die neue Zeit verabschiedet und von was wir uns verabschieden müssen. Und wie wir es anstellen, auch in unsicheren Gewässern nicht zu kentern.

On s'engage et puis on voit
(Man fängt einfach mal an,
und dann sieht man schon, was man machen kann)
Napoléon Bonaparte

THINK!
Motto des IBM-Gründers Thomas Watson,
das über seinem Schreibtisch in der Firmenzentrale
des Konzerns in Armonk, New York, hing, um 1940

Think Different!
Zentrales Motto von Apple Computer,
Cupertino, Kalifornien, um 1984

Nichts ist unsinkbar

Irgendwann im 12. Jahrhundert ersannen italienische Fischer ein neues Wort. Sie benutzten es, um eine Situation zu benennen, der sie tagtäglich auf ihren Ausfahrten begegneten. Erblickten die Seeleute vor sich nahe der Küste einen Felsen im Meer, so mussten sie eine Entscheidung treffen. Sie konnten zwischen Land und Fels hindurchsegeln und damit Zeit gewinnen. Oder aber sie konnten den Felsbrocken, dessen Ausläufer unterhalb der Wasserlinie nur zu erahnen war, großräumig umschiffen. Sie nannten diese Situation risicare, das Umsteuern der Klippe. Dies ist der Ursprung des Wortes „Risiko", wie wir es heute benutzen. Generationen

Ohne Risiko kein Gewinn. Der Sicherheitswahn wird zur Gefahr für Leib und Leben.

nach den italienischen Seeleuten übernahmen es die Kaufleute in Venedig, die
großen und ersten Fernhändler Genuas, die ihre Schiffe auf lange, ungewisse
Expeditionen schickten. Es war ein gehöriges Wagnis, dem man sich stellte: Das
gesamte Vermögen oft mehrerer Familien wurde eingesetzt, um Gewürze, Kräuter,
Gold, Seide aus Asien herbeizuschaffen. Man teilte das Wagnis auf. Man riskierte.
Doch stets blieb, wie immer, die Angelegenheit vage. Alles sehnte sich nach mehr
Sicherheit, immer. Je näher man sich mit der Welt befasste, desto näher rückten die
Risiken, und sie zeigten sich gelegentlich, und stets, wenn sie als erkannt galten,
lösten sie sich in furchtbaren Betrug auf. Dann sanken Schiffe, wüteten Feuersbrünste,
erklärte sich das Zukünftige als für die Gegenwärtigen vollkommen unzuständig.
Gab es nichts, was vorhersehbar war? Ließ sich nichts bestimmen, war nichts
determiniert? Konnte man nicht irgendwie die Zukunft festnageln, gewiss machen?

Das Ende der Sicherheit

Scheinbare Logik und Vernunft auf
der Grundlage schierer Esoterik –
moderne Zeiten.

Determinismus ist eine der größten Barrieren auf dem Weg in die Welt der
Vielfalt. Die Grundlage dieser Religion besteht in dem Glauben, dass alles für die
Zukunft, also zur Gestaltung des Neuen Erforderliche bereits hier und heute vor-
läge. Würden wir einem Menschen vertrauen, der behauptete, er könne genau
bestimmen, was in vier Wochen passierte, oder gar in einem Jahr? Wahrscheinlich nicht. Doch wenn es um die große Ordnung geht, sind wir nicht recht
bei Verstand. Planung: Konzernen, Regierungen trauen wir das ohne weiteres zu.
Ihre Perspektiven sind äußerst gewagt: Zehn, zwanzig, fünfzig Jahre in die
Zukunft wird da gesehen, und, und darin liegt das eigentliche Problem, es werden
exakte Richtlinien für diese Zukunft bereits heute festgelegt.

Diese Welt gibt sich gerne exakt, faktenorientiert, spricht eine scheinbar natur-
wissenschaftliche Sprache. Sie beherrscht das Denken in der heute noch etablierten Ökonomie, in Politik und Gesellschaft. Ihre Grundlage aber ist schiere

Esoterik. Das wird am Beispiel eines der Hauptvertreter des Determinismus, des französischen Mathematikers Pierre-Simon Marquis de Laplace, deutlich.

Laplace hatte, als Anhänger der Aufklärung, der Philosophie der reinen Vernunft, die nicht vorhersehbaren Umbrüche erlebt, die nicht nur Frankreich zwischen 1789 und 1815 erschütterten. Es muss für einen Menschen dieser Zeit außerordentlich schwierig gewesen sein, in der Gemengelage zwischen der Erstürmung der Bastille im Jahr 1789 und der endgültigen Niederlage Napoléon Bonapartes sechsundzwanzig Jahre später so etwas wie einen logischen roten Faden der Geschichte aufzuspüren. Doch Laplace wollte ihn finden. Und mehr als das. Als geradezu verzweifelte Abwehrreaktion gegen das scheinbare Chaos, das er erlebte, widmete er sein ganzes Leben der Suche nach einer ultimativen Ordnung. Diese Ordnung musste offen legen, weshalb ein Ereignis eintrat oder ausblieb, wissen, wann ein Würfel so fallen würde, dass er oben die Sechs anzeigte. Die Grundlage dieser Ordnung, dieses Geistes bestand für Laplace im gesamten vorhandenen Wissen der Welt. Er ersann aus dieser Ordnung ein Wesen, den Laplace'schen Dämon.

Der Marquis hat mit dieser seltsamen Weltformel nur dargelegt, wonach sich die europäische Welt nach den Wirren der Revolution und der Napoléonischen Kriege am meisten sehnte: Vernunft und Logik als universelle Problemlösungs-Maschinen. Vermochte man zu sagen, was war und wie es dazu kam, musste es auch möglich sein, die Zukunft zu bestimmen. Die imaginäre Größe war damit determinierbar. Es ist klar, worauf diese seltsame Formel zielt: totale Sicherheit.

Der absolute Zahlenglaube des Industrialismus spricht diese Sprache, beschwört den Laplace'schen Dämon bis heute unaufhörlich. Statistiken trügen, aber das ist kein Grund, sie aus dem Kanon der für die Schaffung von Sicherheit verbindlichen Methoden zu entfernen. Wissen wird als Konstante betrachtet, das sich im Grunde nur mehren kann. Dass altes Wissen, das einmal nützlich war, um eine Anpassungsleistung erbringen zu können, heute schlichtweg überholt sein könnte, ist in einem solchen Konzept untragbar. Nur weiß keiner der Seeleute, wie sich der Fels unter dem Meer ausbreitet. Nichts ist unsinkbar.

Ein Dämon kommt in die Welt – wie Herr Laplace Generationen von Managern verrückt machte.

Altes Wissen zieht uns nach unten.

Das Ende der Einfachheit

Nie zuvor in der Geschichte der Menschheit standen uns so viele Instrumente, Daten und Methoden zur Verfügung, um unsere Lage bis ins Detail beurteilen zu können. Wir schöpfen aus dem Vollen, haben aber die Möglichkeiten, die darin stecken, erst schemenhaft erkannt.

Warum wir die Einfachheit überwinden müssen – Wege aus dem Gefängnis der Einfalt.

Die Fülle an Möglichkeiten trägt eher dazu bei, Ziele und Chancen zu übersehen. Die Zukunft gilt allgemein als vage. Orientierungslosigkeit und Verzagtheit angesichts des enormen Tempos der Veränderungen sind aber normale Folgeerscheinungen des Umbruchs, den die Industriestaaten seit fast einem halben Jahrhundert erleben. Dass nur durch Veränderungen, neue Lösungen, die Nutzung der Vielfalt also, Chancen für eine weitere Entwicklung bestehen, ist unbestritten.

Doch dieses Grundwissen reicht nicht aus, um klare Ziele zu beschreiben. Der gewaltige Unterschied zu den ersten fünfzigtausend Jahren menschlicher Kultur scheint vor allem darin zu bestehen, dass am offensichtlichen Ende der Ordnung von Staat, Industrie und Maschine das Zeitalter der Vielfalt weder verbindliche Werte noch sichere Größen in Aussicht stellen kann. Was verlieren wir, wenn wir das Zeitalter der Einheit verlassen? Was können wir in einer Welt der Vielfalt gewinnen?

Bis jetzt war, in großen Zügen, sehr klar, wozu die Anstrengungen, all die kleinen und großen Veränderungen, denen sich Menschen immer unter Mühe unterzogen haben, nütze waren: zur Sicherung und Erweiterung der Existenz. Jeder Schritt, der in dieser Welt unternommen wurde, führte nach vorn – oder besser gesagt: ein Stück weiter hinaus aus einem Dilemma. Die Menschheit hat einen großen Teil ihrer Geschichte damit verbracht, diesem Kerker zu entrinnen: dem Kampf um das täglich Notwendige, Unverzichtbare. Selbst jene, die heute noch in diesem Gefängnis sitzen, in dem immer wieder willkürlich Todesurteile gefällt werden, haben eine größere Chance als je zuvor, diesem Schicksal zu entrinnen. Die Schlussfolgerung, dass es noch nie zuvor so vielen so gut ging wie heute, bringt uns aber nicht weiter. Das Koordinatensystem des simplifizierenden Denkens ist nicht mehr gültig.

Die neuen Zeiten verlangen viel – im Wortsinn: Die permanente Entscheidung unter hohem Zeitdruck zwischen vielen Varianten. Es gibt keinen Masterplan mehr, der auch nur die Richtung einer Entscheidung signalisieren könnte. Genau betrachtet waren diese Masterpläne immer Konstruktionen, die aus der Retrospektive entwickelt wurden. Der Industrialismus war nicht „geplant". Das gilt nicht nur für die großen „Epochen". Angesichts der hohen wahrnehmbaren Komplexität versagen Maßnahmen und Richtlinien kläglich, ganz egal, ob sie als staatliche Wirtschaftslenkung oder als gesellschaftliches „Konzept" daherkommen. Die naiven sozialen Sandkastenspiele, in denen „Projekte" durch zugeordnete „Akteure" durchgeführt werden sollten, sind alle gescheitert – theoretischer Unfug, der vor einer Naturgewalt kapitulieren musste: dem Wandel.

Die Kraft der Veränderung: Was der Wandel für uns tun kann.

Das Ende der Technokratie

Vorbei ist es damit aber auch mit einem der wichtigsten Glaubenslehren des Industrialismus, der Technokratie. Deren Aufgabe bestand immer darin, Innovationen zu „ordnen" und verfügbar zu machen. Mit der Zeit wurde diese bürokratische Komponente so dominant, dass es scheint, als wäre jegliche Innovation nichts anderes als ein gezielter planerischer Akt. Diese Vorstellung bestimmt seit langem unser Denken über Innovation, und sie ist im neuen Zeitalter der Vielfalt äußerst hinderlich. So meinen wir, dass Erfinder mehr oder weniger planvoll an ein Ziel herangingen. Nur lässt sich das kaum irgendwo erhärten. Selbst der Weg zur technokratischen Meisterleistung des 20. Jahrhunderts, dem Mondflug, wurde von seinem bekanntesten Protagonisten, dem Raketenspezialisten Wernher von Braun, keineswegs als geordneter, zielgerichteter Prozess betrachtet. Grundlagenforschung, meinte er, weiß nie genau, wo sie hinwill.

Scheinbare Sicherheit – Mondfahrer lachen darüber.

Man kann dies an nahezu allen großen technologischen Würfen der letzten Jahrzehnte erkennen. Das Internet etwa wurde für einen militärischen Zweck geplant und zu wissenschaftlichen Zwecken genutzt, bis das Potenzial der verfügbaren Technik und Terminals groß genug war, dass auch Normalverbraucher in diese Vernetzungstechnologie einsteigen konnten. Linear ist daran gar nichts. Möglichkeiten wurden ergriffen.

Das Ende der Dauer und der Anfang des Wandels – der Schock der neuen Zeiten, die immer schon gültig waren.

Alvin Toffler schreibt in *Der Zukunftsschock*: „Die Dauer war das Ideal der Vergangenheit." Das mag recht pathetisch klingen, hat aber einen sehr handfesten Hintergrund. Was Menschen in der Geschichte bisher erdachten, sollte stets ein Problem endgültig lösen. Es ist der Eindruck eines kurzen Menschenlebens, der diese Illusion erzeugt. Denn wenn zwischen wahrnehmbaren Erneuerungen eine oder mehrere Generationen liegen, dann muss daraus die Vorstellung resultieren, das jeweils Gedachte sei dauerhaft. Jedenfalls ist das das Ziel gewesen.

Man kann die Vergänglichkeit seit einigen Jahrzehnten sehr genau beobachten; am besten in der eigenen Umgebung. Kaum ein Erwachsener wird den Ort seiner Kindheit noch so vorfinden, wie er war. Städte und Dörfer wandeln schnell ihr Aussehen. Es ist durchaus möglich, dass ein Emigrant, der nach zehn Jahren in seine Heimat zurückkehrt, sein Stadtviertel nicht wiedererkennt, vielleicht sogar in einer geänderten Stadtstruktur nicht einmal auf Anhieb findet.

Die Menge an zu treffenden Entscheidungen auf der Grundlage noch viel größerer Informationsmengen ist aber dennoch nicht das größte Problem, das beim Übergang einer auf langfristige, einheitliche Lösungen trainierten Menschheit zu einer Kultur der Vielfalt entsteht. Es ist, jedermann weiß das aus eigener Erfahrung, vor allem der hohe Beschleunigungsfaktor, der uns dabei vor scheinbar unlösbare Probleme stellt. Die bisherige Art und Weise, auszuwählen und Probleme zu lösen, erfolgte linear und analog, nach dem Muster Erkennen – Analysieren – Konstruieren – Lösen –, und dann wieder von vorn, wenn das Haltbarkeitsdatum abgelaufen war.

Weil die meisten Mitglieder einer Gesellschaft ein gemeinsames Ziel hatten – die Verbesserung ihrer Lage –, gab es schon früh einen Weltgeist, der die

Wünsche und Sehnsüchte der Menschen überschaubar machte. Problem, Analyse, Motiv und Lösung gehörten unweigerlich – und in dieser Reihenfolge – zusammen. Nach dieser Formel wurden praktisch alle Neuerungen in der Menschheitsgeschichte entdeckt, ihr Wesen erkannt, ihre Funktionen genutzt und verbreitet.

Der Weltbürgerkrieg: Einfalt gegen Vielfalt

Nach dieser Methode entstanden alle menschlichen Erfindungen und ihre Verbesserungen, die Inventionen. Schritt für Schritt, analog und linear, wurde Geschichte verstanden und Geschichte gemacht. Zumindest ist das im Rückblick erkennbar – und das ist nun entscheidend. Denn keiner dieser Prozesse wurde, als er einsetzte, bewusst so verstanden. Jede menschliche Kulturleistung ist das Produkt von Versuch und Irrtum. Die Vorstellung, dass im Jahr 8500 vor Christi im Zwischenstromland eines Morgens jemand diese Formel vor Augen hatte, als er begann, systematische Landwirtschaft zu betreiben, erscheint uns – zu Recht – absurd. Ebenso falsch wäre es auch, einem Erfinder des 19. Jahrhunderts zu unterstellen, er habe bei Beginn seiner Forschungstätigkeit ein exaktes Ziel vor Augen gehabt. Das glauben wir aber schon eher.

Begreifen wir, was wir tun? Komplexe Prozesse und wie wir sie beurteilen.

Denn der Geist des Industrialismus behauptet diese Planbarkeit, die exakte Tatabsicht, die zu einem klaren Ziel führt. Die Konsequenz daraus ist der Glaube an die vollständige Gestaltbarkeit von Prozessen. Wissen ist in einem solchen Konzept statisch, so die Welt, die Vorbestimmtheit, der Determinismus, entscheidet alles. Verändert werden im Zuge von „Entwicklungen" dann nur die Größenordnungen. Was an Erfahrungen im Verlauf einer Entwicklung hinzukommt, muss sich der ursprünglichen Absicht fügen. Die meisten Kulturleistungen aber folgen einem anderen Muster: Man bricht in eine Richtung auf, um auf dem Weg festzustellen, dass es Besseres, Lohnenderes gibt als das ursprüngliche Motive.

Versuch und Irrtum statt Planung und Irrweg – die Treibmittel für die Veränderung.

Der Medienphilosoph Norbert Bolz hat in seinem umstrittenen Buch *Das konsumistische Manifest* erklärt, dass sich die Weltordnung des Linearen und die des Neuen, Vielfältigen und Brüchigen heute geradezu einen „Weltbürgerkrieg" liefern. Der Konsum, die maßgebliche Erscheinungsform einer vielfältigen Gesellschaft und Produktionsweise, die die Verschwendung bedingt, ersetzt dabei nahezu das gesamte Ensemble der alten Religionen, der Denkschule der linearen Welt.

Die lineare Welt und ihr Ende – was kann man alles nicht erklären.

Als Widersacher hat Bolz die statischen, linearen Glaubenslehren der Einheit ausgemacht, etwa den islamischen Fundamentalismus, aber auch die vielfältigen weniger extremistischen Denkmodelle, die von einem Weltbild ausgehen, das das Hier und Heute genauso wie das Künftige in einfachen Schemata zu erklären versucht. Eindeutig gehören die Linearisten, die Vertreter eines einheitlichen Weltbildes, in die alte Welt der Einheit. Bolz ortet erst in der Generation der Post-Achtundsechziger ein neues Verständnis von Welt, bei dem es nicht mehr darauf ankommt, ein Leben lang an eine Sache zu glauben. Der Bruch der Generationen ist deutlich. Die Achtundsechziger konnten alles erklären. Die Konstruktion von Wirklichkeit war grenzenlos. Die Generation nach ihr verhält sich grundlegend anders, aus Sicht der Achtundsechziger inkonsequent, ja unehrenwert. Denn wer seine Meinung ändert, der gilt ganz allgemein den Protagonisten der alten Welt als Verräter, nicht etwa als jemand, der dazugelernt hat. Dies erklärt eine ganze Menge der Alltagswidersprüche des Achtundsechziger-Establishments, das bis heute – und wohl noch auf absehbare Zeit – eine ganz entscheidende Rolle in allen wichtigen gesellschaftlichen Feldern spielt.

Loyalität ist ein Begriff, das von den Erben der Achtundsechziger-Bewegung oft und gern benutzt wird. Gemeint ist damit nicht der – unanfechtbare – Grundwert sozialer Verlässlichkeit und krisenfester Bindung an andere Menschen, sondern die Treue zur Institution. Der Journalist und Autor Reinhard Mohr hat diese Auffassung von Loyalität einmal so beschrieben: „Der anständige deutsche Linke bleibt bei seiner Meinung, bis das Essen auf Rädern kommt."

Dem gegenüber stehen die durchlässigen Haltungen der neuen Generation.

Sie haben den Zusammenbruch des alten kommunistischen Systems um das Jahr 1990 in Ost und West als Ende einer Ordnung erlebt, die sie kannten, die ihnen aber schon vor dem Kollaps nichts mehr zu bieten hatte. Beständig wird übersehen, dass sich die Industrienationen bereits seit den siebziger Jahren mehr und mehr darauf zurückzogen, nur noch den Arbeitsplatzinhabern den Status quo zu garantieren, nicht aber der nachfolgenden Generation. Diese musste sich auf völlig neue Bedingungen einstellen, auf nicht mehr dauerhafte Beziehungen etwa, was Arbeit und politische Instanzen anging. Die Bezeichnung „Besitzstandswahrer" spricht eine deutliche Sprache. Wer noch in der alten Welt verankert ist, also Sicherheit aus der Einheitlichkeit bezieht, grenzt sich rigoros von Konkurrenten ab, die in diesem Fall in Arbeitslosen, Arbeitssuchenden oder immer öfter auch in jenen Menschen zu finden sind, die ihre Lebenswelt auf sich rasch verändernde Umwelten ausrichten. Die Kultur der Mobilität und der permanenten Neuorientierung ist den Alten zuwider. Sie stört ihre Kreise, auch indem sie sie darauf aufmerksam macht, dass die von ihnen erträumte heile Welt der Kontinuität und Dauerhaftigkeit nicht mehr existiert. Der Konsumismus hingegen fordert zur ständigen Neuorientierung heraus. Und er bezeichnet ja nicht nur den Konsum von Produkten und Dienstleistungen. Längst haben Organisationen wie Greenpeace oder WWF moralische Dienstleistungen im Angebot, die man kaufen kann. Durch Auswahl kann man sich dafür entscheiden, einen bestimmten Betrag für Amnesty International oder eine andere Hilfsorganisation aufzuwenden. Und die Anbieter dieser Leistungen stehen nicht weniger in Konkurrenz als die herkömmlichen Produzenten von Waren und Gütern, die versuchen, Märkte für sich zu erobern. So wird von Fall zu Fall entschieden, aus der Vielfalt gewählt, ein verschwenderisches Angebot genutzt, das zu einem bestimmten Zeitpunkt den moralischen Bedürfnissen am ehesten entspricht. Stabil sind diese Verhältnisse nicht. Das zeigt sich auch am Verhalten von Jungwählern, die nicht mehr, wie früher, mit achtzehn Jahren als Wahlbürger bei einer Partei einchecken und mit ihr alt werden.

Das „Von-Fall-zu-Fall"-Prinzip gilt vielen immer noch als unmoralisch.

Die Einheitsgesellschaft kennt keine Mitbewerber, sie kennt nur Feinde.

Wie wir von Fall zu Fall wählen.

Allerdings muss man sich fragen: Was ist die Alternative dazu? Eine einheitliche Moral, gar eine Leitkultur, wie sie der konservative Politiker Friedrich Merz forderte – eine Idee, die insgeheim auch von vielen Vertretern anderer „Volksparteien" geteilt wurde? Die Leugnung der Tatsache, dass Ad-hoc-Verhältnisse unser Leben bestimmen? Das Ende der Dauerhaftigkeit ist kein Zufall. Die Weigerung von immer mehr Menschen, lebenslang in eine Richtung zu marschieren, entspricht den Zeiten, dem Umfeld, in dem heute immer mehr Menschen leben.

Der Wandel ist mehr als ein Teil des Lebens, er ist das Leben selbst, und in diesen Zeiten tritt das immer klarer zutage.

Economy of Speed

Nichts wird weniger industriell sein
als die aus der industriellen Revolution resultierende Kultur.
Jean Fourastié

Der Geschwindigkeits-Irrtum
und der Schock der Zukunft.

Bereits zu Beginn der siebziger Jahre des 20. Jahrhunderts, dem Jahrzehnt also, in dem die alte Economy of Scale und der nationalstaatliche Industrialismus durch Ereignisse wie die Ölkrise und eine Vielzahl gesellschaftlicher Gegenstimmen mehr und mehr auf den Untergang zusteuerten, hatte die Beschleunigung ein Tempo erreicht, das sich normaler menschlicher Vorstellungskraft völlig entzieht. Wenige Jahre zuvor hatte Gordon Moore, einer der Gründer der Intel Corporation, des wichtigsten Halbleiterproduzenten der Welt, das nach ihm bekannte „Moore'sche Gesetz" formuliert. Demnach verdoppelt sich die Leistungsfähigkeit von Halbleitern alle achtzehn Monate bei gleichzeitiger Halbierung der Produktionskosten. Dieses Gesetz hat auch vierzig Jahre nach seiner Formulierung noch Gültigkeit. Dazu gibt es eine Reihe von Analogien:

Einer der faktisch richtigen Feststellungen der Studie *Die Grenzen des Wachstums* von Dennis Meadows für den Club of Rome besagte, dass sich die Anzahl der Konsumgüter *(commodities)* und Dienstleistungen *(services)*, berechnet auf der Basis des Standes von 1970, bereits alle fünfzehn Jahre verdoppelte.

Weil Produktion und Wirtschaft als weitgehend vom Alltag abgekoppelte Elemente empfunden werden, glauben wir, dass es sich dabei nur um einen statistischen Superlativ handelt. Tatsache ist aber, dass jeder Mensch die Auswirkungen am eigenen Leib erfährt, indem er sich der Menge dessen, was produziert und verbreitet wird, unausweichlich ausgesetzt sieht.

Auf der Grundlage von Meadows' Erhebungen errechnete Alvin Toffler 1970 in *Der Zukunftsschock* Folgendes: „Einem Fünfzehnjährigen stehen heute doppelt so viele Güter und Dienstleistungen zur Verfügung wie bei seiner Geburt, und wenn er 30 Jahre alt ist, wird eine weitere Verdoppelung erfolgt sein. In einem 70 Jahre währenden Leben wird es zu etwa fünf solcher Verdoppelungen kommen. Also werden die Länder [in denen Tofflers Modellmensch lebt] nach 70 Jahren zweiundreißigmal soviel produzieren wie heute." Mit Fug und Recht, folgert Toffler, könne man behaupten, dass sich „noch nie zuvor in der Menschheitsgeschichte das Verhältnis zwischen alt und neu so radikal geändert hat".

Dazu kommt noch, dass die meisten rapiden Veränderungen unterschiedliche soziale Gruppen und Individuen zu ganz unterschiedlichen Zeitpunkten überrollen. Wir nennen das Ungleichzeitigkeit. Sie ist ein deutlicher Hinweis darauf, in welchem Maße scheinbar geordnete Prozesse durch Vielfalt regiert werden. „Wandel ist ein zwangläufig relativer Begriff; jeder Wandel vollzieht sich in Bezug auf andere Größen", schreibt Toffler und ergänzt: „Außerdem vollziehen sich diese Veränderungen ungleichmäßig." Damit ist aber auch der einzige Maßstab, der zu einer Standortbestimmung noch taugen würde, die Zeit, in der sich der Wandel vollzieht, nicht mehr eindeutig, nicht mehr einheitlich.

Während sich ein Teil der Menschheit bereits in Vielfalts-Prozessen übt, steckt der andere noch tief im Industrialismus und dessen Einheits-Philosophie. Das ist ein relativ leicht nachvollziehbarer Prozess. Wir finden es ganz normal,

Der größte Widerspruch aller Zeiten: Alt und Neu. Die großen Unterschiede zwischen dem Zeitalter der Einheit und der Welt der Vielfalt.

dass wir das Leben eines Beamten anders beurteilen als das eines Angestellten oder Kleinunternehmers. Der Beamte sieht die Welt aus seinem statischen Gebilde heraus – zumindest kann er sich das erlauben. Die nicht unkündbaren, nicht „total gesicherten" Existenzen hingegen müssen sich einer Vielzahl an Veränderungen stellen. Wirklich problematisch aber ist daran, dass die, die in statischen, sicheren Lebensbehältern existieren – Beamte oder Machthaber –, denjenigen, die weitaus mehr Lebensrisiken ausgesetzt sind, denen, die der Vielfalt begegnen, ständig die Regeln diktieren. Dies ist ein Widerspruch, der letztlich in einen neuen Kulturkampf bisher ungeahnter Dimensionen münden muss. Es ist das kollektive „Sollen sie doch Kuchen essen" der Bürokratie und ihrer Institutionen, das den Menschen, die sich heute dem Vielfaltsprozess stellen müssen, entgegenschallt. Und es wird ähnliche Reaktionen zeitigen.

Ungleichzeitigkeit und Höchstgeschwindigkeit – alles wird schneller, aber nicht auf einer Ebene.

Doch was ist mit der restlichen Welt? Verfügt sie noch über das, wonach sich viele so sehnen, orientierende Größen? Wie ertragen andere das hohe Tempo der Veränderung?

Ein Chinese, der noch vor einem Jahrzehnt als Landarbeiter mit Hacke und Schaufel schuftete und heute Industriearbeiter in einer Automobilfabrik bei Shanghai ist, hat innerhalb kürzester Zeit einen gewaltigen Sprung gemacht. Er befindet sich – nach zehn Jahren Industrialisierung – nicht auf dem Niveau eines europäischen Kohlekumpels des 19. Jahrhunderts. Unser Freund in Shanghai weiß, was Handys und Computer, Internet und Hotlines sind. Er kennt die Welt der modernen, vielfältigen Dienstleistungen, der zunehmenden Automation genauso wie seine Arbeitswelt; die aber ist von gesellschaftlichen Standards geprägt, die hierzulande bereits vor vierzig, fünfzig Jahren erreicht waren.

Demgegenüber machen Jugendliche in den neuen deutschen Bundesländern einen Sprung zurück, in die Welt ihrer Urgroßväter, die um die Wende vom 19. zum 20. Jahrhundert ihr Land verlassen mussten, weil es keine Aussicht auf Arbeit und Auskommen gab. Ein junger Brandenburger, der sich mit Arbeitslosenquoten von teilweise über vierzig Prozent konfrontiert sieht, wird schleunigst seine Heimat verlassen – und unterscheidet sich darin nicht wesentlich von seinen Vorfahren.

Ungleichheit und Ungleichzeitigkeit sind keine neuen Phänomene. Der Übergang von der agrarischen zur industriellen Welt vollzog sich in einer Zeitspanne von wenigstens hundert Jahren. Es gab Menschen, die in kürzester Zeit mit voller Wucht von den radikalen Veränderungen des Industrialismus getroffen wurden – Landarbeiter etwa, die über Nacht zu Industrieproletariern wurden. Es gab andere in diesen Gesellschaften, für die sich die Auswirkungen der neuen Technologien, der Automation und des industriellen Systems erst mit langer Verzögerung einstellten: Intellektuelle reagierten in großem Stil überhaupt erst um die Wende vom 19. zum 20. Jahrhundert auf die neuen Zeiten, und dann großenteils pessimistisch. Das Echo von Oswalds Spenglers *Der Untergang des Abendlandes* findet sich in nahezu allen Werken, die um diese Zeit entstanden, und es findet sich als Hintergrundrauschen bis heute überall dort, wo Kopfarbeiter sich hartnäckig weigern, ihren Verstand dafür einzusetzen, die neue Ökonomie und die neue Gesellschaft mitzudenken. Der Verlust der eigenen Bedeutung wird beklagt, der Mut, eine neue zu finden, fehlt allenthalben.

Der Untergang des Abendlands durch Geschwindigkeit und Vielfalt.

Ungleichzeitigkeit bedeutet auch, dass sich einige wenige zumindest vage vorstellen können, wie sie auf eine schnelle, superkomplexe Welt reagieren könnten. Nichts von dem, was sie denken, das liegt in der Natur der Sache, hat den Charakter eines Modells. Es gibt keine Landkarte der Vielfalt, keinen Masterplan der Veränderung.

Aussteigen woraus? Die Grenzen der Besitzstandswahrung im 21. Jahrhundert.

Daraus erwächst ein tiefer Zukunftspessimismus, der allerdings keine Lösungen parat hält. Selbst das seit den siebziger Jahren beliebte „Aussteigen" all jener, die mit der Komplexität des Vorhandenen nicht mehr zurande kommen, spielt sich vor dem Hintergrund der Tatsache ab, dass andere für diese Sabbaticals bezahlen. Wer Vielfalt und Gerechtigkeit will, wird sich kaum mit einer solchen Haltung abfinden mögen.

Längst ist der amtliche Pessimismus im Umgang mit der radikalen Veränderung einer geordneten Welt, wie sie der industrielle Nationalstaat bot, von einer Wirkung zu einer Ursache geworden. Er verhindert konsequent das Ausschauhalten nach neuen Möglichkeiten. Insbesondere die deutsche Gesellschaft verschließt sich mit an Starrsinn grenzender Konsequenz jeglicher Veränderungsbereitschaft. Aber das muss nur den behindern, der bei seinem Aufbruch in die neue Welt unbedingt von den alten Strukturen ausgehen will.

Das Ende des Globalismus

Der Wilde in uns betrachtet nach wie vor als gut,
was in der kleinen Gruppe als gut galt.

Friedrich von Hayek

Anpassung – die einzige Chance, Komplexität zu neuen Möglichkeiten zu verwandeln.

Seit sich große Teile der westlichen Zivilisationen über das enorme Tempo der Veränderungen halbwegs im Klaren sind – also seit Ende der sechziger Jahre des 20. Jahrhunderts –, war die vorherrschende und wohl durchaus verständliche Reaktion das Ignorieren und Leugnen dieser Entwicklung, zumindest ihrer Zwangsläufigkeit. Die Alternativen, die angeboten wurden, waren aber durchweg zu schwach, um sich der durch die zunehmende Globalisierung noch verschärften Problematik der Economy of Speed wirksam entgegenzustellen. Sie trugen vor allem den Keim des Scheiterns in sich: Es ist möglich, dass wir die enormen Anforderungen der Ära der Vielfalt durch neue, kluge Methoden zu meistern lernen – uns also neuerlich anpassen. Es ist allerdings auch in der nichtlinearen Hochgeschwindigkeits-Gesellschaft nicht möglich, einfach nur den Stecker herauszuziehen, um den Status quo zu wahren. Viele der Intellektuellen Europas (weniger die der USA, praktisch nicht die Asiens und Afrikas) haben diesen Versuch unternommen und sind damit kläglich gescheitert.

Die Zwischenbilanz der Alternativen ist so kläglich, dass nun die Kräfte, die die Veränderung zähmen wollten, fast vollständig ins Lager der Regulierer, genauer: der Superregulierer übergelaufen sind. Die hohe Sympathie, die die Antiglobalisierungs-Gruppe Attac genießt, ist vor allem dem persönlichen Scheitern der geistigen

Eliten Europas geschuldet. Sie haben dabei versagt, Konzepte zur Anpassung an das Zeitalter der Vielfalt zu entwickeln.

Nun wird der Versuch unternommen, durch supranationale Gesetze jene Kräfte zu bändigen, die man als Verursacher der Economy of Speed ausgemacht hat: die Kräfte der Verschwendung und der Vielfalt, die wir Markt nennen. Das hat längst den Geist des Totalitären erreicht. Diejenigen, die in der Entwicklung nationaler Gesellschaften gescheitert sind, wenden sich nun der Schaffung einer globalen Einheitsgesellschaft zu, in der die gleichen Gesetze, Regeln und Normen Entwicklungen verhindern sollen, statt unter dem Eindruck ihres Potenzials die dringend nötigen Veränderungen zu realisieren.

Warum Anti-Globalisierungs-Aktivisten den neuen Einheitsstaat wollen – Big Brother will nur helfen.

Dieser Globalismus hat die größte gestaltbare Einheit im Auge, die ganze Welt. Nicht nur der fanatisch-denuziatorische Ton, der im „Kampf gegen das Finanzkapital" angeschlagen wird, die vorsätzliche Konstruktion falscher Fakten in der politischen Auseinandersetzung und das Beschwören einer stets anonymen „Verschwörung des Kapitals" erinnern dabei an die Totalitarismen Stalins und Hitlers. Auch die Superdiktatoren des 20. Jahrhunderts hatten als ersten Punkt die Eindämmung des Kapitalismus und der Vielfalt der Marktkräfte auf ihrer Agenda stehen. Der Globalismus verfügt über das psychologische Potenzial zu einem solchen Totalitarismus. Dass sich Ultrarechte und Globalisierungsgegner in wesentlichen Sachfragen aktueller politischer Entscheidungen durchaus einig sind, ist evident. Die Regulierung von Märkten ist immer auch die Regulierung ihrer Betreiber, von Menschen also. Mit Sicherheit wird sich die faschistoide Vision einer „Weltregierung", die, mit „globalen Gesetzen" ausgestattet, die Vielfalt zur Einfalt degradiert, nicht dauerhaft erfüllen lassen. Die Demokratie und die Freiheit aber sind durch Bestrebungen der vielfach von diffusen Verlustängsten, Unwissenheit und Orientierungslosigkeit getriebenen Globalisten massiv gefährdet.

Das Ende der Vergeudung

**Alle Kräfte in die neuen Zeiten
und neuen Bedingungen.**

Die neue Komplexität lässt sich durch diese Verzögerungsmanöver nicht aus der Welt schaffen. Das Ignorieren des Wandels kostet die letzte Substanz, die dringend gebraucht wird, um die enormste Anpassungsleistung der Menschheitsgeschichte zu bewältigen. Das ist – um das exakte Gegenteil von Verschwendung, also des Überflusses an Möglichkeiten, die sich in der Veränderung ergeben, beim Namen zu nennen – Vergeudung.

Verschwendung schafft Neues, ist die Basis neuer Produkte, Ideen, Methoden – kurz gesagt also die Transmissionskraft, die Anpassung an Veränderung erst ermöglicht. Verschwendung ist ein reines Mittel. Vergeudung hingegen ist die Gesamtheit aller Energieaufwendungen, die nichts anderes zum Ziel haben als die Erhaltung eines Zustandes.

**Sieben Milliarden Mehrkosten
durch brutale Streichungen –
Max Weber lächelt im Grab.**

Sich auf die Vielfalt einzulassen ist zugegeben keine sichere Bank. Wer aber nur verbraucht, ohne Neues zuzulassen, erschöpft die Ressourcen noch viel schneller als jene, die auf der Suche nach neuen Möglichkeit alles (oder vieles) von dem in die Waagschale werfen, was sie besitzen und vermögen.

Ende 2005 wurde bekannt, dass die politisch höchst umstrittenen Reformen der deutschen Bundesregierung, die unter der Bezeichnung „Hartz IV" die Zusammenlegung von Arbeitslosengeld und Sozialhilfe betrieben, rund 7 Milliarden Euro mehr kosten würden als „geplant". Und das, das muss man sich vor Augen halten, bei einer Aktion, bei der durchweg die Leistungen der Bezugsempfänger dramatisch gekürzt wurden. Den Mehraufwand generierte fast ausschließlich die extrem teure Bürokratie, die durch den Versuch, die Linie des alten Umverteilungssystems in einer Reform weiterzuschreiben, entstand. Max Weber wird sich – lächelnd – im Grab umgedreht haben. Am Ende des Einheitssystems steht eine allmächtige Bürokratie, die in einer ungeheuren Eigendynamik die letzten verbliebenen Ressourcen verschlingt. Noch.

Das Ende der Pläne

Technokraten leiden an Engstirnigkeit.
Sie denken nur an schnellen Gewinn und an unmittelbare Konsequenzen.
Sie sind frühreife Angehörige der „Jetzt-Generation".
Alvin Toffler

Wenn aber die alte lineare Methode, mit der die Menschheit bis vor kurzem weiterkam, nicht mehr funktioniert, dann stellt sich die Frage, was an die Stelle der Analogien der Geschichte treten wird. Was ersetzt die – wahre oder vermeintliche – Konstante?

Der Wandel mag insgesamt als wirrer Superlativ erscheinen – aber er ist im Detail bewältigbar. Die Voraussetzungen dafür sind beispielsweise Autonomie, Unabhängigkeit und der Verzicht auf statische Methoden. Viele beschleicht dabei ein *Horror Vacui*, die Angst vor dem Nichts. Doch die ist völlig unbegründet. Denn als Alternativen zu den Methoden der Dauerhaftigkeit und all den Instrumenten, die Langfristigkeit und Unveränderlichkeit suggerieren, haben wir bereits eine Reihe von Fähigkeiten entwickelt, spontane Entscheidungen zu treffen, das heißt, mit der Vielfalt umzugehen. Diese sind einfacher, als es zunächst scheint. Bevor wir uns mit ihnen beschäftigen, sollten wir jedoch einen Blick auf einen weiteren Begriff aus der Welt der Dauerhaftigkeit werfen: Nachhaltigkeit. Sie gehört scheinbar zu den Grundwerten unserer Gesellschaft, ist aber durch und durch ein Kernkonzept der statischen, nicht intelligenten und rein auf Plan ausgerichteten alten Welt.

Die Liebe der Deutschen zur Nachhaltigkeit ist historisch leicht erklärbar: Die Kultur des Landes ist stark traditionalistisch, das wird niemand bestreiten. Im Industrialismus ging dieser Traditionalismus nahezu perfekt mit einer zentralen Anforderung des Wirtschaftssystems zusammen, der Planung. Nicht jedes in die Zukunft denkende Konzept ist auch ein Plan. Ein Plan ist eine Methode, die jegliche Unwägbarkeit, die die Umsetzung eines Vorhabens verhindern könnte, im

Keine Angst vor stetem Wandel –
wie wir lernen, mit der Unsicherheit
ganz einfach umzugehen.

Vorfeld ausschließt. Ein Plan ist linear, er organisiert die Verfolgung eines Vorhabens unterbrechungslos vom Beginn bis zum seinem Ziel – auf gerader Strecke und in einer Ebene.

Die flache Seite der Welt: Wie Pläne aus Vielfalt Einheitsbrei machen.

Das Wort „Plan" geht auf das lateinische *planus* zurück, das so viel wie eben oder flach bedeutet. Man beachte die Doppeldeutigkeit, die darin steckt.

Planung kommt der analogen Denktradition von Menschen sehr entgehen. Investoren schätzen Pläne, weil sie scheinbar Risiken minimieren, meist indem sie sie gar nicht benennen. Es wird die Illusion der unbehinderten Vorwärtsbewegung erzeugt. Weil aber die Erfahrung lehrt, dass alles und jedes auf dieser Welt in Bewegung ist – sich also in einem dynamischen Prozess befindet –, ergänzt man den Masterplan durch eine Reihe einzelner Maßnahmenkataloge, sozusagen kleine Pläne für den Ausnahmefall, die schrullig als „Plan B" bezeichnet werden. Plan B reproduziert den Masterplan bis ins kleinste Detail: Er setzt wiederum vollständig analoges Denken mit der bewährten Formel Problem – Analyse – Lösung (respektive Problembeseitigung) voraus. Ein gut ausgetüftelter Plan mitsamt allen so genannten Alternativen gleicht einem riesigen Spiegelkabinett in einem Varieté. Es gibt im Grunde keine echten Variationen, sondern nur verschieden große und verzerrte Abbilder des Originals.

Eindeutigkeit statt Vielfältigkeit – die Logik des Plans.

Pläne sind das Rückgrat des Industrialismus.

Der Psychologe Dietrich Dörner hat in seinem Buch *Die Logik des Misslingens* eine Definition des Planungsbegriffs von zeitloser Schönheit geliefert: „Planen ist Handeln auf Probe. Beim Planen tut man nicht, man überlegt, was man tun könnte." Das hinter der Planung steckende Konzept heißt Eindeutigkeit statt Vielfältigkeit.

Bedauerlicherweise hält sich die Realität nicht an Pläne. Das ist eine sehr alte Erfahrung der Menschheit, aber es scheint fast so, als ob die analog organisierte Denkstruktur unserer Art es nicht zulässt, den festen Weg der Planung zu verlassen. Ob politische Konzepte oder wirtschaftliche Vorhaben – ohne Plan scheint nichts zu laufen.

Pläne sind damit eine Rechtfertigung für statisches Verhalten. Denn nicht die

Veränderung eines Zustandes ist Ziel des Plans, sondern die wahnwitzige Idee, Zukünftiges in das gegenwärtig Gewünschte voll integrieren zu können. Diese Meisterleistung menschlicher Selbsttäuschung bedeutet also nichts anders, als dass das Wesen, das sich evolutionär anzupassen hat, nun den Spieß umdreht. Nicht die Menschen folgen den sich verändernden Bedingungen, sondern die Bedingungen folgen dem, was wir wollen.

Diese Hybris drückt sich auch in dem scheinbar so harmlosen Begriff Nachhaltigkeit aus, der einen Aspekt von Planung bezeichnet. Nachhaltigkeit zielt etwa darauf ab, heute die Grundlagen für die sozialen Sicherungssysteme von morgen zu schaffen. Nachhaltigkeit behauptet auch, man könne durch massives Gegensteuern natürliche Veränderungen des Weltklimas in den Griff bekommen. Letztlich ist Nachhaltigkeit aber nur eine weitere Ausrede einer Gesellschaft, die ihre Probleme auf morgen vertagt. Nahezu alle Nachhaltigkeitsstrategien haben eines gemeinsam: Sie gehen unter Beibehaltung eines starren Plans ohne den geringsten Wandel auf – oder gar nicht.

Warum es gelogen ist, die Zukunft berechnen zu wollen, und wem das nützt.

Niemand kann auch nur annähernd seriös die Frage beantworten, welche gesellschaftlichen und wirtschaftlichen Rahmenbedingungen im Jahr 2050 herrschen werden. Für Nachhaltigkeits-Dogmatiker ist das überhaupt kein Problem. Genauso wie früher die staatlichen Planungsbeauftragten in den Comecon-Ländern rechnen sie heute minutiös und *en detail* aus, wie hoch die Rentenzahlungen in diesem fernen Jahr sein werden. Sie tun so, also wüssten sie, wie viele Beitragszahler welcher Bildung und welchen Einkommens dann wie vielen Leistungsempfängern gegenüber stehen. Jeder dieser Nachhaltigkeits-Maßnahmen ist eigen, dass Bürger dafür heute fundamentale Beschränkungen auf sich nehmen müssen, ohne ein plausibles Ziel vor Augen zu haben.

In Konzernen, die überwiegend der Doktrin des Industrialismus verpflichtet sind, ist der Plan die Grundlage allen Handelns. Natürlich kann man einwenden, dass sich Organisationen, die aus zuweilen mehreren hunderttausend Menschen bestehen, nicht anders als durch einen fixierten Organisationsablauf zu einem Ganzen organisieren lassen. Damit ist aber auch schon das Wesentlichste gesagt:

denn Manager und Unternehmer wissen aus der Praxis sehr wohl, dass die enorme Beschleunigung des Zeitenwandels selbst mittelfristige Pläne – die auf Zeiträume von vielleicht fünf bis sieben Jahren angelegt sind – in der Regel gnadenlos zu Makulatur macht.

In praktisch allen Konzernen (in Staaten sowieso) werden die Budgets, also die verfügbaren Mittel, lange im Vorhinein festgesetzt. Ein Budget ist aber nicht bloß ein wenig Bargeld, das man bei sich trägt, wenn man abends ein Bierchen trinken möchte. Budgets steuern fundamental das, was Unternehmen tun. Wenn etwa auf Jahre hinaus der Abteilung Forschung die Mittel gekürzt werden, weil es gemäß der Budgetplanung opportun erscheint, weniger Neues und dafür mehr Altes unters Volk zu bringen, wird das für weitaus längere Zeit die Qualität und das Erscheinungsbild des Unternehmens drücken, als der Plan fixieren kann.

Jeder einzelne Posten, der vorab zugewiesen wird, hat Konsequenzen: Er entscheidet darüber, wie sehr sich die Menschen in den Unternehmen verantwortlich fühlen, was sie eher tun und eher lassen werden. Da Systeme der Einheitlichkeit einander unaufhörlich kopieren, wirkt sich das, was ein Konzern tut, immer auf seine Mitbewerber und deren Partner aus. Im Konzert der vielen, die einen Konzern bilden, haben selbst scheinbar nebensächliche Entscheidungen und minimale Kurskorrekturen eine ungeheure Wirkung.

Budgets für den Wandel, nicht für Ewigkeit – beyound budgeting und das neue Denken in Banken.

Einige Unternehmen haben durchaus erkannt, dass das die falsche Methode ist: Statt zentralistisch Budgets zuzuteilen, wird in ihnen zunehmend die Verantwortung auch fürs Geldausgeben an die handelnden Personen übertragen, dezentral und aufgabenorientiert. Dieses Modell wird „Beyond Budgeting" genannt. Einer der Vorreiter dieser Methode sind die Svenska Handelsbanken, eines der größten und profitabelsten Geldhäuser Skandinaviens. Bereits vor vier Jahrzehnten wurden dort angesichts immer größerer Probleme, die durch langfristige Budgetplanung entstanden, radikale Maßnahmen ergriffen. Statt einer absoluten Zahlenvorgabe, die mit dem Budget zu erreichen ist, wird nicht mehr als ein relativer Wert – man könnte auch sagen: Richtwert – als Vorgabe an die verantwortlichen Mitarbeiter ausgegeben. Im Wesentlichen besteht dieser Wert in dem Vorhaben, ein besseres Ergebnis zu erzielen als die Durchschnittswerte der Konkurrenz. Alles Übrige ist bei den Svenska Handelsbanken Aufgabe der Leute, die mit den Kunden zu tun haben: den Menschen in den Filialen. Dieses Konzept gilt als nahezu revolutionär, es sichert ein hohes Maß an Selbstständigkeit. Und es sichert, das ist vierzig Jahre nach seiner Einführung bewiesen, auch die ökonomische Existenz: Die Svenska Handelsbanken haben in dieser Zeit nicht einen einzigen Mitarbeiter entlassen. Die Bank, die auch große schwedische Pensionsfonds verwaltet, steht – nicht nur verglichen mit den weiterhin stur an den alten Budgets festhaltenden Konkurrenten – ausgezeichnet da.

Mehr Erfolg mit weniger Plan – und mehr Arbeitsplätze noch dazu.

Das Ende der Zentralisierung

Hier zeichnet sich also ab, was im System der Einheit unmöglich schien: Auch große Gemeinschaften, die an einem Strang ziehen, sind erfolgreicher, wenn ihre einzelnen Teile, die Menschen, die in ihnen arbeiten und leben, die für sie relevanten Entscheidungen selbst treffen. Die Voraussetzung dafür ist aber vielfach in dieser Welt noch nicht gegeben: Eine solche Organisation muss ihren Elementen auch zutrauen, die Aufgaben zu lösen. Sie liefert nur mehr einen Handlungsrahmen für das, was erledigt werden soll. Dieser Richtwert ist entscheidend. Er ist, etwa bei den Svenska Handelsbanken, die Konstante, die das Entscheiden und Handeln abstützt – eine Grundversicherung eines Wertes.

Eines der Geheimnisse von Beyond Budgeting scheint darin zu liegen, dass ein komplexer Sachverhalt erkannt wurde – die Unmöglichkeit, die Geschäfte einer Bank mittels zuverlässiger Vorhersage von Milliarden einzelner möglicher Ereignisse zu führen. Die Komplexitätsreduktionsleistung liegt darin, dass ein zentraler Zweck – das Bankgeschäft – von tausenden Mitarbeitern in ihrem individuellen Handlungsumfeld jeweils in dem von ihnen als richtig erkannten Sinn

Sinn statt Regeln – eine neue Geheimwaffe der Vielfalt setzt sich durch.

umgesetzt wird. Nicht ein einsamer Vorstand (oder Regierungschef) entscheidet über die Kreditvergabe, sondern diejenigen, die auch die Personen, die um einen Kredit fragen, und deren Lebensumstände kennen. Es sind vielfältige Entscheidungen, die von vielen getroffen werden. Dadurch wird eine weitestgehende Lastenverteilung erreicht, und unterschiedlichste Problemlösungskapazitäten können gezielt eingesetzt werden.

Spontane Ordnung

Warum funktioniert das? Die Antwort darauf ist nicht so neu, wie es scheinen mag. Friedrich von Hayek, Nobelpreisträger für Ökonomie, hat sie bereits in den vierziger Jahren unter dem Eindruck des Einheitswahns des Nationalsozialismus und des Stalinismus formuliert. Sein Buch *Der Weg zur Knechtschaft* entsteht also auf dem damaligen Höhepunkt des industrialistischen Regimes, zu einer Zeit, da als ausgemacht gilt, dass Menschen, Maschinen gleich, vollkommen steuer- und planbar sind. Der Erfolg der Diktaturen gibt ihnen dabei (noch) Recht. Der Staat ist gleichsam die größte Planungszentrale. Und wenn sich etwas oder jemand innerhalb des Machtbereichs dieser Staaten nicht formen lässt, dann machen die Führer dieses Werkstück dem Erdboden gleich. Sie planieren es.

Ewiges Chaos? Nein, spontane Ordnung, die sich dem Lauf der Welt anpasst.

„Wir müssen die Illusion zerstreuen, dass wir bewusst die Zukunft der Menschheit schaffen können", schreibt von Hayek damals. Stattdessen fordert er eine wirklich neue Ordnung. Denn die, das ist dem Ökonomen bewusst, wird auf lange Sicht die Grundlage aller Gesellschaften sein. Allerdings soll es eine Ordnung sein, die nicht zwangsläufig in Kriegen und mörderischen Selbstzerfleischungsprozessen enden muss. Er prägt dafür den Begriff der „spontanen Ordnung", die sich an einem natürlichen Vorbild orientiert, dem Markt. Diesen Markt versteht von Hayek als dynamisches System, das sich jederzeit spontan ändern kann, unterschiedliche Bedürfnisse zu befriedigen in der Lage ist, bei Problemen aber auch weich reagiert. Weil nicht starre Pläne, die rücksichtslos durchgesetzt werden müssten, die Dynamik dieses Marktes beeinflussen, ist er flexibel. Er reagiert auf „sinnvoll gebrauchte Vernunft", eine „Vernunft, die ihre eigenen Grenzen kennt": „eine ohne Entwurf entstandene Ordnung kann bei weitem die Pläne übertreffen, die Menschen bewusst ersinnen".

Vernunft, die ihre eigenen Grenzen kennt, ist eine äußerst liberale und auf Selbstverantwortung zielende Vorstellung. „Niemand kann wissen, wer etwas am besten weiß, und der einzige Weg, auf dem wir Wissen finden können, ist der Weg durch den sozialen Prozess, in dem jedermann versuchen kann, was er zustande bringt", schreibt von Hayek. Damit ist der Wirkungsbereich der Freiheit definiert, „die eben bedeutet, dass wir in gewissem Maße unser Schicksal Kräften anvertrauen, die wir nicht beherrschen".

Es gibt unbeherrschbare Kräfte. Tun wir nicht so, als ob es anders wäre. Das schärft den Blick für die Realitäten.

Statik und Dynamik

Wer an der Scheinsicherheit des Industrialismus hängt, wird das, was von Hayek über das Wesen der Freiheit schrieb, nicht gerne hören. Denn selbst eine als Scheinsicherheit erkannte Welt ist vielen noch lieber als das mühsame Aneignen neuer Methoden, zumal solchen, die nicht mit hundertprozentiger Werksgarantie ausgeliefert werden.

Dauerhafte Lösungen gibt es aber nicht mehr, genauer, es gab sie nie. Darin steckt jedoch auch eine wichtige Erkenntnis: Wenn es nie wirklich so war, dass sich alles und jedes planen und umsetzen ließ, wie das die Industrialisten und Deterministen dachten, dann müssen wird doch bereits mit den neuen Methoden vertraut sein?

Auch wenn alte Vorurteile immer noch bleischwer an Begriffen wie Verschwendung und Vielfalt hängen: Die Lernfortschritte sind erheblich. Und sie zeigen auch, dass die Ängste der Einheitsdenker ungerechtfertigt sind, dass in einer

Welt, in der die Veränderlichkeit zum Regelfall wird, nicht grundlegende soziale Werte über Bord geworfen werden. Vielfach ist sogar das Gegenteil der Fall.

Aufwandsteilung, nicht Arbeitsteiligkeit

Das System der Einheit, das Pläne schafft, verordnet Solidarität; Netzwerke, die der „spontanen Ordnung" von Hayeks folgen, sind solidarisch – aus Prinzip. Die Verteilung von Lasten ist ihre Natur. Konzentrationen sind nicht nur nicht erwünscht, sie funktionieren auch nicht, aufgrund eines sehr simplen, aber wirksamen Mechanismus: dass jeder Mensch etwas anderes will.

Wie Ikea uns lehrt, was wir wirklich brauchen, wie oft und dass nichts von Dauer ist.

Unsere Großeltern, die in zentralen Einheitssystemen lebten, kauften einmal im Leben ein Schlafzimmer, einen Küchentisch oder einen Herd. Dauerhaftigkeit, heute ein nostalgischer Wert, war alltäglich und normal. In den sechziger und siebziger Jahren entwickelte sich etwas ganz anderes. Kinder spielten nicht mehr mit Puppen, die in immergleichen Klamotten daherkamen, sondern mit Barbies, dem Inbegriff der multiplen Spielzeugpersönlichkeit. Vom Sparwahn der Alternativbewegung noch unbeeinflusst, genossen die Menschen eine Vielzahl an Einweg- und Wegwerfprodukten. Es gab Wegwerfwindeln, Einmalzahnbürsten und kleine Taschenöfen, die man nach Gebrauch in den Papierkorb werfen konnte. Die Gesellschaft experimentierte mit einem neu entstandenen Variantenreichtum, begeisterte sich an einer bis dahin nicht gekannten Vielfalt. Langlebigere Produkte wie Autos waren nicht mehr nur in Standardfarben, sondern in allen möglichen Varianten lieferbar.

Bereits in den fünfziger Jahren galt die Theorie von der Dauerhaftigkeit und Einmaligkeit industrieller Produkte endgültig als überholt: Die Theorie der Produktlebenszyklen entstand. Das bedeutete zweierlei: Das beständige Neuerfinden wurde ein grundlegendes Prinzip der Ökonomie. Und Verschwendung war als Treibmittel für die globale Wirtschaft anerkannt – bei maximalem

Unterhaltungseffekt für die Verbraucher. Denn auch die hatten den Mief des Dauerhaften längst satt.

Möbel, einst fürs Leben gekauft, sind heute ein Gebrauchsgegenstand für wenige Jahre. Eine ganze Generation kauft bereits Einwegmöbel – IKEA ist einer der Vorreiter der Ökonomie der Verschwendung. Ein rasch wechselndes Produktsortiment zu relativ niedrigen Preisen führt dazu, das viele mit vierzig bereits ihre vierte oder fünfte Wohnzimmereinrichtung im Selbstbauverfahren zusammenstellen. Seltsam ist eigentlich nur die offensichtliche Persönlichkeitsspaltung vieler IKEA-Kunden, die, das hat das von Ingvar Kamprad in den fünfziger Jahren gegründete Unternehmen schon lange herausgefunden, viel Wert auf Political Correctness und nachwachsende Rohstoffe als Grundmaterial legen, die, sprechen wir es ruhig aus, tendenziell zum Umweltschutz neigen. Dass ausgerechnet das Möbelhaus mit den höchsten Umschlagszahlen und den schnellsten Produktwechseln offenbar problemlos die Kluft zwischen Gesinnung, Nutzenorientierung und Wirtschaftlichkeit überbrückt hat, ist schon bemerkenswert.

Nicht anders ist es bei Elektronik und Computern. Bei Produktlebenszyklen von durchschnittlich drei Monaten dreht sich ein Verschwendungskarussell, ohne das die Ökonomien der USA, Europas und Asiens längst pleite wären. Neue Videospiele, neue Software, neue Hardware sorgen permanent für neue Produktionsschübe. In diesem Feld der Ökonomie hat die Verschwendung auf breiter Front ihre Überlegenheit bewiesen. Und es zeigt sich auch deutlich, dass überall dort, wo die Abgrenzungen zur alten industriellen Einheitsproduktion zu gering sind, große Probleme auftreten. Hersteller, die sich dem raschen Wechsel von Produkten nicht anpassen und langfristige Planbarkeit einfordern, scheitern oftmals schon im Ansatz. Selbst der Bau einer Fabrik, ein Vorhaben, das vielen vor einigen Jahren noch als wünschenswert und normal erschien, wird unter den neuen Bedingungen zur allgemein bestaunten, absurden Angelegenheit: Im Bundesland Brandenburg wurde, wie gewohnt von langer Hand, eine Fabrik zur Herstellung von Halbleitern geplant – ein Milliardendesaster. Ein Fall, der brillant belegt, dass die betuliche Planungswirtschaft mit der Entwicklung nicht mehr

Verschwendung im Wohnzimmer – alle paar Jahre neue Möbel. Wenig nachhaltig, aber für alle sinnvoll.

Die Überlegenheit der Ökonomie der Verschwendung und die Probleme der Wirtschaft von gestern.

mithalten kann. Schon mitten im Planungsstadium waren die Produkte, die die Fabrik hätte liefern können, hoffnungslos überholt.

Warum Dinge von gestern sind, die wir heute erst gekauft und genutzt haben, und warum das alles völlig in Ordnung ist.

Auch dieses Phänomen des Überholten ist nicht neu, kein originäres Kennzeichen der letzten Jahre. Seit den fünfziger Jahren gibt es eine intensive Diskussion um das Phänomen der Obsoleszenz. Obsolet, überholt, sind viele Produkte deshalb bald, weil sich die Bedürfnisse der Verbraucher sehr rasch ändern. Daneben gibt es eine „geplante Obsoleszenz", was bedeutet, dass Produzenten ihre Modelle absichtlich so gestalten, dass deren Lebensdauer begrenzt ist. Bei Computern und Software ist das besonders leicht feststellbar. Nicht nur die Hardware, sondern auch die Software wird ständig verbessert, es gibt neue „Releases", die relativ schnell die vorhandene Hardware überfordern. Nun muss der Verbraucher wieder einen neuen Computer kaufen, um die aktuelle Software nutzen zu können. Das heißt: Er muss nicht, er tut es.

Marshall McLuhan hat in seinem 1964 erschienenen Buch *Understanding Media (Die magischen Kanäle)* den Satz geprägt: „Wenn es funktioniert, ist es überholt." Schon vor über vierzig Jahren hielt das jedem Reality Check stand. Was funktioniert, ist eben nicht mehr dauerhaft. Es ist ein Zwischenschritt, eine Momentaufnahme, der Status quo eines laufenden Prozesses.

Wie bleibt eigentlich in dieser Ökonomie der Verschwendung noch Zeit, individuelle Lösungen zu schaffen? Der Widerspruch liegt irgendwie auf der Hand: Wie ist es möglich, dass viel mehr viel schneller produziert und entwickelt und wieder produziert wird, und das noch dazu unter der Bedingung, dass die Produkte zunehmend individualisiert werden?

Die Antwort ist ein weiterer Hinweis auf das Ende des Einheitsregimes, in dem – man denke an Frederick Winslow Taylor – Arbeitsteilung eine enorme, ja sogar die zentrale Rolle spielte: Nicht Arbeitsteilung, sondern Aufgabenverteilung hilft, die hochkomplexe Anforderung zu meistern, individuelle Produkte in immer schnelleren Zyklen zu realisieren.

Open Source ist so eine Idee, die gerade erwachsen wird und deren Potenzial in einer Ökonomie der Vielfalt sehr hoch ist. Im bekanntesten Fall wird dabei

Software, unerlässlich für die mittlerweile weltweit mehr als eine Milliarde Computer, nicht von einem Entwicklungsteam gemäß einem Masterplan geschrieben, sondern von einer Vielzahl freier Programmierer, die das Produkt, das sie schaffen, anderen zur Verfügung stellen müssen. Dieses Prinzip heißt Copyleft – eine Umkehrung des Copyrights, nach dem geistige Inhalte einer bestimmten Person oder Organisation gehören. Copyleft heißt nicht, dass das, was die Open-Source-Programmierer machen, kostenfrei ist. Mittlerweile sind Open-Source-Produkte nicht billiger als so genannte proprietäre Software. Aber sie haben entscheidende Vorteile: Zum einen können Programmierer ohne aufwändige und kostenintensive Lizenzen alle Programmcodes ändern, die etwa nötig sind, um bestimmte Funktionen für ein Buchhaltungsprogramm zu schreiben. Diese Ergebnisse sind die Grundlage für weitere Modifizierungen im System. So kann durch intelligente Verteilung des Aufwands (und nicht durch Arbeitsteiligkeit) problemlos eine Vielzahl ganz unterschiedlicher Anforderungen in schnellstmöglicher Zeit geschaffen werden.

Wenngleich die Theorie der Netzwerke, die solchen Prozessen in einer Ökonomie der Vielfalt zugrunde liegen, noch in den Kinderschuhen steckt, zeichnen sich hier herausragende Anpassungsleistungen an die Welt der Vielfalt ab. Dabei hat gewiss keiner der Open-Source-Programmierer den Eindruck, bei seiner Arbeit müsste er die Gesamtheit des verfügbaren Wissens nach einzelnen, exakt passenden Lösungen durchforsten. Keiner von denen, die individuell abgestimmte Programme schreiben, hat wohl das Gefühl, etwas Dauerhaftes, für die Ewigkeit Bestimmtes zu produzieren. Es sind alltägliche Arbeitsschritte, die erledigt werden. Diese Arbeitsprozesse unterscheiden sich aber grundlegend von jenen des Industrialismus: Jeder Schritt resultiert aus einer jeweils neu definierten Anpassungsleistung, einem Bedürfnis. Die Voraussetzung ist eine klare Entscheidung, was eben jetzt gebraucht wird. Die Nutzung der Vielfalt besteht also nicht in der langfristigen Planung aller möglichen Faktoren. Der Schlüssel zur Vielfalt heißt Entscheidung.

Wie die Idee von Open Source dazu führt, dass wir mehr Vielfalt und Verschwendung nutzen können – und dabei noch eine ganze Menge besser werden als bisher.

Entscheidungen

Welche Optionschancen die Welt der Vielfalt für uns bereithält. Und warum wir nicht darum herumkommen, zu begreifen, dass eine Entscheidung immer aus zweien besteht.

Aller Fortschritt zersetzt, trennt, löst auf, zersplittert kompakte Solidităten,
zerreißt althergebrachte Zusammenhänge, zerstört, sprengt in die Luft.
Aller Fortschritt hat das Thema, das Dasein zu irrationalisieren,
es widerspruchsvoller und fragwürdiger, tiefer und bodenloser zu machen.
Kultur ist Reichtum an Problemen, und wir finden ein Zeitalter
um so aufgeklärter, je mehr Rätsel es entdeckt hat.

Egon Friedell

Apollo

Ein kleiner Satellit sorgt für massive Beunruhigung – und für ein System der Vielfalt, dem man nicht so leicht beikommen kann.

Zu keinem Zeitpunkt seiner Geschichte entfaltete der Industriekapitalismus eine solche Wucht wie nach dem Ende des Zweiten Weltkrieges, der die Welt im letzten Jahrhundert so grundlegend veränderte. Es war die Zeit der Ären und der Pläne. Mit dem Wort Ära schmückte man alles, was man mit ungeheuren Mitteln begann: den Ausbau der Atomkraft, aber auch die Massen-Automobilisierung in den westlichen Staaten. Im Osten herrschte die Ära des Plans, und Pläne galten ganz allgemein auch im Westen als großartige Sache. Staatliche Planungskomitees waren nicht nur in der UdSSR allgegenwärtig, sie bestimmten auch den Alltag der Bürger der USA und aller Nationen, die der einen oder anderen Großmacht des Kalten Krieges anhingen.

Der Höhepunkt des Plans, sein totaler Sieg, schwebte im Oktober 1957 über den Köpfen aller Erdenbürger: eine fußballgroße Kugel, die kläglich piepste, aber das Unvorstellbare schlechthin verkörperte. Das erste Stück menschengemachter Materie, das die Erde verlassen hatte, zog als „Sputnik" seine Runden über den Planeten.

Dieser größte Sieg des Plans, die Cäsarenkrönung der Einheit, war Höhepunkt des Alten und Beginn des Neuen zugleich. Unter dem Eindruck des „Sputnik-Schocks" beschloss die irritierte amerikanische Regierung unerhört viele Maßnahmen, die allesamt nur signalisierten, dass sich die führende westliche Macht dem planorientierten Einheitsdenken der Sowjets hilflos gegenübersah. Die meisten Raketen, die die Amerikaner in den Himmel schossen, zerbarsten kurz nach dem Start. Im militärisch-industriellen Komplex, dem großen, fatalen Einheitsgebilde der USA hatte alles noch nach den Gesetzen der Einheit und Rationalität funktioniert. Der Weg zu den Sternen war damit nicht zu machen.

Aber immer noch hypnotisiert von den Erfolgen der Einheit machten sich Wissenschaftler im Auftrag des Pentagon im Frühjahr 1958 daran, eine Arbeitsgruppe einzurichten, in der allgemein flottierendes neues Wissen über alle möglichen technologischen Verfahren gesammelt werden sollte. Die Advanced Research Project Agency, kurz ARPA, die dem Pentagon unterstand, entwickelte über die Jahre ein Verfahren zur ausfallsicheren Datenkommunikation. Es wurde später Internet genannt. Diese bis heute beeindruckendste Maschinerie der Vielfalt wurde aus einem Irrtum der Einheit geboren.

Die beeindruckendste Maschine der Vielfalt ist ein Kind des harten Einheitsdenkens. Manche Irrtümer machen Sinn.

1961 tobt John F. Kennedy über den Erfolg der russischen Weltraumfahrt: Juri Gagarin hat als erster Mensch die Erde verlassen. Kennedy fordert ultimativ seinen Vizepräsidenten Lyndon B. Johnson auf, sofort alle Maßnahmen zu ergreifen, um zum festgesetzten Ziel zu kommen: dem Mond. Wenige Tage später verpflichtet Kennedy die ganze Nation auf diese Mission: Bis zum Ende des Jahrzehnts sind wir auf dem Mond. Sicher.

Ziele im Zeitalter der Vielfalt – der Kompass und die Übersicht im scheinbaren Chaos.

Vierhunderttausend Menschen und bis zu zwanzigtausend Unternehmen arbeiteten am Apollo-Programm. Niemals zuvor wurden so vielfältige Fragestellungen von so vielen Menschen bearbeitet und gelöst. Der Mondflug war kein Pyramidenbau. Das Apollo-Projekt war das letzte große industrielle Projekt, und es war das erste der Vielfalt der Wissensarbeiter, das durch die Fähigkeit zur Verschiedenartigkeit gemeistert wurde.

Man nannte die Zeit der Apollo-Flüge die Raumfahrt-Ära, aber diese Kennzeichnung

war bereits überholt. Der große Schritt für die Menschheit, den Neil Armstrong im
Juli 1969 machte, war einer in die Vielfalt.
Der Blick auf die Welt vom Mond aus veränderte das Bewusstsein. Zum ersten Mal
sahen die Menschen ihren Planeten mit einem Blick, im Ganzen. Es war, als wäre
dieser Anblick die Antwort auf eine der letzten Fragen, die die Einheit gestellt hätte.
Die Welt passte in kein Schema mehr.

Führungskrisen

Was ist ein zuverlässiges Zeichen dafür, dass eine alte Ordnung zusammen-
bricht? Die Krise der Macht. Macht ist ein Wort, das, wie wir wissen, ursprünglich
„können" bedeutet. Und das tut es immer noch. Wer die Klaviatur des Systems
beherrscht, der kann darauf spielen. Doch der Sound der Macht klingt immer
erbärmlicher. Die Mächtigen können nicht mehr.

Mehr Einheit, mehr Kosten –
die ängstlichen Reaktionen
der Großen. Fusionen
ohne Sinn und Zweck.

Sehen wir uns – im Schnelldurchlauf – die Entwicklung von wirtschaftlicher
Macht an. Eines der ersten herausragenden Phänomene des Spätkapitalismus, der
um die Wende vom 19. zum 20. Jahrhundert einsetzt, ist die Tendenz, dass sehr
große Unternehmen sich verbinden, um eine Vereinheitlichung zu erzwingen.
Kartelle und Trusts sind in dieser Zeit die Regel. Erstaunlich ist, dass die, die auf der
Seite der politischen Herrschaft über Nationalstaaten stehen und so ebenfalls die
Einheit als wichtigste Tugend kennen, sich sofort darüber im Klaren sind, dass die
Bildung von Trusts und Kartellen, die Konsequenz der Einheit, praktisch allen schadet außer den Machthabern dieser Gebilde. Preise werden statisch, Entwicklungen
verlaufen träge, denn es gibt keinen Wettbewerb. Rohstoffe und Endprodukte
unterliegen dem Zugriff von Monopolisten. Am allerschlimmsten aber ist, dass der
Fortschritt, der aus ständigem Neuversuch entsteht (also Verschwendung), praktisch zum Stillstand kommt. Es entsteht weniger Mehrwert. Weniger für alle. Die
Folge sind Anti-Trust-Gesetze, die von den Nationalstaaten erlassen werden.

Seit den achtziger Jahren rollt, unter dem Eindruck der nun offensichtlichen Krise des Industriekapitalismus, eine gewaltige Fusionswelle. Im ersten Jahrzehnt fusionierten weltweit neuntausend Konzerne. In den neunziger Jahren verdreifachte sich dieser Wert nahezu: Fünfundzwanzigtausend Fusionen wurden bis 1999 registriert. Dabei wurden dem Institut der Deutschen Wirtschaft IDW in Köln zufolge Vermögenswerte von nahezu 2380 Milliarden Dollar verschmolzen. Der Grund für diese gewaltige Vereinheitlichung liegt auf der Hand und wird von den Konzernen auch nicht bestritten: Sie wollen globale Monopolstrukturen schaffen, also Wettbewerb und Vielfalt bekämpfen.

Ein logischer Schluss dabei ist, dass Fusionen die Ansprüche von Aktionären auf die Erträge der Unternehmen, den berüchtigten Shareholder Value, leichter handhaben machen. Dahinter steckt eine Leitidee: Aktionäre können sich in einem de facto kartellisierten Markt, in dem es nur mehr einen riesigen Branchenführer gibt, gar nicht mehr aussuchen, in welches Unternehmen sie investieren. Sie müssen also mit dem zufrieden sein, was sie kriegen. Das ist übrigens, das haben Unternehmensberatungen bereits auf dem Höhepunkt der Fusionswelle Ende der neunziger Jahre errechnet, sehr wenig. Denn die Reduzierung der Vielfalt bietet zwar mehr Sicherheit für die ängstlichen Vorstände, vernichtet aber Kapital und Mehrwert, die Grundlage neuer verschwenderischer Innovationen. PriceWaterhouseCooper, eine der renommiertesten Buchprüfergesellschaften der Welt, stellte im Jahr 2000 fest, dass mehr als achtzig Prozent der Fusionsunternehmen nicht einmal die Kapitalkosten der Fusion erwirtschaften. Ein Drittel der gekauften Betriebe würde überdies mittelfristig schon wieder abgestoßen oder müsste geschlossen werden.

Je größer die Fusion, desto geringer die Chancen auf Erfolg. Fusionen über fünf Milliarden Dollar sind nur zu etwa 46 Prozent erfolgreich – wobei die Latte tief hängt: Als Erfolg gilt es bereits, wenn die vorher von zwei Unternehmen erbrachte Leistung sich nach der Fusion ebenfalls erwirtschaften lässt.

Das letzte Gefecht der Einheit ist also eine verlustreiche Schlacht, und die Aussicht auf Erfolg ist praktisch null. Warum aber wird diese Schlacht geführt?

Je größer die Fusion, desto geringer die Chancen, sie erfolgreich abzuschließen. Naturgesetze der Vielfalt machen den Einheitsmanagern einen Strich durch die Rechnung.

Aus den gleichen Gründen, die es auch den in der nationalstaatlichen Politik scheiternden Parteien des Einheitsregimes nahe legen, ihr Glück in übernationalen, wenn möglich globalen Strukturen zu versuchen.

Was im Kleinen nicht geht, klappt im Großen erst recht nicht – nur langsam setzt sich dieses Wissen bei Managern durch.

So soll, was in der kleinen Einheit nicht funktioniert, in der größeren klappen. Es braucht nur gesunden Menschenverstand, um uns an dieser Theorie zweifeln zu lassen. Aber die Praxis zeigt: Exakt so verhalten sich Politiker, die wissen, dass ihre Nationalstaaten und die darin gezüchtete Einheitsdoktrin am Ende sind.

Der Versuch nationalstaatlicher Politiker, in der Europäischen Union eine staatenübergreifende Verfassung zu schaffen, scheiterte im Jahr 2005 am Votum der französischen und niederländischen Bürger. Deutsche Bürger wurden, wie gewohnt, gar nicht erst gefragt. Die Versuche der Vertreter des alten Establishments, solche Wahlergebnisse mit chauvinistischer Kleinstaaterei, ja sogar Fremdenfeindlichkeit zu erklären, sind ebenso zahllos, wie ihre Absicht durchschaubar ist. Denn mit den Politikern, die, ohne das Volk zu fragen, ihr Ancien Régime vom Nationalstaat auf die supranationale Ebene zu retten versuchen, marschiert natürlich ein Tross an lohnabhängigen treuen Parteigängern dieser Welt: Journalisten, Berater, Subalterne aller Art.

Unterscheidbarkeit regiert die Welt – wer auf die Unterschiede Rücksicht nimmt, gewinnt. Wer nicht, verliert – zum Beispiel Volksabstimmungen.

Die EU-Verfassung scheiterte aber nicht an ihren Inhalten, sondern an den Absichten jener, die sie betrieben. In den europäischen Staaten leben selbstbewusste, sich ihrer kulturellen Herkunft und Fähigkeiten durchaus bewusste Bürger. Die überwiegende Mehrheit dieser Menschen hat keinerlei chauvinistische Ressentiments gegen eine offene Welt – aber ein tiefes Misstrauen gegen eine abgehobene Herrschaft, die versucht, durch einheitliche Vorschriften und eine tyrannische Bürokratie ein neues Einheitsregime zu schaffen, größer, als es bereits in den Nationalstaaten existierte. Dagegen wehren sich die Mehrheiten.

Unterscheidbarkeit ist das wesentlichste Merkmal der neuen Zeit – *Divergence rules*.

Es ist genau diese Welt des Sowohl-als-auch, die für die alten Machthaber so bedrohlich ist: Einerseits definieren sich die Europäer in Regionen, bis hinab in lokal klar umrissene Kulturen mit eigenständigen, unverwechselbaren Werten.

Aber dabei tauschen sie sich auch untereinander aus. Sie nutzen die Unterschiede. Unterdessen konstruieren die Einheitspolitiker die alten nationalstaatlichen Zwänge auf die größere Einheit um. In ganz Europa, so ihr Wille, soll es einheitliche Steuersätze geben, einheitliche Standards für Soziales, selbstverständlich auch für alle Produkte und Dienstleistungen. Wem nützt das? Den Bürgern nicht. Osteuropäische EU-Neuankömmlinge profitieren von ihrer höheren Flexibilität und Mobilität, alte EU-Mitgliedsstaaten von den Produkten und Dienstleistungen, die sie innerhalb der globalen Konkurrenz besonders unterscheidbar machen.

Doch Konzernvorstände und Parteiführer denken einheitlich: So wie der Shareholder durch Fusionen keine Wahl mehr hat, in was er investieren soll, so bleibt auch dem Europäer, der sich nicht gegen die Einheitsreaktionäre zur Wehr setzt, letztlich nichts anderes als ein geglättetes, geplantes, uniformes Handlungsfeld, in dem es zwar über dreißig Sprachen gibt, aber keine Handlungsfreiheit mehr.

Dass diese Restaurierung nicht gelingt, ist ein Beweis, wie sehr die Welt der Vielfalt schon in den Köpfen ihrer Eigentümer, der Bürger, angekommen ist.

Das offensichtliche Scheitern autoritärer Einheitspolitik zehrt an der Substanz der politischen und wirtschaftlichen Eliten. Seit Jahren schon will angesichts zunehmend mündiger Bürger, die gleichermaßen ihre Herkunft und ihr Recht auf Vielfalt zu verteidigen gelernt haben, der politische Nachwuchs in den alten Volksparteien nicht mehr so recht gedeihen. War noch vor einem Jahrzehnt der Posten des Vorsitzenden einer politischen Jugendorganisation mit der zuverlässigen Aussicht auf ein künftiges politisches Amt verbunden, so gilt eine solche Karriere heute bereits als Endlager aller politischen Hoffnungen.

Auf den ersten Blick scheint das in Konzernen ganz anders zu sein. Immerhin gelang es vielen Managern, sich aus der öffentlichen Debatte zurückzuziehen. In Deutschland wurde jahrzehntelang die Rolle der Wirtschaft und ihrer Betreiber gar nicht diskutiert. Sie bildete, wie es der ehemalige CDU-Planungschef und Autor Warnfried Dettling einmal ausdrückte, eine „dritte Kolonne, die streng getrennt von der restlichen Gesellschaft und der Politik marschierte". Die Lager sind vielfach personell und auch finanziell verbunden: „Deutschland AG" heißt das.

Warum es ein Problem ist, wenn Wirtschaft und Gesellschaft nicht zusammen gedacht werden.

Die Krise der Superbeamten

Zu Recht geraten in diesen erkenntnisreichen Zeiten die Führungskräfte des Einheitsregimes unter erhöhten Druck. Politiker sind vielfach erfolgreicher, wenn sie auf die Einheitsstruktur ihrer Partei verzichten, sie verlieren sogar definitiv an Macht, wenn sie sich trotz aller offensichtlichen Konflikte nicht von den einheitlichen Strukturen lösen. Die großen Machtblöcke des Industrialismus, die wir Volksparteien nennen, sind Bollwerke des Determinismus. Sie predigen unaufhörlich Dauerhaftes, wenngleich im Hintergrund ihrer Organisation ständig behelfsmäßige Anpassungsaktionen laufen. Doch jede einzelne Änderung der Organisation und ihrer „Programme", wie die Polit-Pläne der Parteien heißen, trägt die Behauptung des Dauerhaften in sich. Der Realität entspricht das schon lange nicht mehr. Das größte Problem der bekanntesten deutschen Politiker sind längst die Parteien geworden, die sie nominierten. Der Feind im eigenen Bett zeigt sich für die, die den Wandel letztlich verantworten müssen, umso deutlicher, als sie vor der Entscheidung stehen, ohne Partei eine Wahl zu gewinnen oder mit der Partei unterzugehen. Alle deutschen Spitzenpolitiker, von Angela Merkel über Gerhard Schröder bis zu Joschka Fischer, haben in den vergangenen Jahren diese Entscheidung treffen müssen. Es ist kein Zufall, dass die besonders exponierten Spitzenpolitiker deshalb auch zu denen gehören, denen die Welt der Vielfalt den rauesten Wind ins Gesicht bläst.

Parteien und Konzerne – siamesische Zwillinge der alten Macht der Einheit. Warum sich Bosse und Politiker so gut verstehen.

Vielfach ist dies auch bei Spitzenmanagern in Konzernen bemerkbar. Die Ähnlichkeiten zwischen den Organisationen sind groß. Parteien wie Politik sind hierarchisch aufgebaute, auf Dauerhaftigkeit zielende Institute der Einheit. In diesem System gilt: je größer, desto übersichtlicher, deshalb werden Vielfalts-Strukturen, pluralistische Meinungen oder gar abweichendes Verhalten von der Zentralmacht als Angriff auf das Ganze gewertet. Manager sind wie Politiker im Grunde Beamte, die von ihrer Institution eingesetzt werden. Sie sind nicht autonom. Kontrollgremien – Parteivorstand oder Aufsichtsrat – entscheiden letztlich über beider Schicksal. Manager und Politiker sind abhängig Beschäftigte. Sie müssen also

„loyal" gegenüber einem System sein, das Macht behalten will, ohne sich zu verändern. Zugleich sind sie gezwungen, ihre Unternehmen den Gegebenheiten anzupassen. Politiker bilden Kommissionen, um sich dieser unangenehmen Aufgabe zu entledigen, und demonstrieren ihre Unsicherheit in Bezug auf den Wandel dadurch, dass sie diese Institutionen auch noch dem Namen nach von ihrer eigenen Person abgrenzen lassen – man denke an die „Hartz-Reformen" oder die „Rürup-Kommission". Manager hingegen engagieren Unternehmensberatungen, die dann Konzepte der Anpassung vorlegen. Die eigentliche Kerntugend von Leadership, Verantwortung, verkommt in beiden Fällen. Wozu sind Politiker und Manager dann noch nütze? Sie sind ein Spezialfall: Auch was nicht funktioniert, ist überholt. Reformen sind deshalb im Grunde nicht machbar. Sie sind nichts weiter als ein Versuch, die alten Verhältnisse überdauern zu lassen.

Diese Lage hat Toffler in *Der Zukunftsschock* hervorragend charakterisiert:

„Die Männer an den Hebeln der Macht in Finanzwelt und Politik zittern innerlich – nicht aus Angst, von kommunistischen oder kapitalistischen Revolutionären abgesetzt zu werden, sondern weil sie fürchten, dass sie die Kontrolle über das ganze System verlieren. Dies sind unbestreitbare Zeichen für eine kranke Gesellschaftsstruktur, für eine Gesellschaft, die selbst ihre grundlegendsten Aufgaben nicht mehr in der gewohnten Weise erfüllen kann [...] Wir befinden uns nicht in einer Krise des Kapitalismus, sondern in einer Krise der industriellen Gesellschaft."

Es ist normal, dass die mächtigsten Institutionen des Industriekapitalismus, die Konzerne, und ihre Spitzenbürokraten, die Manager, nun die letzten sind, deren Sinn und Zweck hinterfragt wird. Sie verfügten über die meisten Mittel und die scheinbar wichtigsten Funktionen. Aber sie handelten nicht wie Unternehmer, wie Selbstständige, sondern durch und durch wie die Sachwalter einer vorhersehbaren, planbaren Welt. Manager sind keine Unternehmer, so wenig, wie Technologen Technokraten sind. Der Unterschied ist extrem wichtig. Manager sind Sachwalter, die zwar versuchen, sich durch eine krude Sprache vom

Verantwortung im Zeitalter der Verschwendung – die Kerntugend der neuen Zeiten.

Die Krise der industriellen Gesellschaft ist die Krise ihrer Institutionen.

Normallevel abzuheben. Bereits Anfang der siebziger Jahre stellte ein führender amerikanischer McKinsey-Berater fest, dass die Zahl der organisatorischen Umbaumaßnahmen in Konzernen rapide zugenommen habe. Dieser Trend verstärkte sich noch. Schon damals wurden ganze Konzerne bis in die Spitze hinein umgeformt. Dennoch behaupteten diese Konzerne und ihre Superbeamten, die Manager, Kontinuität. In gewisser Hinsicht verhielten sie sich dabei wie die katholischen Dogmatiker des 19. Jahrhunderts, die sich selbst unter radikal veränderten gesellschaftlichen Bedingungen weigerten, die Messe statt auf Lateinisch in der Landessprache zu lesen. Sprache ist übrigens eines der wichtigsten Unterscheidungsmerkmale, auch und besonders, wenn es um Abgrenzung und Vereinheitlichung geht.

Mit Moral und Werten gegen Labilität – das letzte Gefecht der Industriemanager.

Längst steht fest, dass Superfusionen Unfug sind. Auch die allermeisten Managementmoden haben nichts weiter als psychotherapeutischen Charakter für die, die ihre Macht sehr deutlich, wenngleich allmählich, verlieren. Sie nützen dem Unternehmen überhaupt nicht, schon gar nicht den Menschen, die diese Unternehmen und Institutionen bilden. Sie sind ein Beruhigungsmittel für eine nutzlose Kaste, das industrielle Management, einst Leitbild einer Welt, die nun in Trümmer bricht.

Ausgerechnet Moral soll nun, in der Götterdämmerung des industriellen Spitzenbeamten, für neue Hoffnung sorgen. Es ist eine Ironie der Geschichte, dass sich die zerfallende Macht der Einheit in letzter Sekunde auf einige ethische Regeln besinnen mag, deren Sinn sie längst vergessen hat. Für Manager sind aber „Werte" wie Glaubwürdigkeit, Vertrauen und Anstand, Charakter und Respekt in der Praxis Fremdwörter. Wer die Selbstdarstellung leitender Angestellter aus Seminaren und Workshops kennt, weiß, dass hier psychisch äußerst labile Persönlichkeiten versammelt sind. Was diese Führungskräfte am Wochenende in kleinster, intimer Gruppe zu Protokoll geben, würde die Öffentlichkeit maßlos erschrecken. Nichts bleibt von der Fähigkeit zur Entscheidung: Aus den forschen und scheinbar klaren Entscheidern, die in einer unverständlichen Sprache nicht nachvollziehbare Handlungen rechtfertigen, was die Gesellschaft in guten Zeiten einfach akzeptierte, werden kleine Jammerlappen, ein kläglicher Abklatsch des eigenen Selbstbildes. Manager sind, anders als Unternehmer, Renegaten, Emporkömmlinge durch fremde Kraft, Beamte, die im Grunde die Institutionen bewahren sollen, aber mit dieser Aufgabe im Zeitalter des Wandels völlig überfordert sind. Zerrissen zwischen der Lüge der Einheit und der Lüge der dauerhaften Macht, geben sie ein trauriges Bild ab.

Dieses Bild, das seit langem die Realität darstellt, wird nun auch von der Öffentlichkeit zunehmend erkannt. Fälle wie der Prozess um die Millionenabfindung des ehemaligen Mannesmann-Vorstandschefs Klaus Esser oder die plumpen Manöver des Deutsche-Bank-Chefs Josef Ackermann haben das Image von Managern schwer angekratzt. Das verunsicherte Management selbst reagiert: Der Nachwuchs rebelliert allenthalben und versucht, sich in Selbsthilfegruppen eine neue Identität zu geben. Wertekommissionen und Ethik-Ausschüsse, in denen junge Manager versuchen, sich vom autoritären Einheitsbrei ihrer Vorgänger abzusetzen, sprießen wie Pilze aus dem Boden. Es ist klar, worum es hier geht: Hinter all dem steckt auch die Erkenntnis, dass der leitende Angestellte eines einheitlichen Wirtschaftsunternehmens eigentlich eine obsolet gewordene Spezies ist.

Schon lange drücken sich Manager vor ihren eigentlichen Aufgaben: Entscheidung und Führung, Konfrontation und Handeln. Kaum ein Vorstand eines deutschen Konzerns legt selbst Hand an, wenn es um Unangenehmes geht. Kündigungen werden nur auf der Basis ausführlicher und teurer Expertisen so genannter Unternehmensberatungen vorgenommen. Aus „Komplexitätsgründen" sind die meisten Manager auch mit dem Tagesgeschäft nicht befasst. Dafür gibt es unzählige Unter- und Nebenmanager, die in zahllosen Task Forces, wie eines der neudeutschen Unsinnswörter zur Verschleierung der Realität lautet, dafür sorgen, dass das lahme Räderwerk irgendwie in Betrieb bleibt.

Nun entdecken die Manager also die Werte, jene selbstverständlichen Eigenschaften, die man einem ganz normalen Mitglied der Gesellschaft nicht erklären muss: Du sollst nicht lügen, vertraue deinem Nächsten und betrüge

Das Ende des leitenden Angestellten – wie sich Manager selbst noch einmal um sich selbst kümmern, bevor sie aufhören, an die Einheit der Dinge zu glauben.

Wenn Manager nicht mehr tun, wofür sie bezahlt werden: Komplexität bewältigen und für andere ordnen.

Die Bürokraten des Spätkapitalismus. Eine trottelige Sprache und der Versuch, die eigene Haut zu retten.

Warum Manager dort sind, wo Marie-Antoinette einst war. Endstationen für Karrieren.

nach Möglichkeit nicht. Solche Binsen gelten in der Welt der leitenden Angestellten als Neuheit. Nicht immer wird das Neue gleich verstanden: „Vertrauen ist eine super Sache", erklärt da ein knapp dreißigjähriger Mergers-&-Acquisitions-Manager eines Baukonzerns seelenruhig am Rande eines Jungmanagertreffens zum Thema Werte: „Vertrauen heißt ja vor allem auch, dass ich ökonomisch eine viel größere Bandbreite habe bei dem, was ich mit meinen Kunden mache." Vertrauen soll also als Wert aufgebaut werden, um dann umso unverschämter abziehen zu können. Die kleinen Manager müssen noch viel lernen, was ihnen ihre alten Kollegen nicht beibringen können.

Vertrauen als vorsätzlichen Betrug misszuverstehen ist bereits eine starke geistige Verirrung. Sie wird von vielen Einheitsmanagern, auch der letzten Generation, geteilt. Die Lösungen dieser Kaste sind für die Alltagsprobleme der Vielfaltsgesellschaft nicht gefragt. Die Absolventen der klassischen Betriebswirtschaftsstudiengänge taugen kaum noch für die Praxis. Nur innerhalb ihrer Korps wahren sie noch – durch eine leicht trottelige Sprache und die gegenseitige Rückversicherung ihrer elitären Rolle – eine gewisse Existenzberechtigung. Sie sind eben, und auch hier fühlen wir uns wieder an Max Weber gemahnt, die Bürokraten des Spätkapitalismus. Beamte, die sich in geordneten Strukturen ausbreiten, eine technokratische Struktur weiterentwickeln, die zu nichts anderem taugt als zu ihrer eigenen Legitimation.

Doch diese Bürokratie ist bereits dort angelangt, wo etwa der französische Adel 1788 stand: kurz vor dem Untergang. So wie Marie-Antoinette den hungernden Parisern empfahl, doch Kuchen zu essen, wo kein Brot mehr zu haben war, so meinen die Drohnen der alten Konzerne, ein Hinweis auf „Werte" würde genügen, um ihre eigene Überflüssigkeit zu kaschieren. Das wird nicht gelingen.

Manager sind heute eine nur noch historisch interessante soziale Kategorie. Wer führt dann aber? Die Antwort darauf wird häufig als naiv denunziert, ist aber längst Praxis: die Bürger, die Kunden, die Konsumenten. Unternehmer steuern mit ihren Produkten bloß Kundenbedürfnisse. Konzerne hingegen wollen monopolitische Marktmacht. Unternehmen sind Meister der Anpassung, Manager sind

Meister der Herrschaft. Das sind gehörige Unterschiede. Sie beinhalten die Einsicht, dass Manager keine Zukunft haben. Denn der Kunde regiert bereits.

Beruhigend ist da der umtriebige Geist der Kunden, die alle Informationskanäle nutzen und das dabei erworbene Wissen gnadenlos als Anforderungskatalog an Produzenten und Dienstleister übermitteln. Anbieter, deren Produktion nicht ethischen Mindeststandards genügt, denen es nicht gelingt, ihre Marke nicht nur mit Produktqualität, sondern auch mit hoher sozialer Kompetenz zu konnotieren, verlieren zunehmend das Vertrauen einer mobilen Käuferschicht. Früher galt: Wer einmal lügt, dem glaubt man nicht. Und wem man nicht glaubt, der ist bald insolvent.

Machtlos sind die alten Herrschaften deshalb noch lange nicht – denn die Transformation von der Ökonomie der Einheit in die Welt der Vielfalt ist in vollem Gange. Das heißt: Wir stehen mit einem Bein im Alten, mit dem anderen im Neuen.

Der große Unterschied: Unternehmer und Manager. Anpassung oder Macht.

Nicht-Wissen macht schlau

Wenn die alte Führung etwas ist, dann dies: entscheidungsschwach. Weder durchgängige Reformen noch klare Vorgaben für eine mittelfristige Politik bringt sie zustande, wo ihr die Realität die Macht, also das Können aus der Hand genommen hat.

Dabei steht fest, dass diese Grundtugend der Fähigkeit zur Entscheidung zu den wichtigsten Werten der neuen Gesellschaft gehören wird. In der Welt der Vielfalt ist Entscheidung alles. Der Münchener Soziologe Armin Nassehi hat hierfür den Begriff des „Nicht-Wissens" geprägt, der ganz bewusst in Kontrast zum Schlagwort der „Wissensgesellschaft" steht. Es ist eine Provokation mit sehr handfestem Hintergrund. Altes Wissen, deterministisches Wissen kann nicht dabei helfen, in völlig unbekannten, neuen Situationen zu Entscheidungen zu gelangen. Deshalb wäre es, dafür plädiert Nassehi, wichtig, Entscheidungswissen zu sammeln, also die

Fähigkeit zu trainieren, ständig aus einer großen Menge dynamischer Prozesse die richtige Option für das eigene Handeln herauszufiltern. Etwas Ähnliches besagt auch das Schlagwort vom „Lernen lernen": Nicht statisches Wissen soll angehäuft werden, sondern vielmehr Fähigkeiten und Kenntnisse, die in den immer häufiger vorkommenden und schneller ablaufenden Entscheidungssituationen das passende Handwerkszeug für sinnvolles Schlussfolgern liefern.

Weniger wissen und mehr können – warum Entscheidungen letztlich nicht kompliziert sind.

Eine im Jahr 2000 von den renommierten Sozialwissenschaftlern Gerd Gigerenzer und Peter Todd publizierte Studie nimmt diesen roten Faden auf: *Simple Heuristics That Make Us Smart* heißt die Arbeit, die eindrucksvoll die Grenzen des alten Wissens gegenüber dem neuen Entscheidungswissen ausmacht und deren Fazit man einfach mit „Simples Denken macht uns schlau" übersetzen kann.

Die Forscher ließen dafür eine Gruppe ausgewählter Börsenanalysten Aktienpakete schnüren. Eine weitere Gruppe, die aus zufällig ausgewählten Münchener und Chicagoer Passanten bestand, wurde vor Ort spontan nach Tipps für gute Aktienanlagen gefragt. Nach einem halben Jahr war das Portfolio der Analysten deutlich weniger wert als die Titel, die die Passanten den Wissenschaftlern praktisch im Vorübergehen empfohlen hatten.

Warum Halbwissen mehr Macht bedeuten kann – und wie man damit weiter kommt als mit Methoden-Starrsinn.

Die Schlussfolgerung lautet nicht, dass entschlossene Ahnungslosigkeit tiefer Grübelei in jedem Fall überlegen wäre. Sie heißt: Halbwissen ist Macht. „Halb" und schlechter als das alte, perfektionistische Wissen ist dieses Wissen nur, wenn man es mit dem absolutistischen Anspruch der alten Machthaber misst. Dogmen sind langfristige Konstruktionen, die heute keinen Nutzen mehr stiften. Vielmehr lernen die Leute, sich viel schneller zu orientieren und das Wesentliche vom Unwesentlichen zu trennen. Man mag es für Vergeudung halten, wenn durchschnittliche Bürger heute täglich vier Stunden vor dem Fernseher verbringen oder ein halbes Dutzend Spezialinteressen pflegen, die wiederum in regelmäßigen Abständen erneuert werden. Das Bad im Angebot der Vielfalt trainiert jedoch die Fähigkeit, unter Anwendung neuen Entscheidungswissens verschwenderisch nach neuen Wegen zu suchen.

Hierin liegen bereits heute sehr viele konkrete Auswege für alle, die sich noch von der scheinbar aussichtslosen Lage des Einheitsregimes betroffen fühlen.

Die Avantgarde der Vielfaltsgesellschaft

Schon heute steht fest, dass die meisten Menschen im Laufe ihres Lebens nicht mehr, wie noch unsere Väter, einen Beruf erlernen und dann bis zur Rente ausüben werden. Zwischen Beschäftigungszeiten werden Zeiten der Erwerbslosigkeit liegen, die heute noch vom Ungeist der Einheit als Arbeitslosigkeit stigmatisiert werden. Diese Phasen können dadurch deutlich entschärft werden, dass in liberalisierten Märkten Menschen die Möglichkeit erhalten, sich der neuen Situation als mündige Bürger zu stellen. Viele tun das übrigens schon: Sie sind als Schwarzarbeiter das besondere Hassobjekt des Einheitsregimes. Allerdings erwirtschaften Schwarzarbeiter rund 15,5 Prozent des deutschen Bruttoinlandsprodukts – annähernd dreihundertfünfzig Milliarden Euro im Jahr. Der Wirtschaftsforscher Friedrich Schneider, der diese Berechnung alljährlich durchführt, wurde im Januar 2005 im Hamburger Abendblatt zu diesem Thema interviewt. Der Dialog ist so amüsant und erhellend, dass er hier auszugsweise wiedergegeben werden soll:

> *ABENDBLATT: Hat Schwarzarbeit auch Vorteile?*
> *SCHNEIDER: Schwarzarbeit hat eigentlich fast nur Vorteile. [...] [Sie] kurbelt*
> *sogar den Konsum an. Denn zwei Drittel des schwarzverdienten Geldes wird [!] in*
> *der offiziellen Wirtschaft wieder ausgegeben. Unterm Strich ist Schwarzarbeit*
> *für die deutsche Wirtschaft damit sogar wohlfahrtssteigernd.*
> *ABENDBLATT: Aber es ist ja nicht gerade gerecht, wenn ein Teil der Bürger sich*
> *der Finanzierung öffentlicher Aufgaben durch Steuern entzieht. Man macht sich*
> *damit sogar strafbar.*
> *SCHNEIDER: Richtig. Aber es zeigt auch, daß die Deutschen nach wie vor fleißig*
> *sind und sich eine zweite Wertschöpfungskette geschaffen haben.*

Rein praktisch betrachtet ist Schwarzarbeit also eine hervorragende Möglichkeit, den ökonomischen Druck in Zeiten der Transformation abzufangen. Wer sich

Schwarzarbeit – eine neue Elite macht, was sie für richtig hält, und schafft dadurch mehr Vielfalt.

nicht nur in Sonntagsreden für eine Zivilgesellschaft stark macht, muss an der Fähigkeit von Millionen Bürgern, ihre Ökonomie selbst in die Hand zu nehmen, helle Freude haben. Sie fördert den Wohlstand, sie trainiert die Fähigkeit zur Vielfalt und beendet die Herrschaft des alten Einheitsstaates, dem durch fehlende Steuern seine letzte Macht aus der Hand genommen wird. Schwarzarbeiter sind die Avantgarde der neuen Gesellschaft – Stachanow-Arbeiter des wahren Fortschritts.

Das neue Gemeinwesen: Konsum und permanente Innovation statt Verwaltung und Bürokratie.

Das ist keineswegs ironisch gemeint. Selbstverständlich braucht eine komplexe Gesellschaft die Bereitschaft ihrer Bürger, gemeinschaftliche Aufgaben solidarisch zu lösen. Die Illusion der Sonderkonjunktur, Arbeit für alle, ist jedoch nicht mehr haltbar. Damit hat der einheitliche Sozialstaat mit seinen starren Gebühren und Steuern keine Funktion mehr. Die einzige funktionierende Basis für einen Staat, der ungleich kleiner dimensioniert sein muss als die bürokratischen Überreste des Industrialismus, die ihn heute ausmachen, ist ein auf Konsum und permanente Innovation ausgerichtetes Gemeinwesen. Menschen werden nicht aufhören, neue Lösungen für alte wie neue Probleme zu entwickeln. Sie werden tätig bleiben. Ihr Beitrag für die Gemeinschaft kann aber nur über den Mehrwert ihrer Innovationskraft geleistet werden.

Das Geld, das mit Schwarzarbeit umgesetzt wird, muss fast zwangsläufig – an der Steuer vorbei – in den Konsum investiert werden. Nicht nur, wenn Schwarzarbeiter ihr Werkzeug und Material im Baumarkt kaufen, sondern auch, wenn sie ihren „unversteuerten" Lohn für private Zwecke ausgeben, zahlen sie Konsumsteuer, die Mehrwertsteuer. Nichts läge also näher, als durch ein Anheben der Konsumsteuerarten für höhere Steuereinnahmen zu sorgen.

Der Staat und sein letztes Gefecht. Es steht viel auf dem Spiel für die Herren von gestern.

Über die Frage, ob Konsumsteuern die hohen Steuern auf Arbeit und Lohn, eine der Erblasten des Industrialismus, ersetzen sollen, wird aber auch auf längere Sicht keine Einigung erzielt werden können. Zu viel steht dabei für einen starken Staat auf dem Spiel.

Persönliche Ökonomie

Als Gegenkonzept zum starken industrialistischen Staat hat sich längst das Schlagwort der „Bürgergesellschaft" etabliert. Damit ist im Grunde nichts weiter gemeint, als dass die Bürger eine Reihe von Aufgaben übernehmen und selbstständig durchführen, die heute noch über den Filter Staat abgewickelt werden. Subsidiarität, Hilfe zur Selbsthilfe, ist dabei ein wichtiger Grundsatz einer Politik der neuen Selbstständigkeit. Im Renten- und Gesundheitswesen können selbst die hartnäckigsten Vertreter der alten Staatswirtschaft nicht mehr auf die parallele Selbstvorsorge der Bürger verzichten.

Die neue Verantwortung, die auf die Bürger einer vielfältigen und vielschichtigen Gesellschaft zukommt, erschöpft sich aber keineswegs in der Übernahme der Aufgaben eines einst starken Einheitsstaates. In der Debatte um Begriffe wie Verantwortung und neue Leitbilder wird die wesentlichste Voraussetzung aber kaum diskutiert: die der persönlichen Ökonomie.

Die bedeutet nichts anderes als die Rückkehr der Vielfalt wirtschaftlichen und unternehmerischen Handelns an den eigentlichen Ort des Geschehens, in die Hände der Bürger, der Menschen, die die Wirtschaft bilden.

„Persönliche Ökonomie" bezeichnet, anders als in der Terminologie des Industrialismus, kein separates Feld, das nur rein materielles Handeln umfasst. Lebensplanung und die Fähigkeit, weitgehend selbstständig über die eigenen Talente, die eigene Zeit und den Einsatz seiner intellektuellen und manuellen Arbeitskraft zu entscheiden, sind ihre Grundlagen. Das ist „Gewerbefreiheit" für jeden Einzelnen, und mehr als das: Es ist das Grundrecht auf die Entscheidung, wirtschaftlich zu handeln und dabei sein Recht auf das persönliche Glück in den Fokus zu stellen.

Die Protagonisten des staatlichen Zwangs werden weiterhin argumentieren, dass eine Welt, in der der Einzelne entscheidet, eine unsichere Welt sein muss. Doch Ordnung und Regeln sind in einer Gesellschaft, in der sich die Einzelnen ihrer Fähigkeiten und Möglichkeiten selbst bewusst sind, keineswegs überflüssig.

Warum Wirtschaft für alle da sein muss – das Zeitalter der persönliche Ökonomie in einer Welt der Vielfalt.

Gewerbefreiheit für alle. Damit zusammenwächst, was zusammengehört: Mensch und Wirtschaft, die Grundlage für eine verschwenderisch bessere Welt.

Ihr Sinn und Zweck kann nur zutage treten, wenn die Distanz, die der Industrialismus zwischen Recht und Bürger geschaffen hat, aufgehoben wird. Dass so viele so wenig verstehen, liegt auch an der Inkompatibilität von Regeln und Realität.

Ein Patchwork der Kulturen

Alles weist darauf hin, dass supranationale Gebilde künftig aus einer Vielzahl sehr unterschiedlicher und unterscheidbarer regionaler Einheiten bestehen werden. Was sie zusammenhält, ist keine dicke Kette verbindlicher Regeln, sondern ein festes Band des Interesses, in Freiheit und Frieden handeln zu können – im umfassenden Sinn.

Regionen statt Staaten – offene Grenzen für offene Menschen, mehr Vielfalt und mehr Freiheit. Innerhalb der Welt der Vielfalt sind Mobilität und die Anpassung an neue Situationen normal. Schon deshalb werden die Nationalstaaten – und ihre Insignien wie Staatsbürgerschaften – durch freiwillige und temporäre Bekenntnisse zu Gemeinschaften ersetzt werden.

Dies passt nun am allerwenigsten in die archaische Welt der Kollektivierung und Verantwortungslosigkeit, die des Industrialismus und der Ideologien, die er geschaffen hat. Entscheiden Staaten und Banken über die Handlungsfähigkeit eines innovativen und damit notwendigerweise unternehmerischen Menschen, oder ist es seine Sache? Sind Institutionen bedeutender als die, für die sie geschaffen wurden? Das sind die Fragen, die im 21. Jahrhundert einer Klärung bedürfen.

Wir erkennen schon lange, dass in kleineren Einheiten Vielfalt deutlich besser genutzt werden kann. Es ist eigentlich ziemlich klar, warum: Wo Menschen mit ihrem Handeln in einem klaren sozialen Bezugsrahmen stehen, kontrollieren sie sich selbst, und zwar in aller Regel ohne Repression, direkt und unmittelbar. In einem kleinen Unternehmen ist es weit schwieriger, zu intrigieren, als in einem großen. Auch Ziele lassen sich verständlicher formulieren. Klartext ist üblich. Kulturen sind auf regionaler Ebene überschaubar, und zugleich sind sie heute in der Lage, global zu agieren. Hinter dem flapsigen „Mit Laptop und Lederhose", das die bayerische Regierung als Standortbezeichnung kreiert hat, steckt eine wichtige Erkenntnis: Die Eigenheit von Kulturen lässt sich sehr gut mit der Vielfalt in Einklang bringen, mehr noch: Sie erlaubt eine individuelle Sichtweise, eine Dimension, die nur ein verschwenderisches Angebot bieten kann. Der einzige Haken ist und bleibt: Wir müssen wählen. Auswahl ist die größte und entscheidendste Anforderung an den neuen Menschen in der Welt der Vielfalt. Er kann nicht mehr Entscheidungen an Dritte delegieren, sich verschanzen, sich darauf zurückziehen, Gesetze und Regeln nicht verstanden zu haben. Damit ist auch ein Regime, das für die Bürger unverständliche Gesetze erlässt, nicht mehr legitim. Es ist unrecht, zu lügen. Wer hier Komplexität vorschiebt, handelt mit klarer Tatabsicht. Wählen heißt in diesem Zusammenhang zuerst: Zusammenhänge erkennen und beurteilen. Natürlich ist das zunächst mit viel Arbeit verbunden. Wie Alvin Toffler der amerikanischen Gesellschaft schon vor mehr als fünfunddreißig Jahren ins Stammbuch geschrieben hat:

> *„Wir schaffen eine neue Gesellschaft. Keine veränderte Gesellschaft, keine über-*
> *lebensgroße Version unserer gegenwärtigen Gesellschaft, sondern eine neue*
> *Gesellschaft. Diese Tatsache hat unser Bewusstsein noch nicht genügend geprägt.*
> *Aber wenn wir nicht sie nicht verstehen, werden wir dem Zukunftsschock erliegen."*

Die Konsequenz aus all dem wurde anderswo durchaus, mehr oder weniger konsequent, gezogen. Deutschland hingegen hat sich den natürlichen Bedingungen des Marktes durch staatliche Hinhaltepolitik fast vier Jahrzehnte entzogen. Der Nachholbedarf ist enorm. Während im angloamerikanischen Raum schon im Laufe der siebziger Jahre, gefördert auch durch einen weitaus unverkrampfteren Umgang mit der Realität, der allmähliche Umbau begann, steckte hierzulande noch alles in Tarnmanövern fest, die die alte Macht aus Parteien und Konzernen weiter am Leben erhalten sollten. Jetzt, da diese Macht offensichtlich verloren

Was die Freiheiten sonst noch bringen: die tägliche Mühe der Auswahl. In der Welt der Vielfalt muss man sich immer wieder aufs Neue entscheiden.

hat, ist ein gewaltiger Schuldenberg geblieben, die Folge der Verweigerung von Zukunft und Wandel.

Die Aufgabe lautet: Ende des Dauerhaften. Vielfalt und Verschwendung, Überfluss und Markt müssen endlich begriffen und gelebt werden.

Ein großer Teil unserer Gesellschaft befindet sich bereits auf dem Weg zu jener „neuen" im Toffler'schen Sinn, aber in eben jener Phase der „unüberlegten Jagd nach Vielfalt, nach Wahlmöglichkeiten, nach Freiheit [...] in der wir noch nicht mal begonnen haben, die entscheidenden Folgen der Vielfalt zu untersuchen. Sobald diese Vielfalt aber mit dem Phänomen des Vergänglichen und des Neuen zusammentrifft, wird die Gesellschaft eine epochale Anpassungskrise überstehen müssen".

Die ganz normale Verwirrung in Wendezeiten – die eine Hälfte der Menschen lebt bereits in den neuen Zeiten, die andere versteht ihre Sprache nicht mehr.

Am Ende: Alles ganz einfach

Wer dieser Anpassungskrise weiterhin mit den Mitteln der Einheit begegnet, dem ist der Untergang sicher. Der wird schmerzlich sein und langsam, ein mühsamer Tod. Die Alternative dazu aber ist ebenso klar: Eine Kursänderung in den Köpfen, dort also, wo die Krise einst gedacht wurde und wo sie auch wieder enden kann. Die Akzeptanz einer Welt, in der dem Einzelnen mehr Verantwortung zukommt, weil er Entscheidungen in Bezug auf sein Leben treffen kann und muss, ist eine Voraussetzung dafür. Niemand ist eine Insel, gewiss. Aber niemand auch ist in der Lage, die gegenwärtigen Probleme anderswo zu lösen als bei sich selbst.

Diese Einsichten sind schwer zu akzeptieren, weil sie allem widersprechen, womit wir jahrzehntelang, von Kindesbeinen an, indoktriniert wurden, allem auch, was die meisten Medien und die noch an der Macht befindlichen Bürokraten für richtig halten. Ein gutes Mittel gegen diesen Wundstarrkrampf des Industrialismus ist es, sich seiner eigenen Fähigkeiten und Ressourcen zu bedienen, und zwar grenzenlos und mutig.

Verschwendung, zum Beispiel. Die Vorstellung von einer Zukunft, die von nichts anderem geprägt ist als von Mäßigung und spießiger Zurückhaltung, wird keinen Rahmen für neuen Fortschritt liefern. Die Lasten, die der Stillstand bereits heute in Rechnung stellt, sind bei weitem größer als die Risiken, die neue Versuche in sich bergen. Es geht nicht um blinde Vorwärtsbewegung. Es geht um das Bewusstmachen einer Kraft, die hinter aller Entwicklung steckt: der Fähigkeit, aus dem Vorhandenen etwas Besseres zu machen. Wer hier hilflos nach dauerhaften Konzepten schreit, ist verloren. Eine demokratische Gesellschaft, die diesen Namen verdient, besteht nicht aus vielen Unmündigen, die sich von höheren Mächten vorschreiben lassen, was sie tun und wählen sollen.

Warum es teurer ist, sich gegen die Verschwendung zu wehren – und warum wir das gar nicht nötig haben.

Die *conditio sine qua non* der Vielfalt heißt: Du entscheidest selbst.

Wir werden unsere Kräfte verschwenden müssen, um in dieser besseren Welt anzukommen und zugleich die finsteren Mächte der Einheit in ihre Schranken zu verweisen.

Den Weg in die Gesellschaft der Vielfalt und Verschwendung weist auch ein Satz von Niklas Luhmann, der die klaren Konturen der alten Systeme so genau gezeichnet hat:

„Für die Zukunft reicht eigentlich die Evolution."

Die Welt geht nicht unter, wenn alte Glaubenssätze nicht mehr gelten.

Verschwendung ist pure Schöpfung – nicht nur im bildlichen Sinn. Die Natur ist höchst verschwenderisch, die Evolution ist keineswegs ein geordnetes System, bei dem nur ja nichts verloren gehen darf. Sie bestraft unerbittlich die, die sich dem Gesetz der Verschwendung zu entziehen suchen: Arten, Nationen, Parteien und Controller.

„Die Wahl haben" – das ist die höchste evolutionäre Stufe, die Menschen erreicht haben. Zugleich ist es harte Arbeit, aus der Vielfalt das jeweils Richtige auszuwählen: Nichts Dauerhaftes, Ewiges, Sicheres bleibt dabei. Mit dem Ende des Dauerhaften, das die alte Welt der Einheit versprochen hatte, ist aber auch eine tröstliche Einsicht verbunden: Die Welt geht nicht unter, weil Glaubenssätze nicht mehr gelten. Im Gegenteil: Sie geht nur weiter, wenn wir die alten Dogmen so weit wie möglich von uns weisen. Diese Ketten hindern uns, die Chancen wahrzunehmen, die uns umgeben.

Dabei verlieren wir den letzten Glauben des modernen Menschen, den an ewige Sicherheit. Die neue Zeit wird eine unüberschaubare Fülle an Möglichkeiten bieten, und es wird das Ende der Sicherheit sein, wie wir sie für uns immer erhofft haben. Auch weiterhin werden Menschen sich nach Sicherheit sehnen und sie nicht endgültig finden. Wir werden lernen müssen, mit dem Risiko zu leben, und wir werden weiter versuchen, Übersicht zu gewinnen. Wir können freier leben als je zuvor, wenn wir uns dem Neuen vertrauensvoll nähern und uns im Vertrauen nicht fürchten vor all dem, was wir nie werden wissen können.

Albert Camus' Gleichnis von Sisyphos ist eine Geschichte, die tragisch klingt, wenn man sie mit alten Ohren hört, und die dennoch voll Zuversicht steckt. Die einen mögen es als elendes Schicksal empfinden, ständig neue Anläufe nehmen zu müssen, um dann doch wieder von vorne zu beginnen. Die Mühen des Sisyphos sind aber nicht einfach nur Wiederholung. Sie sind gewollt verschwendete Leistung, nicht nötig vielleicht und dennoch unverzichtbar. Vergeudung in den Augen all derer, denen genügt, was sie haben, das also, was niemals reichen wird. Sisyphos rollt seinen Stein, und ist er unglücklich? Nein. Denn darin liegt, schreibt Camus,

Unser Schicksal gehört uns.

> *„die verborgene Freude des Sisyphos. Sein Schicksal gehört ihm.*
> *Sein Fels ist seine Sache".*

So ist das Wesen der Vielfalt, und die Verschwendung ist ihr gleich. Sie ist der Stoff, aus dem wir sind. Vergeuden wir ihn nicht länger.

Literatur

Ackerman, Bruce A.: *Kapitalismus für alle!* [Interview von Steffan Heuer],
in: *brand eins*, Nr. 2, 2005: *Marken*

Ackerman, Bruce A. und Anne Alstott: *Die Stakeholder-Gesellschaft. Ein Modell für mehr Chancengleichheit* [1999], Frankfurt am Main 2001

Bolz, Norbert: *Das konsumistische Manifest*, München 2002

Buchan, James: *Unsere gefrorenen Begierden. Was das Geld will* [1997],
Köln 1999

Carson, Rachel: *Der stumme Frühling* [1962], München 1996

Darwin, Charles: *Die Entstehung der Arten durch natürliche Zuchtwahl* [1859],
Stuttgart 1995

Dash, Mike: *Tulpenwahn. Die verrückteste Spekulation der Geschichte*,
Claassen 1999

Dörner, Dietrich: *Hitlers Handeln*, in: *Richtiges und gutes Management: Vom System zur Praxis. Festschrift für Fredmund Malik*, Bern, Stuttgart,
Wien 2004

Dörner, Dietrich: *Die Logik des Mißlingens* [1989], Reinbek bei Hamburg 2003

Fischer, Wolfram: *Wirtschaft und Gesellschaft im Zeitalter der Industrialisierung*,
Göttingen 1972

Friemel, Kerstin: *Wissen macht satt*, in: *brand eins*, Nr. 5, 2004: *Rückbau*

Gatto, John Taylor: *How Public Education Cripples Our Kids, and Why*,
in: *Harper's Magazine*, September 2003, dt. Übers. *(Wie das allgemeine Bildungswesen unsere Kinder verkrüppelt, und warum)* verfügbar auf:
www.birkenbihl-insider.de

Gigerenzer, Gerd und Peter M. Todd: *Simple Henristics That Make Us Smart*,
New York 2000

Hägermann, Dieter: *Ökonomisch-technische Impulse aus der Neubewertung der Arbeit in christlicher Spätantike und frühem Mittelalter*, in: *Propyläen Technikgeschichte*, Bd. 1: *Landbau und Handwerk 750 v. Chr. bis 1000 n. Chr.*, Berlin 1997

Hayek, Friedrich von: *Der Weg zur Knechtschaft* [1944], München ²1971

Hermann, Horst: *Die sieben Todsünden der Kirche*, München 1976

Hobsbawm, Eric: *Das Zeitalter der Extreme. Weltgeschichte des 20. Jahrhunderts 1914–1991* [1994], München 1995

Horx, Matthias: *Smart Capitalism – Das Ende der Ausbeutung*, Frankfurt am Main 2001

Irle, Mathias: *No Budget*, in: *brand eins*, Nr. 8, 2004: *Der Plan*

Koch, Joachim: *Von der Buchhaltung zur Betriebswirtschaft*, in: Ders.: *Weder – noch. Das Freiheitsversprechen der Ökonomie*, Frankfurt am Main 2001

Lafargue, Paul: *Das Recht auf Faulheit. Widerlegung des „Rechts auf Arbeit" von 1848* [1883], Frankfurt am Main, Wien 1966

Liedtke, Rüdiger: *Wem gehört die Republik? Die Konzerne und ihre Verflechtungen: Namen, Zahlen, Fakten*, Frankfurt am Main 1991ff.

Lomborg, Bjørn: *Apocalypse No! Wie sich die menschlichen Lebensgrundlagen wirklich entwickeln* [1998], Lüneburg 2001

Lotter, Wolf: *Atemnot in Entenhausen*, in: *brand eins*, Nr. 7, 2003: *Geld*

Lotter, Wolf: *Aus, Alt. Mach neu*, in: *brand eins*, Nr. 1, 2003: *Das Neue*

Lotter, Wolf: *Dick und Doof*, in: *brand eins*, Nr. 5, 2004: *Rückbau*

Lotter, Wolf: *Planen. Prüfen. Machen. Handeln*, in: *brand eins*, Nr. 6, 2001: *Qualität*

Mandeville de, Bernard: *Die Bienenfabel oder private Laster, öffentliche Vorteile* [1705], Frankfurt am Main 1998

Marx, Karl und Friedrich Engels: *Die deutsche Ideologie* [1945/46], in: Dies.: *Werke* [MEW], Bd. 3, Berlin (DDR) 1969

McDonough, William A. und Michael Braungart: *The Next Industrial rEvolution*, in: *The Atlantic Monthly*, Bd. 282, Nr. 4, Oktober 1998, dt. *Die nächste industrielle rEvolution. Von der Öko-Effizienz zur Öko-Effektivität*, in: *Politische Ökologie*, Nr. 62, 1999: *stoff.wechsel*

McLuhan, Marshall: *Die magischen Kanäle* [1964], Düsseldorf, Wien 1968

Meadows, Dennis: *Die Grenzen des Wachstums. Bericht des Club of Rome zur Lage der Menschheit*, Stuttgart 1972

Nassehi, Armin: *Klüger werden mit Nichtwissen* [Ein Gespräch mit Armin Nassehi], in: *Chance:Risiko. Für eine Wagniskultur*, hrsg. von der Münchener Rück, Publikation anlässlich der Ausstellung *Chance:Risiko* im Haus der Kunst München 2005

Opielka, Michael: *Wer nicht arbeitet, soll auch nicht essen*, in: *Frankfurter Rundschau*, 8.3.2005

Pawley, Martin: *Buckminster Fuller*, London 1990

Pfabigan, Alfred: *Nimm drei, zahl zwei – Wie geil ist Geiz?*, Wien 2004

Pfläging, Niels: *Beyond Budgeting, Better Budgeting. Ohne Budgets zielorientiert führen und erfolgreich steuern*, Freiburg, München 2003

Popper-Lynkeus, Josef: *Die allgemeine Nährpflicht als Lösung der sozialen Frage*, Dresden 1912

Ramge, Thomas: *Die DINer*, in: *brand eins*, Nr. 6, 2004: *Leitbilder*

Reinhard, Wolfgang: *Lebensformen Europas*, München 2004

Ries, Al und Laura: *Die Entstehung der Marken* [2004], Frankfurt am Main 2005

Russell, Bertrand: *Lob des Müßiggangs* [1932], Hamburg, Wien 1957

Schneider, Friedrich: *Schwarzarbeit geht zurück* [Interview von Beate Kranz], in: *Hamburger Abendblatt*, 13.1.2005

Schulak, Eugen Maria: *Erhaben über Gunst und Zorn. Epikurs Lustprinzip und der philosophische Materialismus der Antike*, in: *Wiener Zeitung*, 19.2.1999

Schumpeter, Joseph Alois: *Kapitalismus, Sozialismus und Demokratie* [1942, dt. 1946], Tübingen, Basel 1993

Selg, Anette und Rainer Wieland (Hg.): *Die Welt der Encyclopédie*, hrsg. von Hans Magnus Enzensberger, Frankfurt am Main 2002

Simmel, Georg: *Philosophie des Geldes* [1900], Berlin 1987

Sombart, Werner: *Liebe, Luxus und Kapitalismus: Über die Entstehung der modernen Welt aus dem Geist der Verschwendung [Luxus und Kapitalismus, 1913]*, Berlin 1996

Spengler, Oswald: *Der Untergang des Abendlandes* [1918/22], München 1998

Taylor, Frederick Winslow: *Die Prinzipien wissenschaftlicher Betriebsführung* [1911], München 1913

TCW – Transfer-Centrum GmbH für Produktionslogistik und Technologie-Management: *Unternehmensstandort Deutschland*, München 2004

Toffler, Alvin: *Der Zukunftsschock. Strategien für die Welt von morgen* [1970], München 1983

Valéry, Paul: *Die Markteroberungsstrategien der Deutschen*, in: Ders.: *Eine methodische Eroberung*, Zürich, New York 1946

Veblen, Thorstein: *Theorie der feinen Leute. Eine ökonomische Untersuchung der Institutionen* [1899], Köln, Berlin 1958

Vogt, Ludgera: *Thorstein Veblen*, in: Dirk Kaesler und Ludgera Vogt (Hg.): *Hauptwerke der Soziologie*, Stuttgart 2000

Watson, Peter: *Das Lächeln der Medusa. Die Geschichte der Ideen und Menschen, die das moderne Denken geprägt haben* [2000], München 2001

Weatherford, Jack: *Eine kurze Geschichte des Geldes und der Währungen von den Anfängen bis in die Gegenwart* [1997], Zürich 1999

Weber, Max: *Parlament und Regierung im neugeordneten Deutschland. Zur politischen Kritik des Beamtentums und Parteiwesens* [1918], in: Ders.: *Gesamtausgabe*, Abteilung I: *Schriften und Reden*, Bd. 15: *Zur Politik im Weltkrieg*, Tübingen 1984

Weber, Max: *Die protestantische Ethik und der „Geist" des Kapitalismus* [1904/05], Vollständige Ausgabe, hrsg. u. eingel. von Dirk Kaesler, München 2004

Wuketits, Franz M.: *Soziobiologie. Die Macht der Gene und die Evolution sozialen Verhaltens*, Heidelberg, Berlin, Oxford 1997